UM PSICOPATA ENTRE NÓS

VICENTE GARRIDO

UM PSICOPATA ENTRE NÓS

UM GUIA PARA DETECTAR E SE PROTEGER DOS PSICOPATAS INTEGRADOS NA FAMÍLIA, NO TRABALHO E NA POLÍTICA

Tradução
Marianna Muzzi

PAIDÓS

Título original:
El psicópata integrado: en la familia, la empresa y la política – claves para neutralizarlo

PREPARAÇÃO: Valquíria Mattioli
REVISÃO: Gleice Couto e Daniele Debora de Souza
PROJETO GRÁFICO E DIAGRAMAÇÃO: Nine Editorial
CAPA: Renata Spolidoro

DADOS INTERNACIONAIS DE CATALOGAÇÃO NA PUBLICAÇÃO (CIP)
ANGÉLICA ILACQUA CRB-8/7057

Garrido, Vicente
Um psicopata entre nós / Vicente Garrido ; tradução de Marianna Muzzi.
- São Paulo : Planeta do Brasil, 2025.
304 p.

ISBN 978-85-422-3808-2
Título original: El psicópata integrado

1. Distúrbios de personalidade 2. Psicopatia I. Título II. Muzzi, Marianna

25-3633 CDD 616.8581

Índice para catálogo sistemático:
1. Distúrbios de personalidade

MISTO
Papel | Apoiando o manejo florestal responsável
FSC® C005648
FSC www.fsc.org

Ao escolher este livro, você está apoiando o manejo responsável das florestas do mundo e outras fontes controladas

2025
Todos os direitos desta edição reservados à
EDITORA PLANETA DO BRASIL LTDA.
Rua Bela Cintra, 986, 4º andar – Consolação
São Paulo – SP – CEP 01415-002
www.planetadelivros.com.br
faleconosco@editoraplaneta.com.br

“No espírito humano, há uma qualidade inabalável que não pode ser destruída, que é invencível diante de qualquer ataque.”

CHESTER HIMES

SUMÁRIO

INTRODUÇÃO: O PROBLEMA DO 1% MALIGNO 11

› Os psicopatas integrados 12

› Dois motivos de alarme 14

› O que os torna temíveis 18

› Planejamento do livro 21

CAPÍTULO 1: O PSICOPATA SE APRESENTA 23

› O submarino 23

› Variedades de psicopata 27

› O que é a psicopatia 38

› A psicopatia e outros conceitos relacionados 40

› As mulheres psicopatas 44

› A inteligência dos psicopatas e sua capacidade de ler a mente alheia 48

› A capacidade de mudança do psicopata 49

capítulo 2: Perfil psicológico do psicopata integrado 51

› O psicopata é um sobrevivente 51
› O psicopata controlado e o impulsivo 54
› Medo e ansiedade com base na empatia 59
› A empatia dos psicopatas 62
› O cirurgião da morte 66
› As emoções dos psicopatas 72
› A comunicação do psicopata 75
› O comportamento do psicopata 79

capítulo 3: O psicopata nos relacionamentos afetivos e familiares 83

› A identificação do psicopata: uma janela para sua mente 85
› O comportamento do psicopata e seus indicadores 90
› O sistema de vigilância diante do psicopata 96
› Intuição 98
› Autoconhecimento e o diálogo interior 102
› Observação descritiva e o diálogo com pessoas de confiança 106
› O psicopata persevera em sua natureza 110
› As crianças em risco de psicopatia 112

CAPÍTULO 4: O PSICOPATA NA EMPRESA E NAS ORGANIZAÇÕES 123

› O psicopata como líder destrutivo 124

› Os psicopatas corporativos também podem matar 128

› Os psicopatas "visionários" 131

› Hannibal Lecter vai ao trabalho 138

› A psicopatia como modelo social 141

› A identificação do psicopata na empresa 145

› Prevenção e controle da psicopatia na empresa 155

› Amor dos pais 161

CAPÍTULO 5: A PATOCRACIA: O PSICOPATA NA POLÍTICA 165

› O governo dos psicopatas 165

› Por que a política é tão atraente para o psicopata 169

› Democracia imperfeita 173

› Assassinato em Malta 175

› Populismo, autoritarismo e psicopatia 177

› Maquiavel 179

› Dois psicopatas primários: Donald Trump e Vladimir Putin 184

› Identificação do líder político psicopata 194

› Um exercício para os leitores: o painel de controle do psicopata 208

› Por que os políticos psicopatas têm tantos seguidores? 211

CAPÍTULO 6: A LUTA CONTRA O PSICOPATA 219

› Viktor Frankl e Josef Mengele 219

› Os fundamentos da superação do encontro com a psicopatia: a logoterapia de Viktor Frankl 222

› O desejo por sentido nos impulsiona a agir 226

› Agir de forma transcendental 227

› Autodistanciamento 229

› A narrativa do herói 236

› Cara a cara com o psicopata 242

› Uma sociedade debilitada: a cultura terapêutica 248

› A resiliência 251

› A prevenção em crianças com predisposição à psicopatia 259

EPÍLOGO: O OLHO DO FURACÃO 261

› O psicopata e sua narrativa 262

› O psicopata nos relacionamentos 265

› O psicopata na empresa e nas organizações 267

› A patocracia 269

› O olho do furacão 273

AGRADECIMENTOS 281

NOTAS 283

INTRODUÇÃO

O problema do 1% maligno

> "Não acho que seja uma opinião, mas um fato comprovado, que é ruim ser torturado, humilhado ou ferido. Da mesma forma que é melhor as pessoas serem amadas e cuidadas do que odiadas e abandonadas."
>
> GEOFFREY WARNOCK, filósofo da Universidade de Oxford

A psicopatia é um modo de ser. O (ou a) psicopata tem uma maneira peculiar de pensar, sentir e agir. Seu pensamento é egocêntrico e focado no que ele deseja: todo o resto é irrelevante ou, na melhor das hipóteses, secundário. Não toma decisões com base em princípios morais, mas em sua capacidade estratégica de conseguir o que deseja. Suas emoções negativas (ira, hostilidade, desprezo, inveja) são intensas, mesmo que geralmente de curta duração; as emoções positivas (empatia, compaixão, senso de justiça, amor, lealdade) são muito frágeis ou inexistentes. No que diz respeito ao comportamento, ele cuidará de sua imagem e tentará enganar e seduzir quem lhe convier. Quando chegar a hora, poderá usar de violência psíquica, física ou a violência proporcionada por seu cargo (se ele tiver um) para satisfazer sua motivação essencial: o controle do ambiente em que atua; a dominação. Em uma palavra: poder.

Os psicopatas integrados

Devo adverti-lo que, neste livro, não tratarei do psicopata assassino em série nem do criminoso violento que você já deve ter lido em outras obras minhas; citarei alguns deles ocasionalmente, mas eles servem para esclarecer as explicações e os argumentos que dedico ao psicopata integrado "normalizado", o assunto deste livro.[1] Um psicopata integrado é um indivíduo que não foi definido como criminoso ou psicopata pela sociedade, mas que é responsável por muito sofrimento no mundo. Como isso é possível? Bem, ou é porque são criminosos ocultos que se passam por cidadãos honestos, ou porque ocupam posições de poder ou status que lhes permitem, pelo menos para uma parte da opinião pública – geralmente seus próprios concidadãos, o que é muito típico no caso dos políticos –, disfarçar seus atos egocêntricos e cruéis como comportamentos honrados e legítimos. É comum que, só com o passar do tempo, se tornem evidentes a extensão e a gravidade de seus atos destrutivos, seja em uma família, seja em uma organização ou em todo o país. Como efeito menos prejudicial, o psicopata integrado espalhará infelicidade e miséria moral.

Ana Sanz, professora da Universidade Complutense de Madri, e seu grupo investigaram a extensão ou prevalência da psicopatia na sociedade, analisando diversos estudos publicados em todo o mundo até a atualidade.[2] Eles concluíram que, entre os criminosos identificados como tendo cometido crimes e sido condenados por eles, cerca de 15% dos homens são psicopatas e, no caso das mulheres presas, 10% delas. Mas, se olharmos para a população em geral, que é onde se encontram os psicopatas integrados, a porcentagem diminui em torno de 5%, novamente com uma presença maior dos homens – cerca de 8% – do que das mulheres – aproximadamente 3%.

No entanto, há várias considerações a serem feitas sobre esses dados. A primeira é que se sabe que a prevalência de psicopatas é maior em cargos nos quais são exercidas funções de gestão ou que estão relacionadas ao poder, como gerentes e executivos de empresas, diretores de corporações, organizações ou partidos políticos, cuja porcentagem chega a 13%. A segunda consideração é que, se for usado o teste mais rigoroso para avaliar a psicopatia (que será explicado mais adiante), os valores caem para cerca de 1% entre a população em geral. Quero ser conservador e usar esse último dígito para simbolizar o problema global que o psicopata representa para a sociedade, ainda que seja preciso ter em mente que, entre as profissões que "estão em contato com o poder", a porcentagem é muito maior.

Vamos extrapolar esses dados para o nosso país.* Se estimarmos que cerca de 15% da população carcerária apresenta uma psicopatia e levarmos em conta que há aproximadamente 55 mil presos, isso significa que apenas cerca de 2 mil desse 1% estão sob controle. Ou seja, há aproximadamente 468 mil psicopatas integrados (1% de 47 milhões de habitantes menos os 2 mil encarcerados) circulando por nossas ruas e votando em diversas disputas eleitorais. A maioria deles não é criminosa, mas é responsável por práticas de abuso, exploração e danos morais a outras pessoas. Portanto, não é incomum que os psicopatas integrados cometam infrações administrativas ou até mesmo criminais (assédio, abuso de autoridade, violência psicológica, tráfico de influência e assim por diante), mas muitas vezes eles passam despercebidos. Há várias razões para isso: às vezes, as pessoas envolvidas não denunciam pelos custos que isso implica

* O autor refere-se à Espanha, seu país natal. (N.E.)

(financeiros e emocionais); outras vezes, têm pouca confiança de que seu caso possa ter sucesso nos tribunais; e, por fim, há muitas pessoas que temem represálias, principalmente no âmbito da família ou das empresas e organizações.

Dito isso, não podemos nos esquecer dos outros 5% já mencionados, que se referem à população em geral. Porém, como comentei anteriormente, de acordo com o teste mais rigoroso, a quantidade correta de psicopatas é 1%, com esses 5% mostrando uma tendência à psicopatia. Ou seja, com toda a probabilidade, nesses quase 2 milhões de espanhóis que teríamos de acrescentar aos 468 mil já contabilizados, encontraremos indivíduos *dentro do espectro da psicopatia*, provavelmente com uma intensidade menor em suas qualidades ou traços psicopáticos, embora também não possamos desprezar que há muitas pessoas que têm uma psicopatia tão intensa como a correspondente a esse 1%.

No decorrer deste livro, quando eu falar de psicopatas em geral, vou me referir a esse núcleo mais restrito do 1%, ao passo que, se eu usar a expressão (ou uma variação dela) "indivíduos que estão (ou podem estar) no espectro da psicopatia", quero dizer que, no mínimo, eles estariam situados dentro do 5% psicopático.

Dois motivos de alarme

Por que esse 1% representa um motivo de alarme? Por dois motivos. O primeiro é *seu potencial destrutivo direto*: quando exercem poder financeiro ou político, podem causar danos imensos à sociedade e, de fato, ao longo do século 21, reunimos evidências conclusivas sobre esse efeito nocivo. Dito isso, também não podemos subestimar os danos que podem causar no decorrer de uma vida comum, especialmente à sua família (sem a necessidade de mostrar violência física), ou no exercício de sua profissão, o que é mais verdadeiro para as atividades que influenciam o caráter e a vida de muitos, como professores, juízes, militares, médicos, sacerdotes, psicólogos, influenciadores etc.

Nesse 1%, alguns indivíduos têm uma capacidade maior de causar danos do que outros. Os psicopatas variam muito na forma como exercem sua necessidade de controle e poder, e alguns podem recorrer à violência extrema em determinados momentos (deixando de ser psicopatas integrados para se tornarem criminosos identificados, especialmente se forem levados à justiça, o que muitas vezes não acontece), enquanto outros podem conter melhor seus impulsos hostis e canalizá-los de forma mais sutil, por exemplo, através de engano ou assédio. Por fim – e no âmbito da política –, também devemos levar em conta o fato de que existem sociedades em que há mais defesas e controles ante o abuso de poder. Portanto, para o psicopata, não é a mesma coisa governar os Estados Unidos (como Donald Trump) ou a Rússia (Putin), já que o primeiro é um país com uma grande tradição democrática, enquanto o segundo continua sendo um estado fortemente autocrático. Em outras palavras, ao avaliar o risco da psicopatia, é preciso levar em conta tanto o potencial destrutivo do indivíduo quanto os recursos que ele tem à disposição e a situação em que se encontra.

Essa capacidade de destruição direta é possível porque *podemos considerar o psicopata como o indivíduo mais preparado para fazer o mal*. Com o conceito de "mal", não temos que recorrer a teorias sociológicas ou filosóficas complicadas para saber ao que me refiro: se você ler de novo a citação que encabeça esta Introdução, terá uma compreensão clara do que eu quero dizer. Além disso, as pesquisas científicas derivadas de estudos sobre criminalidade, psicologia política e empresarial, e em muitos outros campos (conflitos bélicos; abuso infantil e de idosos; violência de gênero...) coincidem neste ponto: o psicopata é o ser mais prejudicial e reincidente.

Não é preciso ser um especialista para identificar os indicadores da personalidade psicopata. Por exemplo, diante de uma notícia como esta, em que a polícia captura um grupo dedicado ao tráfico e à escravização de jovens romenas, que "tinham a cabeça raspada e eram obrigadas a dormir no chão debaixo da cama do cafetão"[3] se não alcançassem os 400 euros de lucro por dia, a maioria das pessoas é capaz de perceber um tratamento degradante, mas isso não é tudo, pois essas mulheres também eram obrigadas "a sair nuas para a varanda em pleno inverno; ou eram diretamente 'condenadas' a receber chicotadas com cabos de telefone". Não, não é preciso ser um especialista para compreender que esses atos são perversos e que seus autores são uma vergonha para a nossa espécie. Um comportamento dessa natureza nos autoriza presumir de forma fundamentada que esses traficantes são psicopatas (ou sociopatas; em breve veremos a diferença), porque dispõem do sadismo tão característico dessa condição, a objetificação total das meninas, *sua recusa explícita em considerar o atributo moral por excelência: a dignidade*. O mesmo pode ser visto no comportamento de psicopatas integrados que, aos olhos de todo o mundo, parecem caras incríveis, só que não haverá chicotadas ou cabeças raspadas, mas um ataque insidioso e cruel à autoestima de suas presas, ao seu modo de pensar, aos seus valores e ideais, aos seus direitos... com o mesmo resultado de degradação pessoal e talvez colapso mental. Com base na documentação existente e nos meus arquivos pessoais, vou fazer com que você tenha uma ideia clara do que estou falando e entenda as muitas maneiras pelas quais os psicopatas lideram o mal no mundo.

Em poucas palavras: o psicopata representa a imagem ancestral do indivíduo a serviço do mal. Ele (ou ela) encarna o modelo do ser perverso que nos acompanha desde a origem de nossa espécie, o que é facilmente comprovado pela leitura de alguns dos livros canônicos de nossa história. Por exemplo, no século 16, sabia-se muito pouco a respeito da psiquiatria ou da psicologia. Como é possível então que Shakespeare tenha descrito modelos quase perfeitos do que a ciência hoje entende por psicopata? De onde ele tirou as características de ego inflado, crueldade e ausência de qualquer princípio moral que nos choca cada vez que lemos sua descrição de personagens como Cláudio (tio de Hamlet), Iago, Macbeth ou Ricardo III, e que são as características essenciais da psicopatia? A resposta é que o poeta utilizou sua brilhante intuição de artista para colocar em palavras um tipo de ser que, com o passar dos séculos, configurou em nosso imaginário coletivo o protótipo do mal, um arquétipo que, em suas várias formas, e desde a origem de nosso gênero *Homo* (aproximadamente há 2 milhões de anos), sempre fez parte de nossa realidade.

Além da sua capacidade de prejudicar ou destruir as pessoas, é igualmente importante registrar seu *potencial de corromper a sociedade*, ao se colocar como modelo e possível inspirador de formas de pensar, sentir e agir que, longe de marcar um caminho para o progresso do indivíduo e da sociedade, contribui, como um *exemplo negativo*, para promover a falsidade, o engano e a crueldade no tempo em que vive e, com isso, a desconfiança e a hostilidade. Baseio-me aqui na obra do filósofo espanhol Javier Gomá, que estabeleceu de modo rigoroso que, para a questão essencial de como devemos viver, a resposta está no imperativo moral de cada pessoa – pelo fato de ser – de se esforçar para que seu comportamento seja um exemplo positivo para os outros, já que, queiramos ou não, nossa existência está interconectada com a de muitas outras pessoas desde o nascimento, de modo que não podemos deixar de ser exemplos uns para os outros.[4] Disso resulta que, à medida que o modo de ser do psicopata é apresentado como desejável na comunidade, seu potencial para envenenar os valores e as metas da convivência e suas instituições o torna o inimigo mais ferrenho da humanidade, já que ele degrada o horizonte moral do cidadão. Em suma, o psicopata é estranho ao que é próprio ao homem: sua dimensão espiritual e moral, fluir em seu desenvolvimento humano como um ser com *um propósito transcendental*, ou seja, que busca um bem maior do que sua mera existência limitada no tempo.

O QUE OS TORNA TEMÍVEIS

Neste livro, argumentarei que a psicopatia é um dos problemas mais graves enfrentados pela humanidade, uma vez que muitas pessoas que exercem grande poder podem ser classificadas dentro do espectro dessa condição, sem esquecer os atos prejudiciais que são próprios do psicopata, além do poder social que ostentam. Para ser mais específico, você verá exemplos e argumentos que destacarão a ameaça que representa o psicopata. Esses argumentos são, em síntese, os dez seguintes:

1. Psicológica e fisiologicamente, eles estão mais bem adaptados para violar e abusar de seus semelhantes. Têm paciência e habilidade para selecionar suas presas.
2. São desprovidos de princípios morais que regulam seu comportamento.
3. Estão emocionalmente desconectados dos outros, o que lhes permite causar danos sem se sentirem mal.
4. Sua capacidade de manipular e fingir que são "boas pessoas" ou "líderes visionários" lhes permitirá ocupar cargos de grande responsabilidade em empresas ou instituições públicas, especialmente se forem do tipo psicopata primário controlado, como veremos adiante.
5. São especialistas em driblar os filtros de censura moral das relações sociais e das instituições, tanto públicas quanto privadas.

6. Mesmo quando identificados, geralmente já conquistaram um grupo de admiradores e protetores ou se tornaram tão poderosos a ponto de ser muito difícil neutralizá-los.
7. Nossa sociedade é propícia ao desenvolvimento do psicopata e de seu modo de vida. Isso ocorre porque ele tende a substituir progressivamente os valores de solidariedade e responsabilidade compartilhada para alcançar o bem-estar geral por meio da competição individualista, tendo o sucesso material como valor central. Em outras palavras, ao tirar da pessoa a realização de uma vida com propósito ou significado existencial como foco central, o indivíduo é incentivado a assumir a responsabilidade e prosperar em um mundo niilista e sem metas transcendentais, o que o condena a uma realidade humana pobre, que é o cenário em que vive o psicopata.
8. A educação das novas gerações negligencia o "lado sombrio" do ser humano e tende a infantilizá-las. Longe de aprofundar na promoção da resiliência – a capacidade de superar obstáculos e infortúnios para alcançar uma vida com propósito –, nos esforçamos para que nossos filhos "não sofram" contrariedades ou decepções, que não sejam expostos a conteúdos "ofensivos" que poderiam "machucá-los psicologicamente" e que, em suma, tentem passar pela vida sem muitas dificuldades. No entanto, como veremos no devido tempo, a dor, o mal e a incerteza do desconhecido são muito reais e, ao fazer isso, tornamos nossos filhos vítimas mais fáceis para os psicopatas.
9. A violência psíquica ou física, desde o assédio e a humilhação até a destruição total, é uma alternativa preferencial em seu manual de "resolução de problemas". Uma das razões para essa preferência é o prazer que

sentem ao fazer isso, além do fato de que sua natureza é ideal para o uso de violência e coerção.

10. O psicopata é o ser mais preparado para realizar as piores distopias da humanidade, já que não reconhece nem é capaz de vivenciar a esfera espiritual do ser humano. Por "espiritual", entende-se a dimensão humana que busca encontrar um sentido ou propósito à sua existência, onde se abrigam os valores e ideais que promovem a conexão com os outros e com a natureza (ou com o universo), permitindo o desfrute da beleza em seu sentido mais amplo.

Para ele, há apenas dois tipos de pessoas: os predadores e as vítimas. Nós temos uma terceira narrativa: *somos protetores, de nós mesmos e dos outros*. Este é um livro baseado em pesquisas que visam, antes de tudo, fazer com que você faça as perguntas certas sobre seus valores e os tipos de pessoas com quem você deseja se relacionar. Se você decidir que não gosta nem um pouco do modelo de vida que o psicopata leva e já teve que enfrentá-lo, tenho duas boas notícias, que poderíamos chamar "os princípios da luta contra o psicopata":

- *Primeiro princípio*: toda pessoa é capaz de detectar e neutralizar um psicopata. Basta que ela tenha o conhecimento e as atitudes adequadas, esteja ciente de seus valores e faça uso inteligente de suas emoções (especialmente a coragem) e de seus relacionamentos pessoais para lidar com ele.
- *Segundo princípio*: o psicopata não tem superpoderes nem é o "gênio do mal" como costuma ser retratado – para fins de interesse dramático – em produtos culturais. Em geral, o psicopata, quando bem-sucedido, deve-se mais às nossas fraquezas e aos erros do que aos

seus sucessos. É um sobrevivente com uma variedade psicológica de nossa espécie, que, desconectado do mundo do afeto e das responsabilidades morais, aprende a perseverar em seus truques e enganos e, em sua total dedicação a essa tarefa, é sempre capaz de desfrutar de uma população de vítimas vulneráveis.

Planejamento do livro

Este livro desenvolve todas essas ideias em um estilo que visa ser de fácil compreensão e, ao mesmo tempo, rigoroso em seu conteúdo. Se eu tiver sido bem-sucedido, você o lerá com uma mistura de emoções diferentes: interesse, fascinação, indignação e, em alguns momentos, horror. *Mas, antes de tudo, quero que você sinta esperança, energia e coragem.* Que você possa ter chegado a conclusões importantes para você, sua vida profissional e familiar e seu papel como cidadão. "Muitas batalhas são perdidas porque não compreendemos bem o adversário que estamos tentando combater", disse o pensador espanhol Daniel Innerarity.[5] E segue dizendo que, se possível, "devemos fazer esse esforço antes que seja tarde demais, ocasião em que só poderemos nos arrepender de não ter feito isso antes".

Este trabalho consiste em seis capítulos e um epílogo. No primeiro e no segundo, dedico-me a apresentar os aspectos mais notáveis da personalidade psicopática, suas variedades e diferentes manifestações. Os três capítulos intermediários tratam das três áreas fundamentais em que eles agem e causam grandes danos: a família, as empresas e organizações e, por fim, a política. No sexto capítulo, concentro-me na luta contra esse comportamento, no qual apresentarei a terapêutica e filosofia pessoal de Viktor Frankl, cuja obra me parece fundamental para o desenvolvimento de uma pedagogia preventiva contra a psicopatia.

NOTA 1: As transcrições contidas no livro foram editadas quanto à forma para facilitar a leitura e a compreensão, mas não quanto ao conteúdo. Por outro lado, como há mais psicopatas homens do que mulheres (aproximadamente sete em cada dez), usarei o masculino como forma genérica, mas, às vezes, usarei a expressão "ele (ou ela)" para lembrar que o comportamento que estou descrevendo pode corresponder a qualquer um dos dois. Por fim, gostaria de esclarecer que sempre serão usados pseudônimos para os casos reais analisados, exceto quando tiverem sido divulgados anteriormente na mídia ou sejam figuras públicas conhecidas.

NOTA 2: Estou ciente de que um diagnóstico completo de psicopatia requer a posse de vasta informação sobre o assunto. Como é lógico, eu me baseio nessa informação quando me refiro a pessoas que emergem de meus arquivos pessoais de pesquisa. No entanto, entendo que é legítimo oferecer uma avaliação da psicopatia seguindo o método psicobiográfico, de longa tradição, em consideração à abundância de informações existentes sobre determinadas pessoas, já que os registros digitais atuais e as inúmeras fontes de informação permitem uma caracterização indireta da personalidade e de suas possíveis aberrações ou patologias. Um exemplo disso é Donald Trump, que renomados psiquiatras descreveram – e até mesmo escreveram livros a respeito – como um psicopata ou, no mínimo, um narcisista patológico. Em todo caso, quando essas informações abundantes não estiverem disponíveis, mas os comportamentos de um personagem tiverem um caráter psicopático inequívoco, vou me referir a essa circunstância avaliando tais ações como indicativas de uma possível ou provável psicopatia. Além disso, não é minha intenção – com exceção, repito, dos casos em meus arquivos pessoais – oferecer diagnósticos clínicos, senão revelar padrões de comportamento próprios da psicopatia, sem a necessidade de que a pessoa que os apresenta atinja o limiar do que um diagnóstico clínico ou forense completo exigiria.

CAPÍTULO 1

O psicopata se apresenta

> "Como posso não conhecer hoje seu rosto amanhã, o que já está ou se forja sob a cara que você ostenta ou sob a máscara que você traz, e que vai me mostrar somente quando eu não estiver esperando?"
>
> JAVIER MARÍAS, *Seu rosto amanhã*

O SUBMARINO

Axel é magro; ele olha nervosamente, com olhos perscrutadores. Na faixa dos trinta anos, eu o encontro em um café em Valência, próximo à Plaza de la Virgen, cheia de pombos, muitas pessoas passando e alguns turistas tirando fotos. É uma tarde de abril, não há muitas pessoas no estabelecimento e podemos conversar sem sermos ouvidos, o que é importante, porque, como me disse em vários e-mails trocados nos últimos meses, ele está muito angustiado: ele pode ser um psicopata e – isso é de longe a pior coisa – "talvez *queira* matar alguém".

Normalmente, eu não teria me encontrado com ele: uma regra que tenho é recusar, a princípio, todas as ofertas de pessoas de toda a Espanha que pedem um encontro comigo pessoalmente ou pela internet para me contar algo "muito importante". Tento resolver as consultas por e-mail e, excepcionalmente, só concordo com reuniões virtuais ou presenciais depois de me certificar de que a pessoa que está solicitando o contato não tem intenções maliciosas e que minha intervenção pode fazer a diferença. Mas esse homem, depois de uma prolongada troca de ideias, chamou a minha atenção, então lá estava eu com ele, disposto a escutá-lo.

"Você conhece a história do submarino, na Dinamarca?", foi a primeira coisa que ele me perguntou, depois de me cumprimentar com um aperto de mão e agradecer por ter aceitado encontrá-lo. Depois de alguns segundos, eu disse que sim, é claro, um dos crimes mais interessantes deste século cometido na Europa. Kim Wall era uma jornalista freelancer sueca na faixa dos trinta anos com uma vasta experiência na área. Ela havia escrito reportagens investigativas direto de Uganda, Sri Lanka e Cuba para importantes veículos de comunicação, e, em sua formação, figuravam diplomas acadêmicos de Londres e Nova York. Em 14 de agosto de 2017, ela marcou um encontro com Peter Madsen, inventor de um submarino de pequeno porte para uso privado. Madsen era bem conhecido pela opinião pública dinamarquesa, pois ele tinha uma imagem multifacetada e um tanto enigmática, resultado de suas aparições na mídia como um gênio extravagante, capaz de criar invenções improváveis, ao mesmo tempo que tinha um ar de inconformismo que nos atrai por não seguir a vida predefinida pelo sistema.

Acho que Kim, que estava ansiosa para descobrir o que estava "por trás da notícia", como seu pai declarou mais tarde, foi atraída tanto pela personalidade de Madsen quanto pela invenção do submarino. Então, quando o dinamarquês a convidou para dar uma volta em seu Nautilus, ela nem pensou nisso. Como seria ter seu próprio submarino, como aquele que tem um barco, e poder mover-se abaixo da superfície do mar para viajar para diferentes portos de destino? Infelizmente, a aventura teve um fim inesperado. Kim nunca reapareceu viva. De acordo com o que Madsen disse à polícia, logo após deixar o porto de Copenhagen, o submarino afundou. Madsen foi resgatado na manhã seguinte, mas nenhum vestígio de Kim foi encontrado, até que um ciclista descobriu seu torso mutilado em uma praia em 21 de agosto. Depois de uma busca exaustiva e épica, a polícia conseguiu recuperar, no mar, a cabeça, as pernas e as roupas da jornalista.

Madsen ofereceu várias explicações bizarras sobre o que aconteceu no submarino e como o corpo de Kim foi parar naquelas circunstâncias trágicas, mas o tribunal não acreditou nele. A sentença após o julgamento foi de prisão perpétua, o que é incomum na Dinamarca, sob a acusação de agressão sexual, tortura e assassinato. A defesa de Madsen considerou o relato do promotor "uma história de terror construída sem provas", apenas suposições. Mas o estado do corpo falava por si só: se Kim tivesse morrido "por acidente", como o acusado declarou, por que cortá-lo em pedaços e fingir que ele nunca seria recuperado? Madsen ainda chocou a opinião pública em outra ocasião, quando, depois de tomar a psicóloga da prisão como refém, conseguiu alcançar a porta e fugir pelo país. Por sorte, só ficou livre por algumas horas.[1]

"Sim, eu me lembro do caso do submarino", eu disse ao meu acompanhante. "Bem", ele continuou, "estou morando com uma garota há um ano e, às vezes, eu me pego pensando em... você sabe... matá-la. Não consigo tirar da cabeça que Madsen deve ter pensado *muito* sobre o que fez antes de fazê-lo..., entende?" Ele me disse que pensava nisso na forma de flashes que surgiam de repente, ocupando sua mente, e que, quando isso acontecia, ele ficava preocupado. Imagens do corpo da garota despedaçado lhe vinham à mente e, em outros momentos, deste boiando no mar. Ele era um psicopata? Sua parceira corria perigo?

Eu o tranquilizei dizendo que era muito improvável que ele fosse um psicopata homicida, pois, se fosse, não ficaria angustiado com essas visões, nem, é claro, teria me alertado. Percebi que seu problema era outro; sem dúvida, tinha uma personalidade desajustada e provavelmente um transtorno obsessivo, mas era necessário garantir que ninguém se ferisse. Como eu não podia confiar que ele faria o que eu queria que fizesse, passei muito tempo convencendo-o a me deixar ajudá-lo: eu lhe disse que ele não era um psicopata, mas que, mesmo assim, precisava de ajuda profissional. Então, pedi que ele ligasse para sua parceira, a fim de que ela tivesse uma breve conversa comigo, no que ele concordou. No fim das contas – disse, de forma um pouco contraditória com a situação que o havia trazido até mim –, ela também me conhecia das minhas aparições na televisão, por isso "você lhe proporcionará uma agradável surpresa se ligar para ela". Assim fiz, e pude aconselhá-la sobre o que fazer. Ela me garantiu que faria isso e que entraria em contato comigo se achasse necessário. Continuei conversando com Axel um pouco mais e, antes de nos despedirmos, recomendei-lhe calorosamente que seguisse os passos que eu lhe havia indicado em relação à sua obsessão.

Até o momento, acho que nada irreversível aconteceu: a parceira de Axel não entrou em contato comigo. Não sei se continuam juntos, mas meu acompanhamento da seção de eventos na mídia não me deu uma pista de que pudesse ter havido um homicídio derivado desse caso.

Neste capítulo, pretendo apresentar a psicopatia e suas variedades em termos de reconhecimento pela sociedade. Também pretendo associar a psicopatia a outros conceitos relacionados, porém diferentes. Em seguida, abordo uma série de questões que são motivo de confusão e debate entre pesquisadores e o público interessado nesse campo, incluindo, entre outros aspectos, a psicopatia em mulheres.

Variedades de psicopata

Psicopatas criminosos identificados

O caso de Peter Madsen é um exemplo de um psicopata criminoso que explode de forma inesperada como um crime de grande violência. Esses indivíduos costumam viver em um ambiente organizado, independentemente de problemas ou tensões que possam existir em seus lares (e que são compartilhados por milhões de pessoas). Outro exemplo foi o assassinato múltiplo cometido por Patrick Nogueira em Pioz (Guadalajara), que, por puro despeito contra seus tios, tirou a vida deles e a de seus dois primos. Outras vezes, o crime é o meio ou instrumento de um produto tardio da ambição, como no caso de psicopatas que, cansados da falta de dinheiro, decidem cometer um assassinato para obter lucro e poder continuar com seu estilo de vida despreocupado. Esse foi o caso de Óscar, que entrevistei na prisão como resultado de uma pesquisa que estava realizando. Óscar havia passado vários anos na América do Sul realizando "muitos negócios de lá para cá", segundo me disse. Tinha 32 anos e, havia dois, tinha sido condenado pelo homicídio de um (aparentemente) sócio em um novo negócio que conseguira depois de voltar de sua aventura à América. Ao que tudo indica, o tal negócio nunca existiu, e Óscar matou o sócio quando este lhe exigiu os 200 mil euros que ele havia lhe emprestado para financiar o suposto negócio. Passei um tempo "divertido" com ele; era falante e espirituoso e me contou muitas histórias de seus anos na América, nas quais ficou claro que sua única pretensão era viver sem trabalhar, muitas vezes de mulheres ricas e outras de empréstimos e pequenos golpes que nunca lhe trouxeram nada mais do que talvez ter que fugir às pressas de onde estava residindo. O relacionamento com sua família era inexistente havia muitos anos. Ele me disse que o homicídio que o levou para trás das grades foi justificado, porque, como ele me contou com muita ênfase e gesticulação: "Eu disse a ele que não poderia devolver o dinheiro naquele momento, porque estava investido na espera de um retorno que nos daria uma *chance* melhor para iniciar nosso negócio. Mas ele ficou louco, pegou uma faca e me atacou. Eu apenas me defendi". A polícia encontrou 30 mil euros em sua casa; supostamente era o que restava do dinheiro do seu sócio. Ele nunca explicou o que havia acontecido com esse suposto investimento, nem como havia gastado o restante do dinheiro.

A figura a seguir apresenta um gráfico no qual vemos as variedades de psicopata. Esses dois exemplos – o assassino múltiplo em Pioz e o de Óscar – ilustram a categoria dos psicopatas que se revelam tardiamente por meio de "crimes explosivos ou instrumentais tardios".

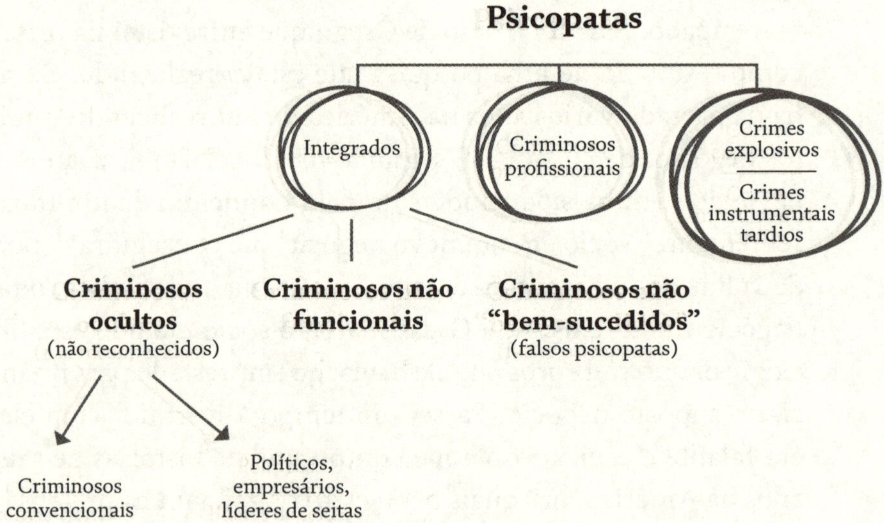

No entanto, o tipo criminal mais comum de psicopata na prisão é o criminoso crônico, que surge em um ambiente de marginalização, que desafia as normas sociais desde a infância ou adolescência e que progride para a vida adulta acumulando delitos e condenações. Antonio Anglés, o principal assassino das meninas de Alcàsser (Valência), que as sequestrou, torturou, estuprou e assassinou na companhia de Miguel Ricart, é o exemplo perfeito do item correspondente aos "criminosos profissionais" da figura apresentada. Os psicopatas são os mais versáteis, violentos e reincidentes entre os criminosos habituais.[2] Seu potencial de violência pode ser muito grande se fizerem parte – como capangas ou líderes, mas especialmente no segundo caso – de gangues de crime organizado, o que lhes daria acesso à capacidade de infligir grandes danos a muitos indivíduos, seja por meio do tráfico de pessoas ou de drogas, seja por meio de redes de exploração sexual e outras atividades criminosas, infelizmente em expansão devido ao mercado globalizado de que desfrutamos. Pablo Escobar, por exemplo, certamente seria um bom representante do poder destrutivo do líder psicopata de um cartel poderoso.

Psicopatas integrados

Entretanto, se a prevalência da psicopatia for estimada em torno de 1% da população, obviamente muitos deles não são criminosos habituais, muito menos assassinos ou assassinos em série, como poderia ser entendido da imagem proveniente dos meios de comunicação e dos produtos culturais (ou seja, literatura, séries de televisão e filmes).

Na realidade, a maioria dos psicopatas são do tipo integrado, o que significa que, embora tenham uma personalidade com as características típicas da psicopatia, *nunca houve* – por seu círculo de relacionamento ou pelo Estado por meio de sua identificação como criminosos – *nenhum processo de identificação como tal*. Por sua vez, o subtipo integrado apresenta diferentes possibilidades, que exploraremos a seguir.

Começando pelo item da esquerda da figura anterior, temos os psicopatas criminosos integrados, que ocultam uma violência muito grave ou insidiosa ("criminosos ocultos não reconhecidos"). A família e os amigos não sabem que ele é um psicopata que, de forma oculta, comete crimes graves. Sabemos, pela mídia e pela cultura popular, que os estupradores e assassinos em série têm, em muitos casos, uma vida normal, com família, emprego e amigos, o que explica a surpresa habitual com que reagem aqueles com os quais conviviam ao saber que tinham uma "vida dupla" em que cometiam atos abjetos e ilegais. Também incluiríamos aqui uma parte daqueles que agridem recorrentemente seus parceiros ou filhos (já que nem todos os agressores familiares são psicopatas), muitas vezes por meio de agressão psicológica permanente, em vez de violência explícita. Um exemplo ideal dessa "vida dupla" de psicopatia integrada, em que o crime se esconde por trás de uma fachada virtuosa, é exemplificado a seguir.

Não conheci pessoalmente nem me relacionei com Martín Vigil, um padre que alcançou grande fama como escritor e conselheiro espiritual de várias gerações durante a era franquista,* mas sua capacidade de abusar de vários jovens enquanto exercia seu apostolado de forma tão pública e bem-sucedida por meio de sua presença na mídia me faz suspeitar que a psicopatia poderia muito bem ser seu diagnóstico. Embora existam vários casos de abuso sexual cometidos por padres que tiveram grande repercussão em diferentes países do mundo, a investigação

* Período autoritário na Espanha (1939–1975), sob o regime do general Francisco Franco, marcado por repressão política, censura, nacionalismo conservador e centralização do poder. (N.E.)

realizada pelo jornalista Íñigo Domínguez foi um grande choque para muitos espanhóis (e para fiéis da América do Sul, onde seus livros também chegaram) que tinham em Martín Vigil um farol do cristianismo mais moderno e social. Mas tudo não passava de uma fachada. O escritor Antonio Muñoz Molina disse o seguinte a esse respeito:[3]

> O predador prepara habilmente sua armadilha e espera pacientemente que a vítima caia nela. Sua vantagem não é a força física, mas a astúcia para escolher a presa mais frágil. Em um apartamento no bairro de Salamanca, que imaginamos ser antigo e sombrio, o mestre escrevia cartas e lançava iscas, especialista em tecer sua teia de aranha, e aguardava o som da campainha, a chegada do escolhido – em alguns casos, também a escolhida –, o designado com antecedência, o mais ferido, o mais necessitado do que o maestro havia lhe prometido, o profeta impostor, o lobo em pele de cordeiro.

Conforme relatou Íñigo Domínguez em um de seus artigos,[4] Sandra era uma garota problemática de 15 anos que tinha lido o livro mais famoso de Martín Vigil, *La vida sale al encuentro*, publicado em 1955 e, por décadas, um best-seller, o qual teve um grande impacto sobre ela. Como disse Sandra a Domínguez:

> Minha família era complicada. Eu me refugiava na leitura. O livro me tocou muito. Ficava imaginando o que me diria o protagonista do livro, o padre Urcola, como ele me ajudaria com meus problemas. E havia algo ousado em seus livros: no final deles, havia seu endereço e telefone. Ele morava em Madri, na rua Velázquez. Era assim que ele lançava sua vara para pescar suas vítimas. Foi assim que muitos menores acabaram em suas mãos, a maioria garotos, mas também algumas garotas, como eu. [...] Ele marcava

> os encontros, tinha tudo organizado, eu era a garota das quintas-feiras. Ele me pedia que eu não falasse sobre isso com ninguém, porque os adultos não iriam entender, que eu era muito especial. E ele era um padre, era famoso, muito culto, falava muito bem, convencia você de que aquilo era a coisa certa a fazer.

Martín Vigil morreu esquecido, junto com seus livros outrora tão populares, em uma casa de repouso, mas, como ressalta Muñoz Molina: "Ainda há pessoas marcadas para sempre por esse crime indesculpável que é a violação e o abuso de indefesos".

No entanto, embora os chamados crimes "convencionais" de psicopatas criminosos (identificados) e psicopatas criminosos ocultos (integrados) sejam lamentáveis e uma grande praga para a sociedade, não podemos, de forma alguma, desprezar a violência e a destruição que podem vir desse outro grupo de psicopatas integrados, que formam o próximo tópico da figura: aqueles que exercem a política ou lideram empresas e consórcios financeiros, especialmente os primeiros, bem como líderes de seitas destrutivas. Esses psicopatas podem estar ocultos de duas formas.

A primeira forma de ocultação envolve empresários poderosos ou líderes corporativos, e isso se resume ao fato de que, uma vez que são indivíduos com um grande prestígio social e uma grande capacidade de fingimento e manipulação, ninguém imagina que, por trás de sua fachada de sucesso, se esconde alguém cuja única pretensão é roubar ou enganar, principalmente. Esse foi o caso de Bernard Madoff, que enganou investidores de todo o mundo e a Comissão de Valores Mobiliários de Nova York ao realizar o maior esquema de pirâmide da história dos Estados Unidos (Madoff e outros serão analisados no capítulo 4).

Como veremos no devido tempo, embora os empresários poderosos não tenham a capacidade de cometer os crimes dos políticos psicopatas, seu potencial de prejudicar a sociedade também é enorme. Além do caso de Bernard Madoff mencionado anteriormente, nos últimos anos deste século surgiram outros casos de empresas que, assim como a Enron, causaram grandes prejuízos à economia de muitos países (e, com isso, muito sofrimento aos cidadãos), porque elas tinham psicopatas como gestores e CEOs nos conselhos de administração. E, mesmo que a gravidade de suas ações não afete a economia mundial, muitas vezes o resultado de suas práticas ilegais é a ruína dos acionistas e investidores da empresa, podendo atingir milhares de pessoas.

A segunda forma de ocultação envolve políticos e líderes de seitas. Ambos têm em comum o fato de exibirem sua psicopatia e muitos de seus excessos (e até mesmo crimes) publicamente, ou pelo menos não se esforçam muito para escondê-los, mas *seu público* – as pessoas a quem supostamente tentam beneficiar – *não os considera psicopatas nem criminosos*. No caso dos políticos, pense em Donald Trump ou em Vladimir Putin (que serão analisados no quinto capítulo). Era muito provável que o primeiro se tornasse novamente presidente dos Estados Unidos em novembro de 2024, o que revela que, para pelo menos da metade de seus cidadãos, Trump é um cara fantástico. E, no caso de Putin, muitos russos o apoiam incondicionalmente. Exemplos disso são esmagadores na história: para a Alemanha, a União Soviética e a China, Hitler, Stalin e Mao Tsé-Tung, respectivamente, foram líderes messiânicos em seu tempo, enquanto hoje há um consenso entre os historiadores de que eles eram psicopatas impiedosos responsáveis por crimes contra a humanidade.

Infelizmente, esses exemplos continuam até hoje, e esses líderes foram seguidos por muitos outros, como Saddam Hussein, Gaddafi, Idi Amin, Pol Pot, Milošević ou Rafael Trujillo. Se o líder de um país for um psicopata, sua capacidade de destruição é incomparável, principalmente se ele estiver à frente de um regime autocrático ou ditatorial, seja herdado, seja imposto por ele.

Em relação aos líderes de seitas, um exemplo bastante notável foi o do reverendo Jim Jones, o principal responsável pelo massacre de seus fiéis em Jonestown, em 1978, na Guiana. A história, infelizmente, nos deu muitos outros exemplos, como o protagonizado pelo autoproclamado "cordeiro do apocalipse", David Koresh, que, em 1993, conseguiu exterminar seus próprios fiéis da seita dos davidinianos (com a ajuda inestimável das autoridades federais dos Estados Unidos, que não souberam lidar adequadamente com a crise),[5] ou, mais recentemente, a seita conhecida como "NXIVM" (leia-se "Nexium"), que tinha como membro proeminente a atriz popular pelo seu papel na série *Smallville: as aventuras do Superboy*, Allison Mack, encarregada de recrutar escravas sexuais para seu chefe, Keith Raniere.[6] Nas seitas, há muito menos pessoas seduzidas pelo psicopata do que na política, mas, assim como acontece com os cidadãos que apoiam um presidente psicopata, seus membros consideram o líder excepcional e somente quando escapam e se libertam de suas crenças irracionais é que são capazes de enxergar a realidade, muitas vezes (mas nem sempre) resultando na prisão do líder e, posteriormente, na sua condenação criminal e identificação como psicopata.

Dois tipos de psicopatas integrados não criminosos

Finalmente, seguindo a linha dos psicopatas integrados, vemos que há dois tipos de psicopatas não criminosos ou delinquentes. O primeiro agrupa os psicopatas "funcionais", indivíduos que têm traços da psicopatia, mas que não ostentam poder na sociedade nem cometeram crimes. Isso não significa que sejam inofensivos: dada a natureza da personalidade psicopática, sua falta de conexão emocional e a ausência de sentimentos de culpa associados aos princípios morais os tornam uma fonte de infelicidade e miséria existencial para aqueles que formam seu círculo de relacionamento familiar e conhecidos (não escrevo "amigos" porque eles raramente os têm ou os perdem quando se cansam de aturá-los). São pessoas que não agregam nada à qualidade de vida daqueles que lidam com elas: maridos que mentem repetidamente, que usam os outros para benefício próprio, que manipulam para obter vantagens no trabalho, que veem os filhos como um meio de se passar por boas pessoas e pais, mas, na verdade, não se importam com eles, que usam a ameaça ou táticas de descrédito para controlar seu ambiente mais próximo, seja em casa, seja no trabalho. Também é comum que em sua juventude tenham cometido atos difamatórios contra pessoas mais frágeis, como *bullying* na escola, ou que tenham abusado de moradores de rua ou de pessoas "diferentes".

O último grupo inclui os psicopatas "bem-sucedidos", cuja realidade está por vir, mesmo que algumas das pesquisas atuais afirmem que é possível que um psicopata tenha sucesso na escala social e, *ao mesmo tempo*, não cause mal à sociedade, o que é conhecido, no debate acadêmico, como indivíduos que possuem "características adaptativas" da psicopatia. Na minha opinião, não há dúvidas de que um psicopata possa ter sucesso na sociedade – e muitos dos exemplos que mencionei são de pessoas que triunfaram de forma impressionante –, mas isso não exclui que seu legado seja muito prejudicial para os demais cidadãos. Em outras palavras, o adjetivo "bem-sucedido" aplicado a pessoas como Madoff ou Trump é inadequado, porque, apesar de seu sucesso social, *são seres fracassados para o bem comum*. (O caso de Ray Dalio, que será apresentado a seguir, é um exemplo de um psicopata "bem-sucedido" que se revela um fracasso para a sociedade.)

Eu sou daqueles que acreditam que esse psicopata "bem-sucedido" não existe. No caso de ele ser realmente bem-sucedido (e, portanto, devemos entender que ele contribui para o bem da comunidade, mesmo que busque dispor de status e bens), trata-se de um *falso psicopata* e que confundimos a presença de certos aspectos da psicopatia – que, de forma geralmente reduzida, são apresentados por muitas pessoas no mundo – com a existência da *síndrome da psicopatia*, já que, para ter esse diagnóstico, é necessário que o indivíduo apresente quase todos os sintomas que compõem a síndrome de forma permanente e em alto grau.

Ray Dalio

Qualquer pessoa que conheça Ray Dalio apenas por seu desempenho financeiro o chamaria de "bem-sucedido". Dalio é o titã por trás do maior fundo de investimento do mundo, de propriedade da Bridgewater Associates. O jornalista investigativo, Rob Copeland, descreveu sua vida em um livro recente, que é devastador, narrando a ascensão ao poder por meio do dinheiro de um homem medíocre, que, no caminho, humilhou e passou por cima de todos aqueles que tiveram o azar de trabalhar para ele.[7]

Dalio começou como *caddy* em um clube de golfe exclusivo e, graças à sua aparente inteligência e bom caráter, conseguiu, por meio de contatos, ficar sob a proteção de uma família poderosa. Depois de cursar a faculdade de administração, Dalio tornou-se popular por prever repetidas vezes colapsos econômicos eminentes e oferecer um fundo (Bridgewater) que manteria os investimentos seguros. Uma previsão tão recorrente de catástrofes futuras tinha, necessariamente, que colher alguns sucessos. Portanto, com a ajuda de alguns bons investimentos nas décadas de 1990 e 2000, ele conseguiu posicionar bem seu fundo e, quando veio a crise de 2008, este continuou sendo o fundo mais importante do mundo.

No entanto, o que é realmente revelador sobre Dalio é o relato de Copeland sobre como ele administrava seu negócio e as práticas que introduzia. Entre elas, estavam as duas seguintes: gravar as interações dos funcionários e, em seguida, submetê-las a revisões ferozes em reuniões para todos, nas quais não eram poupadas críticas contundentes e devastadoras para alcançar uma "transparência radical"; e oferecer a cada funcionário um *card* ou uma figurinha semelhantes aos de beisebol, que listavam uma série de habilidades profissionais que eram avaliadas pelos próprios colegas, e que incluía o assédio e a denúncia à gerência sobre os "erros" dos colegas, comportamentos premiados pela gestão.

Seria apropriado dizer que o clima laboral era paranoico e implacável com os mais fracos de espírito. Ocasionalmente, Dalio deixava relatórios particulares "esquecidos" em algum lugar e observava quais de seus funcionários paravam para olhá-los para repreendê-los severamente. Em uma ocasião, ao encontrar algumas gotas perto de seu vaso sanitário particular, instruiu ao chefe de segurança a conduzir uma investigação minuciosa para encontrar a pessoa responsável pelo ultraje. Em outra ocasião, demitiu os funcionários do estacionamento da empresa por criar cartões de acesso que ele considerava grandes demais. Porém, o mais grave era o ritual de humilhação que ocorria nas reuniões em que os funcionários eram acusados de ter cometido alguma falta "grave", como ter contado alguma mentira sobre sua vida pessoal ou não ter conseguido terminar uma tarefa que parecia impossível desde o início. No caso de erros considerados "mais graves", o cenário assumia o tom de um julgamento criminal, situação em que era comum o sujeito acabar chorando. As reuniões eram gravadas e posteriormente revisadas para que servissem de exemplo.

Bem, é provável que Dalio tenha feito seus investidores ganhar dinheiro e, de fato, ele próprio seja um homem muito bem-sucedido do ponto de vista de que é muito rico. Mas será que estamos dispostos a considerá-lo um personagem digno de ser imitado? Podemos realmente dizer que esse homem não é prejudicial à sociedade? Na minha opinião, uma pessoa que age dessa forma não pode ser considerada um psicopata que contribui para o bem comum; o sucesso é o poder que ele alcança e o dinheiro que proporciona aos seus investidores, mas o fracasso humano é mais notável e profundo, pois ele humilha sistematicamente seus funcionários.

Nesse ponto, é necessário entender melhor o que é a psicopatia, bem como o que ela não é, e, para isso, analiso os aspectos que a definem e outras questões que costumam ser objeto de discussão ou até mesmo dão origem a falsas crenças. No entanto, no próximo capítulo detalharei ainda mais o modo de pensar, sentir e agir do psicopata, em um encontro mais "íntimo".

O QUE É A PSICOPATIA

A psicopatia é, dependendo das diferentes escolas de pensamento, um transtorno de personalidade grave (sem que isso implique uma justificativa ou atenuante se ele for processado como autor de um delito) ou uma configuração específica da personalidade que tem sua origem no desenvolvimento evolutivo do ser humano. Caracteriza-se por apresentar sintomas ou características que, *juntos e com alta intensidade*, constituem uma forma de ser prejudicial à sociedade. As quatro facetas da psicopatia segundo o modelo desenvolvido por Robert Hare, e os sintomas que constituem a psicopatia, são mostrados a seguir.

FACETA 1 **INTERPESSOAL**	*FACETA 2* **AFETIVA**	*FACETA 3* **ESTILO DE VIDA IRRESPONSÁVEL**	*FACETA 4* **CONDUTA ANTISSOCIAL**
Apresenta-se com falso charme pessoal	Ausência de culpa	Ausência de metas realistas	Conduta antissocial na adolescência
Grande sentido de si (narcisismo)	Insensível, ausência de empatia, cruel	Impulsivo	Conduta antissocial na idade adulta
Manipulador	Não assume a responsabilidade	Irresponsabilidade no desempenho de papéis sociais	Baixo autocontrole

Na figura, vemos que um psicopata apresenta uma série de características ou sintomas que podem ser agrupados hierarquicamente de acordo com *a faceta da personalidade* do sujeito que eles representam. Assim, a *faceta 1 interpessoal* inclui o estilo de relacionamento que define um indivíduo, ou seja, como ele se comporta ao lidar com seus semelhantes. Em primeiro lugar, observamos um ego inflado, a crença de que é superior aos outros e de que merece tratamento especial: deseja ser admirado e se recusa a se submeter às regras que regem a vida dos cidadãos mais "comuns". Em segundo lugar, tem uma capacidade notável de aparentar ter sentimentos honestos e altruístas, o que facilita que recorra, regularmente, a táticas manipuladoras, mentiras e enganos para conseguir alcançar seus objetivos. A *faceta 2 afetiva* (*ou emocional*) agrupa as características com as quais você está mais familiarizado, pois retratam alguém incapaz de se colocar no lugar dos outros (empatia), que não tem peso na consciência por seus atos prejudiciais, que tem uma bagagem emocional muito pobre ou superficial (insensível), o que lhe permite ser cruel com frequência, e que busca continuamente desculpas para não assumir a responsabilidade de seus atos quando eles são destrutivos para os outros.

A *faceta 3 estilo de vida irresponsável* e a *faceta 4 conduta antissocial* também são características do psicopata, mas, ao mesmo tempo, estão presentes em muitas pessoas que levam uma vida marginalizada, imersas no lado "perdedor" da vida e do crime. É por isso que costumamos dizer que o "núcleo duro" da psicopatia se encontra nos sintomas das facetas interpessoal e (antes de tudo) afetiva.

A PSICOPATIA E OUTROS CONCEITOS RELACIONADOS

O conceito de psicopatia é frequentemente confundido na mídia e até mesmo em textos acadêmicos com o de narcisista (muitas vezes com o adjetivo "patológico"). Da mesma forma, é necessário diferenciar o psicopata da pessoa que é descrita como "maquiavélica", um termo que, embora não seja reconhecido como uma síndrome, foi identificado pelos psicólogos da personalidade, que descreveram a existência de uma "personalidade maquiavélica". Por fim, os termos "psicopata" e "sociopata" são muitas vezes usados de forma intercambiável. Então, perguntamos: um psicopata é o mesmo que um narcisista patológico, uma personalidade maquiavélica ou um sociopata?

Em primeiro lugar, como um psicopata se diferencia de um narcisista patológico? Embora ele também seja um indivíduo que dispõe de pouca empatia e que recorre à manipulação, tem como característica distintiva o fato de acreditar fervorosamente nas próprias mentiras, o que não acontece com o psicopata, que é mais consciente de suas mentiras e falsidades. Além disso, o narcisista patológico é consumido por uma necessidade permanente de ser lisonjeado pela obediência e deferência dos outros, uma necessidade que, no psicopata, é geralmente muito menor. Por outro lado, o narcisista tende a demonstrar uma confiança irracional em suas iniciativas, algo que o psicopata controla melhor; de fato, o psicopata é mais capaz de ouvir conselhos que sejam favoráveis a seus planos, o que é muito mais difícil para o narcisista. Por fim, como o psicopata é a soma das quatro facetas, ele não precisa apresentar, em sua intensidade máxima, todos os sintomas que as compõem, por isso podemos encontrar psicopatas com uma intensidade moderada de narcisismo (no aspecto "grande sentido de si"), o que os diferencia claramente, nesses casos, dos narcisistas patológicos.

A personalidade maquiavélica (inspirada na obra *O príncipe*, de Maquiavel) também está representada na *faceta 1 interpessoal* da psicopatia pelas características de manipulador/mentiroso, mas uma pessoa maquiavélica é definida precisamente por tornar o engano uma forma de arte mais refinada e, embora a empatia e o sentimento de culpa também não sejam notáveis, ela tem suas próprias peculiaridades. Em primeiro lugar, os maquiavélicos projetam, com tempo e cuidado, seus esquemas de dissimulação, cuidam bastante de cada detalhe e permanecem muito focados em seguir o plano traçado. Além disso, eles são capazes de permanecer em estado "adormecido" por um longo tempo antes de executá-lo. Por outro lado, o psicopata, devido à sua maior impaciência, tende a apresentar comportamentos mais óbvios de manipulação agressiva e de assumir riscos que, sem dúvida, chamarão a atenção. Por exemplo, se ocupa um cargo de gerência em uma empresa, ele pode levar a uma remodelação que beneficie seus interesses, mesmo com o risco de levantar suspeitas. A personalidade maquiavélica costuma ter mais controle do que o psicopata, que é mais propenso a agir por impulso (*faceta 3 estilo de vida irresponsável*), caso deseje muito alguma coisa ou queira se vingar de uma ofensa recebida. Por fim, o psicopata tem um potencial antissocial maior (*faceta 4 conduta antissocial*): está mais preparado para agir com rapidez e agilidade com seus inimigos por meio de atos de abuso e intimidação, resultando em ambientes opressivos dominados pela angústia, o que se aplica tanto ao ambiente laboral quanto ao familiar.

Em resumo, o psicopata tem um potencial para o abuso e a violência – seja ela implícita (psicológica), seja ela expressa (física) – superior ao do narcisista e do maquiavélico. Ao contrário do primeiro, ele não precisa de tanta adoração por sua pessoa, nem acredita em suas próprias mentiras. Diferentemente do segundo, ele tem menos paciência com os assuntos e obstáculos que pode encontrar na realização de seus objetivos.

A psicopatia, o narcisismo e a personalidade maquiavélica são frequentemente estudados como diferentes expressões da chamada "personalidade sombria". Na figura adiante, vemos que essa tríade compartilha uma área em comum, o que significa que certas características são compartilhadas pelas três personalidades, e também, de forma recíproca, certos aspectos de forma bilateral. É importante observar que o psicopata em seu pleno "esplendor", em sua variedade de maior autocontrole (que veremos no próximo capítulo), também será narcisista e maquiavélico.

E quanto aos termos "psicopata" e "sociopata"? Muitas vezes são empregados como sinônimos, o que não é um problema grave para mim, mas gostaria de fazer uma distinção importante se quisermos ser rigorosos: o psicopata, ao contrário do sociopata, tem uma base genética significativa por trás de sua personalidade (em torno de 50%, de acordo com estudos de hereditariedade da psicopatia), o que significa que ele é menos dependente do ambiente para desenvolver essa condição. É claro que o ambiente continua sendo um tanto crítico, pois sabemos que um contexto de criação *antagônico* às características da psicopatia (por exemplo, em que a empatia, a inteligência e o esforço pessoal são incentivados no relacionamento amoroso com os pais) pode minimizar muito sua linguagem antissocial, ou seja, o "passo à ação" do *comportamento potencial* do traço à conduta.

Resumindo: na relação entre psicopatia, narcisismo e maquiavelismo, todos os três compartilham aspectos em comum. Não são categorias excludentes: o psicopata também pode ser narcisista e maquiavélico.

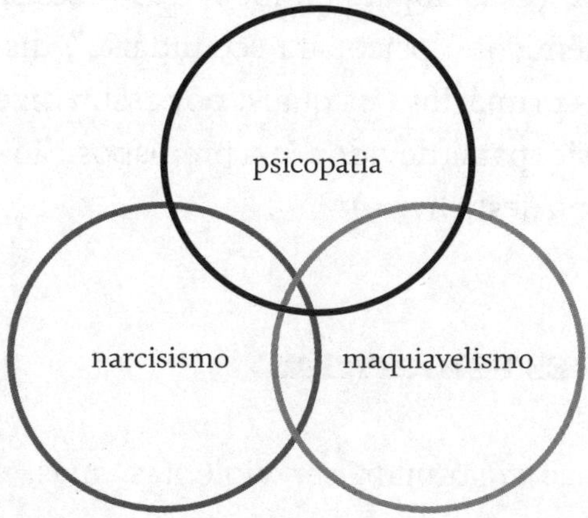

Por outro lado, eu, assim como outros autores, utilizo o termo "sociopatia" para me referir a pessoas capazes de agir como psicopatas cruéis em determinadas esferas de suas vidas e, ao mesmo tempo, de manter laços afetivos reais com outras pessoas. O fator determinante de sua violência é a subcultura ou o ambiente que o instruiu. Por exemplo, um matador de aluguel que cresceu e aprendeu a integrar o código da máfia desde a infância pode matar sem pestanejar porque ele obedece ao grupo em que forjou sua identidade, mas isso não o impede de amar sinceramente sua família. E o mesmo pode ser dito dos chefes da máfia: se você se lembrar dos personagens de Tony Soprano (na série *Família Soprano*) e dos Corleones (nos filmes da saga *O Poderoso Chefão*), entenderá muito bem o que estou lhe dizendo: amam suas famílias, mas matam ou mandam matar sem piedade (o personagem interpretado por Paul Newman, em *Estrada para Perdição*, também é um bom exemplo). Um psicopata não ama ninguém (falaremos mais sobre esse ponto no capítulo dedicado à família). A explicação é que o sociopata seria um indivíduo convencional se *tivesse* nascido em um ambiente tradicional, o que explica que ele possa ter mais ansiedade e problemas de consciência em seu comportamento criminoso do que o psicopata. (O sociopata também é às vezes chamado, em trabalhos acadêmicos, "psicopata secundário", distinguindo-o dos "psicopatas primários", os quais, por assim dizer, seriam os "autênticos" psicopatas devido à sua predisposição genética, e é sobre eles o tema deste livro.)

As mulheres psicopatas

As mulheres não costumam ser violentas, mas, obviamente, podem ser. O mesmo acontece com a psicopatia: como vimos anteriormente, há mais homens do que mulheres com essa condição, mas as pesquisas deixam claro que existem mulheres psicopatas. E elas estão por toda parte: temos assassinas em série famosas, empresárias fraudulentas, políticas, mas também muitas outras que não chegam a ser notícia porque suas manobras ocorrem na esfera privada.

No entanto, podemos dizer que, em termos gerais, a psicopatia se manifesta nas mulheres de forma diferente do que nos homens, embora as pesquisas sobre elas ainda sejam escassas. O que sabemos até agora é que a mulher psicopata, comparada com o homem, é menos narcisista e fisicamente violenta, além de gostar menos de correr riscos imprudentes. Ela parece preferir se utilizar de uma agressão mais emocional, espalhando calúnias ou boatos que desacreditem sua vítima e a isolem de sua rede de apoio. Por outro lado, ela faz um uso mais amplo da "máscara social" e da sedução do que o homem para alcançar seus objetivos, pois, em geral, não costuma precisar tanto projetar uma imagem externa de domínio e poder quanto o homem. Às vezes, ela também é descrita como sendo mais capaz de ter mais ansiedade e empatia do que ele. Dito isso, certamente há muitos exemplos em que a mulher é muito parecida ao homem psicopata, mas ainda não temos pesquisas suficientes para chegar a conclusões mais precisas.[8]

O caso a seguir, de meus arquivos pessoais, retrata uma mulher psicopata que, apesar de empregar com maestria a sedução, também apresentava algumas das características masculinas mais típicas, como o gosto por assumir riscos e por viver de forma irresponsável sem aparente sentimento de culpa ou ansiedade por seus atos.

Isabel me procurou "porque meu marido [Roberto] me obrigou"; em suas próprias palavras. Na verdade, eu já tinha visto seu marido; ele me contara sobre sua preocupação com a personalidade da esposa. Ele a conhecera havia três anos em uma festa de réveillon. Ela tinha 24 anos, oito a menos que Roberto, e trabalhava em uma loja de departamentos; morava com a mãe e o irmão de 12 anos. Com o salário dela e a pensão da mãe (seu pai havia morrido), eles se viravam. Meu cliente me contou que se apaixonou perdidamente por ela e, alguns meses depois, ele a pediu em casamento. Sem que Roberto lhe pedisse, Isabel deixou o emprego, o que ele não achou ruim, mas, quando lhe perguntou se ela queria voltar a estudar e procurar um emprego melhor, ela disse que não, que seria "uma dona de casa feliz". Outro aspecto do comportamento da esposa que, depois de um tempo, veio à cabeça de Roberto – e que na época ele achou estranho – foi que, em nenhum momento, Isabel lhe disse algo sobre a situação em que ficariam sua mãe e seu irmão. Roberto conversou com a sogra e combinou que lhe pagaria uma pensão complementar, já que ele era um homem bem de vida.

A verdade é que, depois que eles se casaram, a situação ficou longe de ser a ideal. Isabel se ausentava de casa com frequência, muitas vezes sem um bom motivo, pois ela não estava indo à academia, às compras ou ver sua família. Como ela estava gastando seu tempo? Sua resposta habitual era "Fui encontrar algumas amigas" ou "Fui dar uma volta". Em várias ocasiões, seu hálito cheirava a álcool. Um ano depois, quando Isabel deu à luz um menino, Roberto achou que isso poderia ser um motivo para ela se acalmar, mas as coisas só pioraram. A mãe e o irmão se mudaram para a casa do casal provisoriamente para ajudar Isabel com a criança; ele viu com preocupação que o bebê parecia incomodá-la mais do que qualquer outra coisa, e que ela o deixava muito tempo aos cuidados de sua mãe.

Roberto destacou essa preocupação, mas a esposa sempre tinha uma "boa desculpa" para não ser mais solícita com o filho: tinha tonturas, estava cansada. No entanto, passado o resguardo, ela voltou a sair com frequência. "Por que seu celular estava desligado muitas das vezes em que saía?", perguntei a Isabel. "Porque gosto da independência; eu lhe disse [ao marido] várias vezes: se você confia em mim, não precisa se preocupar onde estou e o que estou fazendo", foi a resposta dela.

A verdade é que Roberto acabou contratando os serviços de um detetive particular. O que ele descobriu o deixou atônito: poucos meses depois de se casar, ela e duas outras mulheres, que ela tinha conhecido enquanto "navegava" na internet, estavam trabalhando em um site pornográfico em um apartamento que haviam alugado no centro da cidade. Isabel sempre usava uma máscara. Em pouco tempo, elas começaram a ganhar muito dinheiro, mas ficou claro para mim que Isabel não fazia aquilo apenas pelo dinheiro, mas também pela emoção que a experiência lhe proporcionava.

Seu marido queria saber – em um esforço de compreensão e amor que o honrava – se Isabel "tinha solução". Graças a outras informações obtidas pelo detetive particular, descobri coisas de sua vida pregressa: expulsão de duas escolas, com um certificado de conclusão escolar por um triz; namorados sempre mais velhos; uso regular de álcool e de cocaína em suas festas antes de conhecer Roberto... Ele me disse que sua sogra havia comentado, em várias ocasiões, que "ela sempre tinha lhe dado muito trabalho" e que, depois que seu marido faleceu, quando Isabel tinha nove anos, ela se sentiu impotente para controlá-la.

Infelizmente, Isabel *atendia* aos traços da psicopatia: arrogante e manipuladora, desde muito jovem já sabia como lidar com os meninos e suas amigas (*faceta 1 interpessoal*): também sabia ser insensível e cruel quando a situação exigia, sem parecer se arrepender muito, especialmente porque sempre tinha uma desculpa para culpar os outros quando se metia em problemas (*faceta 2 afetiva*). Sua vida não tinha rumo, e nem mesmo o fato de desfrutar de um ambiente estável e ter tido um filho conseguiu lhe dar um propósito (*faceta 3 estilo de vida irresponsável*). Como de costume, as mulheres pontuam menos do que os homens no comportamento antissocial, sejam elas jovens, sejam elas adultas. Mesmo assim, suas expulsões e o uso abusivo de álcool não acabaram com esses sintomas; da mesma forma, era evidente o seu descontrole comportamental (*faceta 4 conduta antissocial*).

Eles acabaram se divorciando. Meu cliente concordou em lhe pagar uma generosa pensão alimentícia; em troca, ela não reivindicou a guarda compartilhada do filho. Dois fins de semana por mês era suficiente para ela.

A INTELIGÊNCIA DOS PSICOPATAS E SUA CAPACIDADE DE LER A MENTE ALHEIA

Em média, os psicopatas são tão inteligentes quanto os cidadãos comuns;[9] outra coisa é a existência de psicopatas com grande notoriedade pública que foram inteligentes, sobretudo assassinos em série (Ted Bundy seria o exemplo mais característico, bem como alguns empresários ou políticos). Temo que o mito de Hannibal Lecter, um personagem pouco realista, ocorra aqui. Nos últimos anos, houve casos de psicopatas integrados que se revelaram grandes golpistas ou fraudadores, como Madoff, Jeffrey Skilling (Enron) ou Sam Bankman-Fried (criptomoedas), que claramente representam uma parte elitista da sociedade e que precisaram ser inteligentes para chegar aonde chegaram; esses casos também ajudaram a consolidar esse mito.

Com relação à suposta grande habilidade que o psicopata tem de poder "ler a mente" – como se pudesse nos "escanear por dentro" para mentir e manipular com mais eficiência – acontece algo semelhante. Alguns psicopatas são muito bons em mentir, mas a maioria deles, não. Se eles conseguem nos enganar mais do que os não psicopatas é porque tentam com mais convicção, sobretudo com maior frequência. Quando conseguem nos manipular e favorecer, assim, seus planos, não é porque eles são diabolicamente habilidosos em mentir para nós, mas porque dedicam tempo para nos vender uma história que, no fim, acabamos comprando. Eles contam com nossa credibilidade e despreocupação, e é isso o que realmente lhes dá poder.[10]

Além disso, no que diz respeito à *capacidade específica de ler a mente*, os psicopatas *são piores* do que os indivíduos não psicopatas.[11] Mais uma vez, alguns psicopatas até têm certa percepção para identificar pessoas em um estado vulnerável, mais suscetíveis ao seu abuso, mas isso não se deve tanto a uma capacidade de "ler mentes" com precisão. Na verdade, eles observam o que a pessoa está fazendo ou dizendo, um processo aprendido por pragmatismo para alcançar seus objetivos. No restante do livro, voltaremos a essa questão com mais detalhes.[12]

A CAPACIDADE DE MUDANÇA DO PSICOPATA

Um psicopata pode mudar? Depende do que queremos dizer com essa frase. Se estivermos buscando que a pessoa com uma psicopatia deixe de tê-la, ou seja, que se "cure", então é verdade que isso está além do nosso alcance. Mas outra coisa é parar de agir de uma forma que seja significativamente prejudicial aos outros. É claro que cada caso é único e não podemos generalizar, mas há evidências suficientes em pesquisas para garantir que (1) alguns psicopatas são capazes de adquirir maior autocontrole sobre seus desejos nocivos ou inadequados (abuso, consumo de álcool, trapaça) à medida que vão deixando para trás seus vinte e trinta anos, ou seja, à medida que vão amadurecendo; e (2) que aqueles que não são particularmente impulsivos, mantêm certa capacidade empática e não sofreram deterioração mental (por exemplo, pelo uso abusivo de drogas) podem aprender uma certa "moralidade egocêntrica" ou básica, segundo a qual chegam à conclusão de que não lhes interessa – ou simplesmente não vale a pena – persistir em comportamentos antissociais. Em outras palavras: não param de agir de forma prejudicial porque agora "entendem" que fizeram algo errado e se arrependem, mas porque continuar nesse caminho lhes causa mais problemas do que satisfação, uma lição que, para eles, não é muito fácil de aprender devido à natureza de seu cérebro. No entanto, quando o indivíduo manifesta, em um grau muito alto, todas as características da psicopatia, a mudança é muito improvável, a menos que atinjam uma idade em que suas faculdades mentais ou físicas estejam significativamente comprometidas.

Por fim, é importante observar que as perspectivas de sucesso melhoram substancialmente se pudermos intervir na infância, não muito depois da adolescência. O motivo é que podemos influenciar o desenvolvimento de sua personalidade, bem como o ambiente que o nutre.[13]

Agora é hora de ter um encontro mais próximo com o psicopata, detalhando como ele pensa, sente e age.

CAPÍTULO 2

Perfil psicológico do psicopata integrado

> "Para o psicopata puro, seu sofrimento não significa nada. Não há empatia. Não há sentimento de culpa. Não há crise de consciência. Quando ele passa por uma situação que teria chocado qualquer outra pessoa (uma imagem aterrorizante pelo sofrimento que ela envolve, por exemplo), sua pulsação não se altera e seu ritmo cardíaco permanece em uma frequência baixa."
>
> MARIA KONNIKOVA, pesquisadora e professora de psicologia

O PSICOPATA É UM SOBREVIVENTE

Durante a maior parte de nossa história evolutiva, que remonta a um piscar de olhos, evoluímos como uma espécie confiável e cooperativa. Pense nisto: o gênero *Homo* tem aproximadamente 2 milhões de anos e, até cerca de dez mil anos atrás, quando nos estabelecemos em sociedade com a descoberta da agricultura, vivíamos como caçadores-coletores em pequenos grupos nômades, em que a sobrevivência era uma questão de esforço consensual, com uma estrutura hierárquica mínima ou inexistente. Em outras palavras: durante 99,99% de nossa existência na Terra, temos sido seres confiantes e ingênuos por boas razões. O grupo deveria cuidar dos feridos, apoiar uns aos outros em momentos de necessidade diante de feras ou em confrontos com outros grupos nômades, e confiar que a pessoa doente seria alimentada mesmo que não caçasse, porque, no futuro, outros membros ocupariam esse lugar. Não teríamos sobrevivido se, naquele longo amanhecer do *Homo sapiens*, nossos ancestrais temessem ser mortos a qualquer momento por seus companheiros de grupo. Além disso, atualmente, os antropólogos consideram que a principal razão pela qual nossa espécie venceu os neandertais na luta pela sobrevivência foi nossa maior capacidade de sermos sociais, de sermos capazes de criar laços afetivos baseados na cooperação e, com o tempo, de desenvolvermos linguagem e cultura, o que nos tornou cada vez mais poderosos diante dos desafios do ecossistema.

No entanto, uma corrente da psicologia (na qual me incluo) sustenta que, desde o início dos tempos, existe uma minoria que, excepcionalmente, permaneceu alheia a essa norma de confiança recíproca, um pequeno número de indivíduos que, em diferentes grupos humanos, tendo nascido com uma profunda deficiência emocional diante das necessidades dos outros, agiu com total indiferença sobre seus efeitos no restante da comunidade. Esses membros aberrantes seriam os psicopatas, que conseguiram sobreviver até os dias de hoje justamente porque eram escassos o suficiente para não transmutar a solidariedade do grupo em um clima de desconfiança e hostilidade. Em outras palavras: eles conseguiram prosperar até hoje porque constituíam um subgrupo pequeno o bastante para obter sucesso em seus esforços de engano e exploração sem que o grupo como um todo fosse forçado a reagir com tanta violência a ponto de exterminá-los. É claro que esses criminosos pré-históricos "delinquentes", quando descobertos, eram severamente punidos com a expulsão do grupo e, até mesmo, a morte; mas, permanecendo como uma pequena minoria, em muitos casos, se fossem habilidosos, poderiam lucrar com suas fraudes e atos hostis, pelo menos por tempo suficiente para fazer valer a pena. Por outro lado, se a quantidade deles tivesse crescido a ponto de dominar a vida do grupo, este teria entrado em colapso e, portanto, não haveria mais pessoas para eles explorarem.[1]

Em resumo, temos fortes razões para acreditar que os psicopatas fazem parte da sociedade do século 21 porque, desde o início dos tempos, seus atos ilícitos (engravidar mulheres com as quais não tinham um relacionamento oficial, roubar sem contribuir para o bem comum, fingir ou ocultar-se para não assumir suas responsabilidades etc.) funcionaram por tempo suficiente para que suas características não fossem extintas no processo de seleção natural. Em um sentido moral e psicológico, *o psicopata é uma variação genética que se revelou adaptativa*, que prosperou porque um número suficiente deles conseguiu sobreviver, por meio do engano e da violência, e se reproduzir.

Pensemos em nossa vida cotidiana. Se estivermos cercados de pessoas decentes, não é absurdo pensar que existam pessoas que se dedicam a mentir e a manipular, que se aproveitam da expectativa generalizada e compartilhada de bondade e decência no comportamento uns com os outros, bem como com a sociedade em geral (pelo menos em um sentido amplo, pois é claro que desconfiamos de determinados grupos ou coletivos por diferentes razões).

Portanto, os psicopatas buscam prosperar por meio de fraudes, estratégias de manipulação e até mesmo – em alguns casos – mediante o uso ou a ameaça de violência. Seu sucesso dependerá de seu potencial de recursos para explorar os demais e o quanto a pessoa, o grupo ou a sociedade em que ele está tentando prosperar estão preparados para se defender.

O psicopata controlado e o impulsivo

No capítulo anterior, fiz uma classificação da psicopatia de acordo com seu grau de visibilidade: a criminosa e a integrada. Neste capítulo, apresento outra classificação que tem a ver com a existência de duas variantes de personalidade do psicopata integrado; ambas contêm as características essenciais da psicopatia, mas diferem em alguns aspectos importantes. Em seguida, entrarei em um território fascinante: é verdade que os psicopatas não conseguem se colocar no lugar dos outros? Esse é o mundo da empatia, mais complexo do que parece. Depois, analisarei as características da conversa típica do psicopata, assim como destacarei alguns aspectos importantes do seu comportamento.

Gostaria de apresentar o psicopata integrado mais capacitado a se aproveitar de sua posição e de seus recursos em benefício próprio, o que os professores Yildirim e Derksen[2] denominaram *psicopata primário controlado*, caracterizado por uma personalidade forte e resiliente frente a situações estressantes, sem sentir medo diante de ameaças potenciais ao seu bem-estar ou integridade. Esse psicopata consegue ter um alto autocontrole, pelo fato de ele ser inteligente e ter tido a sorte de receber uma boa educação. Para ele, o desejo de dominar é a meta suprema, tanto em sua vida pessoal como nas esferas profissional e social.

Esse é o psicopata mais perigoso, porque tem um cérebro – especialmente seu lóbulo pré-frontal – que funciona de modo adequado para tomar decisões pragmáticas em seu próprio interesse (isso é chamado "função executiva" do cérebro). Ao mesmo tempo, seu sistema nervoso simpático – no centro do qual está a amígdala, a principal responsável por ativar emoções – permanece silencioso (ou quase silencioso) quando se trata de enviar sinais para que sinta medo diante de uma ameaça ou, então, pena ou compaixão por um ser humano que esteja sofrendo. Em geral, quando pensamos em psicopatas integrados que alcançam sucesso social nos negócios ou na política – mas que, lembre-se, são prejudiciais à sociedade –, estamos nos referindo a esse psicopata primário controlado, cuja origem tem uma importante base genética. Esses são indivíduos duros, com uma vida emocional superficial, concentrados em conseguir o que querem a qualquer custo. Amam o risco, sim, mas o fazem com o freio de mão puxado. É, por assim dizer, uma impulsividade "controlada": eles são movidos pelo desejo de viver experiências intensas (nos negócios, na política, na vida pessoal), mas sem perder de vista os possíveis obstáculos e riscos que podem enfrentar.[3]

Por outro lado, o *psicopata primário impulsivo ou desinibido*, embora seja igualmente duro e superficial em suas emoções (por causa de sua base genética), não tem a capacidade de concentrar toda a sua atenção e energia naquilo que deseja. Ele é, por assim dizer, menos reflexivo, mais motivado pelo desejo de tornar realidade o que deseja no momento, mais impulsivo e desatento aos riscos inerentes ao seu comportamento e leva um estilo de vida mais irresponsável e errático do que o tipo controlado. Por isso, é menos resiliente diante das dificuldades e menos perseverante em seus objetivos. O caso da mulher que se prostituía na internet do capítulo anterior seria um exemplo desse tipo de psicopatia.

Enquanto o controlado é mais apto a se conter emocionalmente e colocar em espera comportamentos que gostaria de executar (como acabar com um concorrente), o impulsivo, cuja mente é menos hábil para tomar decisões – com uma pior função executiva –, terá mais dificuldade para alcançar o sucesso social, pois não apresenta a constância e a astúcia que caracterizam o tipo controlado.

Como o psicopata impulsivo descreveria a si mesmo? Permita-me um pequeno exercício de imaginação. Se ele falasse conosco abertamente, poderia se descrever como aparece no quadro a seguir.

Sou inteligente, mas, antes de tudo, tenho uma mentalidade prática; o que importa são os resultados. Não sou nada emocional: eu me interesso pelos outros na medida em que minha análise me permite manipulá-los. Posso ler a mente deles, mas não sou afetado pela opinião que têm de mim ou se me consideram uma "boa pessoa"; o que sentem, sofrem ou passam não é algo que me afete de forma alguma. Não me sinto preso a nenhum princípio, valor ou norma moral. O mundo está dividido entre aqueles que mandam e aqueles que obedecem, e a ética é um assunto para os perdedores. Por isso eu me cerco de dois tipos de pessoas: aqueles que me permitem levar uma vida normal e que a facilitam, como meu parceiro ou alguns amigos (que pensam que são meus amigos, o que não é verdade, porque a amizade não é um sentimento que eu conheça), e aqueles que são úteis para meus propósitos. Destes, tirarei proveito de minhas habilidades para enganar aqueles que estão acima de mim em minha profissão, e subjugarei com ameaças e com meu poder os que estiverem abaixo. Sou muito bom em manipular porque não sinto nenhum remorso ou ansiedade quando minto, já que não tenho uma consciência que me acusa de violar as normas aos outros dispensadas. Às vezes me meto em confusão porque fico entediado e decido correr riscos ou cometer "loucuras" em minha vida pessoal ou profissional, como ter vários parceiros ao mesmo tempo sem que eles saibam, ou correr riscos em investimentos que me atraem porque poderiam me trazer um alto retorno, mesmo que estejam longe de ser seguros. Se a oportunidade for boa, irei enganar e corromper quem eu puder. Se eu for forçado a isso, posso ser muito desagradável e aniquilar mentalmente qualquer pessoa que se oponha a mim. Em um momento de raiva, posso chegar à violência física ou, se tiver mais tempo, intimidar alguém para que deixe meu caminho livre ou, até mesmo, que ela se suicide, o que, para mim, seria um grande triunfo. A chave para tudo isso é a aparência: os outros precisam me ver como alguém razoável, uma vez que, se cometer algum deslize, eu possa justificá-lo como um acidente ou um erro.

Um exemplo de psicopata controlado

Encontrei um exemplo de um psicopata primário controlado na América do Sul, durante um programa que eu estava desenvolvendo para as Nações Unidas sobre prevenção de crimes na América Latina. O homem – vamos chamá-lo de Rubén –, na faixa dos 50 anos, comandava uma empresa responsável pelo fornecimento de equipamentos para várias oficinas que existiam nos centros de reabilitação para jovens infratores. Rubén havia trabalhado na polícia por algum tempo, mas ele me disse que, "por mais que fosse promovido, não conseguiria nada além de ganhar a vida". Sob a proteção de uma mesa grande e farta, ele se sentou ao meu lado durante um jantar formal. Durante cerca de três horas, ele me explicou muitas coisas que, segundo ele, "havia aprendido para não passar pela vida como um miserável". Pelo que deduzi, essas coisas incluíam: manter uma quantia variável de "grana" dada a ele pelo Estado ou pela administração provincial para a compra de materiais nas diferentes oficinas; aceitar presentes de famílias ricas para que seus filhos fossem mais bem cuidados enquanto estivessem presos; e conciliar o cargo de diretor da empresa com outros que, conforme me disse, "são os que realmente me dão grana", um dos quais era um cargo importante em um município.

Diante da expectativa de ter de suportar seu ego inflado e suas conquistas baseadas em enganos e na conivência de outros por muito tempo, encarei a situação com espírito científico e prestei muita atenção nele; ao retornar ao meu quarto de hotel, anotei os comentários que considerei mais significativos. Ele vivia com uma mulher quinze anos mais jovem que lhe dera um terceiro filho, e tinha outros dois com outra mulher, a quem se referia de maneira desdenhosa como "a morena" (entendo que pelo tom de sua pele); essa primeira família vivia em outra província, e isso me pareceu ser pouco mais do que uma anedota de sua vida. Quando eu lhe perguntei se ele via com frequência aqueles dois filhos, ele respondeu mais ou menos assim: "Sim, eu os vejo quando passo por lá, eles estão bem, embora a morena não me conte muita coisa". Fim da conversa sobre esse assunto e, na verdade, sobre sua nova família, que também não parecia interessá-lo. Por outro lado, ele passou muito tempo me contando sobre suas opiniões políticas e se informando sobre a Espanha e suas oportunidades de negócio. Ele me disse, já bem tarde da noite e sob o efeito do vinho, que "neste país você tem que ser inteligente se quiser conseguir algo, porque é assim que as coisas funcionam, mas você tem que aparentar ser o melhor amigo de todos".

Alguns dias depois, tive a oportunidade de me informar sobre ele e descobri que, de fato, ele estava sendo processado por "apropriação indébita de material financiado com recursos públicos", algo que nunca deu em nada porque, imagino, ele tinha amigos "convenientes".

Veja que esse homem poderia ser considerado um psicopata "bem-sucedido", um cara com dinheiro e influência, mas, na tipologia que descrevi no capítulo 1, ele ainda seria um psicopata criminoso oculto, bem como alguém que propaga um exemplo de amoralidade na sociedade.

Medo e ansiedade com base na empatia

A pesquisadora Anna Forés explica o que acontece quando nosso cérebro percebe uma ameaça:[4]

> A amígdala envia um sinal para o hipotálamo, que, por sua vez, ativa o sistema nervoso simpático para que o corpo se prepare para a ação [...]. Simultaneamente, as glândulas suprarrenais aumentam a produção de noradrenalina, o que acelera a frequência cardíaca e aumenta o fluxo de sangue carregado de adrenalina para os músculos e a epiderme. Quando a adrenalina e a noradrenalina entram em contato, os músculos se contraem e se tensionam.

Agora, nosso corpo e nossa mente estão concentrados em responder à ameaça... mas há uma circunstância importante nessa reação. A pessoa que percebe a ameaça pode considerá-la muito grave e, consequentemente, desenvolver muita ansiedade ou medo, ou pode se distanciar do problema, o que será acompanhado por um humor menos ansioso e mais determinado.

A princípio, parece ótimo não ter muito medo porque estar relativamente tranquilo quando estamos em uma situação difícil nos permite manter a cabeça fria e, assim, tomar uma decisão mais racional ou eficaz para combater a ameaça. Uma das marcas registradas de heróis da ficção como James Bond é o fato de que, em momentos de adversidades reais, eles são capazes de fazer algo ousado ou inteligente para evitá-las (Indiana Jones, no entanto, faz algo ainda mais difícil, porque o vemos terrivelmente assustado e, ainda assim, ele é capaz de encontrar a saída do impasse). Bond consegue controlar a situação porque julgamos que ele está menos ansioso do que qualquer um de nós diante da ameaça iminente.

Contudo, presumimos que Bond é capaz de agir dessa forma porque foi treinado adequadamente. Quando vê uma pessoa inocente correndo perigo, ele não permanece impassível, mas tenta ajudá-la na medida do possível. Em outras palavras, Bond mantém a empatia e, ao mesmo tempo, controla seu medo diante do perigo.

Embora, há alguns anos, esteja na moda os estudiosos da cultura pop descreverem James Bond como "um psicopata", qualquer pessoa que tenha estudado a psicopatia acha essa afirmação ridícula: o agente 007 é leal ao seu país, luta pelos valores do mundo livre e se sente responsável pelas pessoas que orbitam ao seu redor (como, por fim, ficou muito claro no filme *Sem tempo para morrer*). Por outro lado, o psicopata *não sente empatia profunda*, entendida como a capacidade de se relacionar emocionalmente com outras pessoas, porque, *precisamente*, sente menos medo ou ansiedade em situações estressantes. Por que isso acontece? *Porque aprendemos a ser empáticos quando vemos o sofrimento alheio, e isso nos causa ansiedade ou medo*; essa emoção é perturbadora, mexe conosco e queremos evitá-la.

Por isso, se vemos alguém sofrendo, é mais provável que o ajudemos se tivermos empatia. No entanto, se a contemplação desse sofrimento nos deixa indiferente, tendemos simplesmente a ignorar a situação. Uma característica distinta do psicopata é a ausência de empatia, como sabemos, e isso está associado ao fato de que, por razões genéticas e ambientais, desde criança sentia menos ansiedade diante de perigos ou castigos do que as outras crianças.

Essa ausência de empatia, por sua vez, tem outras repercussões negativas. Não se trata apenas do fato de que o psicopata é um candidato muito improvável para ajudar as pessoas que precisam, mas que, por causa disso, ele tem um freio muito mais fraco para não tirar vantagem ou prejudicar o outro. Se eu não sinto sua dor, o que me impede de humilhá-lo ou enganá-lo? O professor James Blair se referiu a essa facilidade de prejudicar os outros como o fracasso do "mecanismo de inibição da violência", e isso é trágico, porque outra consequência para o psicopata de sua ausência de empatia e facilidade de ser violento ou injusto com o próximo é que ele não sente culpa ou remorso algum.[5] Como se diz com frequência, o psicopata "não tem consciência".

E, no entanto..., às vezes, sabemos que alguns psicopatas conhecidos por sua crueldade homicida demonstram sentimentos que parecem nascer de uma *provável empatia* por determinadas pessoas. Talvez o exemplo mais famoso seja o do célebre assassino em série Ted Bundy, que, quando foi finalmente capturado no estado da Flórida, concordou em confessar sua identidade – em uma época em que as relações entre as polícias dos estados eram quase inexistes, de modo que os policiais que o prenderam não sabiam que ele era o famoso assassino em série procurado em todo o país – em troca da permissão para fazer uma ligação telefônica para Liz Kendall, sua parceira de vários anos. Bundy ligou para ela e fez questão de lhe pedir desculpas e se confessar, para explicar por que *não* conseguiu evitar magoá-la com seu abandono e com o que ela logo descobriria sobre ele.[6] Minha opinião é que tais atos são um mero eco da empatia real ou uma manifestação empática transitória – provocada por um momento de grande desolação pessoal, por exemplo, ao saber que está definitivamente preso – de uma emoção que nunca consegue se estabelecer na psicologia do psicopata.

A EMPATIA DOS PSICOPATAS

Um exemplo de empatia que levou a um comportamento de ajuda eficaz veio de um brasileiro que vivia em Dublin (Irlanda), em novembro de 2023.[7] Tudo começou quando muitos cidadãos reagiram violentamente nas ruas ao saber que um homem tinha atacado três crianças e uma professora com uma faca e quando os rumores se espalharam de que o agressor era um imigrante, fato que inflamou uma realidade social sob grande tensão devido aos problemas econômicos daquele país. Quando Caio Benício estava passando com sua moto, ele viu o ataque e, sem pensar, parou, pegou seu capacete e, indo na direção do agressor, bateu em sua cabeça "com toda a minha força", deixando-o desmaiado e à disposição da polícia. "Agi instintivamente, não pensei", disse Benício, que na época trabalhava como entregador da Glovo. Essa resposta de ajuda diante do perigo iminente de outras pessoas foi registrada em várias ocasiões no campo da psicologia do altruísmo, desde que esse fenômeno começou a ser estudado extensivamente a partir da década de 1970. O que está por trás desse altruísmo é uma forte personalidade moral, desabrochada por meio do cultivo da empatia pelos outros. Os exemplos de pessoas que resgataram judeus durante a Segunda Guerra Mundial são numerosos: quando surge uma situação de perigo, há pessoas que dão um passo à frente porque não conseguem ficar indiferentes diante de uma situação que acham que podem evitar ou aliviar.

A personalidade altruísta contrasta com a do psicopata porque elas se situam em mundos diferentes. O altruísta também quer prosperar, ter sucesso na vida, mas em sua escala de valores há um compromisso com determinadas normas morais ou princípios, incluindo o fato de que, em determinadas circunstâncias, é preciso ajudar. O exemplo que dei se refere a uma ação que poderíamos chamar de heroica, porque o jovem brasileiro enfrentou um homem armado em um frenesi de violência, algo que colocava sua vida em risco, mas gostaria de salientar que é a disposição gentil e aberta de ajudar em pequenas coisas que melhor resume o altruísmo cotidiano, que é a base da convivência pacífica: aquela professora que fica quinze minutos depois de terminar suas aulas porque não quer deixar a criança sozinha esperando pelo pai, que se atrasou, e milhares de outros exemplos. Enquanto o psicopata sempre vê o outro como um inimigo a ser derrotado ou um possível assistente de seus planos, o altruísta se sente conectado às pessoas ao seu redor. O primeiro não tem outros princípios morais além daqueles derivados de seu profundo egocentrismo. Ele é incapaz de entender que seu destino está vinculado ao fato de todos fazerem sua parte no contrato implícito de convivência que compõe a sociedade, como todos nós.[8]

A empatia está por trás dessa vida coletiva, mesmo que não paremos para pensar nisso. Eu não gostaria que um aluno saísse decepcionado por eu ter sido desatento ou preguiçoso ao resolver seu problema; esse comportamento faria me sentir culpado. A "empatia de grau zero" do psicopata, como aponta Simon Baron-Cohen, professor da Universidade de Cambridge, é o que lhe permite usar os outros como meros meios para alcançar seus objetivos.[9]

Lucy Adeniji é uma escritora cristã evangelista e autora de dois livros sobre cuidados infantis. Isso não pareceu ser um problema para ela quando traficou duas adolescentes (a mais nova tinha 11 anos) e uma mulher de 21 anos da Nigéria para trabalharem como escravizadas em sua residência no leste de Londres. E não estou exagerando quando falo de escravização, pois ela as obrigava a trabalhar vinte e uma horas por dia e não hesitava em bater nelas se ficasse com raiva. Em março de 2011, o juiz Simon Oliver, dirigindo-se a ela após condená-la a onze anos de prisão, repreendeu-a em tom grave: "Você é uma mulher perversa. Não tenho dúvidas de que você arruinou a vida dessas duas jovens. Elas sofrerão por toda a vida as consequências do mal que você infligiu a elas".[10]

O professor de Cambridge, Baron-Cohen, diria que essa mulher tem *empatia de grau zero* – ou seja, ela é incapaz de se colocar no lugar de outras pessoas –, o que ele atribui ao comportamento dos psicopatas, porque um grau zero implica que o outro é um mero objeto, não uma pessoa com sentimentos e necessidades. No entanto, junto com os psicopatas, Baron-Cohen inclui os autistas na categoria da "empatia zero". Entretanto, há uma diferença essencial entre esses dois grupos: o psicopata representa o *grau zero negativo* porque, em sua opinião, essa ausência total de empatia é o que explica seu comportamento cruel exploratório. Por outro lado, as pessoas autistas seriam colocadas no *grau zero positivo*, porque, no caso delas, a ausência de empatia está acompanhada de uma natureza "sistematizadora", a partir da qual elas têm uma forte tendência a estabelecer padrões, a serem constantes e consistentes. Como resultado, gostam de seguir normas e regras, que são a base da vida cívica. (Se você assistiu ao filme *Rain Man*, verá isso claramente.)

Mas essa não é a história completa, pois dizer que os psicopatas simplesmente não têm empatia nos coloca diante de um paradoxo: como é possível que eles consigam nos contar mentiras e nos manipular? Por acaso isso não requer a capacidade de ter empatia com a vítima de seus crimes, ou seja, de "se colocar no lugar dela" com o objetivo de manipulá-la? A solução para esse paradoxo está no fato de que a empatia é, na verdade, de dois tipos.

O primeiro tipo é a *empatia cognitiva* ou "teoria da mente", a partir da qual a pessoa desenvolve uma teoria sobre como a outra à sua frente pensa e sente. O segundo tipo de empatia – que é aquela a qual Baron-Cohen se refere – é a *empatia emocional* ou *profunda*, que acrescenta a essas duas funções da empatia cognitiva uma ressonância emocional por meio da qual o indivíduo sente as emoções do outro, sem, é claro, implicar que esse reflexo seja de igual intensidade, uma vez que o sofredor tem uma experiência única de sua dor. Aqui vemos essas diferenças. A pessoa com empatia profunda também tem as duas modalidades de empatia cognitiva.

Empatia cognitiva (a): *Sei o que você está pensando*
Empatia cognitiva (b): *Sei o que você está sentindo*
Empatia profunda (c): *Sinto o que você está sentindo*

O que acontece é que o psicopata primário controlado possui o primeiro tipo de empatia, a cognitiva (a e b), mas não a empatia emocional ou profunda (c). No entanto, devo salientar que nem todos os psicopatas são igualmente bons nessa faculdade, sobretudo os impulsivos: alguns a desenvolveram muito bem, tanto na modalidade (a) quanto na (b), enquanto há aqueles capazes de compreender ideias, mas não emoções, ou seja, apenas (a); e há até mesmo aqueles com dificuldades para entender bem as ideias uns dos outros, ou seja, nem (a), nem (b). Esses últimos tendem a formar parte do grupo de psicopatas criminosos identificados, cuja socialização é muito mais precária.

Em outras palavras, se a "teoria da mente" pode ser elaborada em dois planos – pensamentos e emoções –, somente os mais talentosos dos psicopatas controlados dominarão ambos. Observe que essa faculdade está no domínio do pensamento: o indivíduo *lê* as ideias e emoções do outro, mas *não as sente* – elas não "ressoam" em seu cérebro.[11] (Desse ponto em diante, quando sinalizamos que o psicopata não tem empatia, sempre nos referimos à empatia profunda ou emocional, a menos que se diga o contrário.)

Outro indivíduo aparentemente bem-sucedido que, na realidade, esconde um psicopata integrado criminoso é o extraordinário caso do cirurgião Paolo Macchiarini. É possível até imaginar um diálogo entre ele e um de seus pacientes, uma representação da empatia que um psicopata pode ter. "Doutor, pensamentos de morte estão passando pela minha cabeça. *Estou apavorado. O senhor acha que há esperança?*", pergunta o paciente; "Entendo o que você está *pensando*. Entendo o que você está *sentindo*. *Mas suas emoções não chegam até mim*. E, francamente, é isso que me permite fazer o que vou fazer com você", diz o cirurgião.

Seu legado de morte e miséria não poderia ser explicado sem sua grande capacidade de empatia cognitiva em seus dois níveis, pensamento e emoção, o que revela o quanto o mau uso dessa faculdade amplifica o mal. Neste capítulo, limito-me a analisar sua atividade profissional. No seguinte, dedicado à família, voltarei a ele, porque também não pode faltar nesse âmbito.

O cirurgião da morte

Imagine um cirurgião que decide que operar pacientes que sofrem de patologias traqueais graves exige um novo método revolucionário. E então ele encontra um cliente que lhe cai como uma luva, pois sabe que isso pode torná-lo famoso e, portanto, disputado pelas melhores clínicas do mundo. Esse novo método consiste na criação de uma traqueia sintética; depois que as células-tronco do paciente são enxertadas nela, ela é incorporada à garganta do paciente. Mas agora vem o melhor: essa suposta traqueia milagrosa nada mais é do que um tubo de plástico que simula ser o tal órgão, e não há nenhum vestígio de células-tronco nele.

O resultado disso? Paolo Macchiarini operou oito pessoas com esse sistema e apenas uma sobreviveu... porque o tubo de plástico foi removido a tempo. Sua história é a de um psicopata integrado cruel, mas também é o relato de como a mídia e até mesmo as autoridades do hospital onde ele realizou a maioria das operações o tornaram famoso. No caso do centro médico em que ele operava – o Instituto Karolinska, em Estocolmo –, a responsabilidade é maior, uma vez que primeiro se omitiu de uma reportagem do *The New York Times* alertando sobre seus métodos fraudulentos e, pior, dos relatórios apresentados pelos três assistentes de Paolo, de quem, a essa altura, já desconfiavam; relatórios que mostravam claramente que os pacientes operados não apenas morriam, mas eram submetidos por uma tortura indescritível.[12]

Digo que a mídia ajudou a promovê-lo porque repetiu até não poder mais os supostos sucessos do cirurgião sem a verificação das informações. Os pacientes, a princípio, pareciam recuperados, mas depois de algumas semanas (até mesmo dias) começaram a sofrer dores e problemas de todos os tipos. A mídia só cobria as coletivas de imprensa orquestradas por Paolo para demonstrar sua genialidade, com a presença do paciente recém-operado. Mas, então, seguia sua evolução; ou melhor – quase ninguém –, porque é justo dizer que foram dois meios de comunicação que acabaram com sua ladainha de horror: a já mencionada reportagem do *The New York Times*, de novembro de 2014, e, sobretudo, um documentário transmitido em 2016 pela televisão sueca com o título de *Dokument inifrån: Experimenten* [Documentos internos: os experimentos, em tradução livre]. É doloroso assistir a ele, uma vez que relata o sofrimento e a morte de seus pacientes. Nesse aspecto, a série documental *Cirurgião do mal* também é excepcional,[13] porque ela tem acesso aos vídeos que o hospital gravava das operações e outros feitos pelas famílias dos pacientes, os quais, para nossos propósitos, são um material excelente para avaliar seu mundo emocional.

Questionado em um noticiário de televisão após a publicação da reportagem do *The New York Times*, Paolo nega tudo, apelando para a presunção de inocência. Um observador atento pode ver que em seu rosto não há indignação alguma: apenas um olhar sério de frustração e aborrecimento por ter que se prestar a ser interrogado. Que cirurgião honesto não ficaria muito alterado se achasse que foram publicadas calúnias que colocam em risco sua carreira e seu trabalho? Nada disso é percebido em Paolo, que, alguns meses depois, ao ser questionado por outro jornalista que estava produzindo um programa de televisão crítico sobre ele (e que viria a se tornar o documentário *Dokument inifrån: Experimenten*), responde que "Você não sabe nada dos protocolos a serem seguidos" à sua pergunta sobre onde estavam os ensaios clínicos prévios com animais, que são sempre exigidos antes de testar uma nova técnica em humanos. O olhar aqui já não é mais sério, mas hostil: Paolo, que sabe muito bem que não pode se esconder por ser um cirurgião mundialmente famoso, mostra seu rosto, mas não esconde o profundo desprezo que sente pelo jornalista. É um fragmento breve, mas muito poderoso: esse homem torturou e matou e tudo o que ele sente é uma profunda irritação porque sua imagem de cirurgião genial está sendo questionada.

Mas o que mais me interessa neste momento é destacar a formidável "teoria da mente" de Paolo, que o torna ainda mais perigoso porque ele sabe muito bem como enganar seus pacientes e familiares.

Um indicador extraordinário de sua psicopatia integrada é sua capacidade para fingir que está totalmente comprometido com o bem-estar de seus pacientes. Os vídeos são impactantes. Ele segura a mão deles, fala com muita gentiliza, assegurando-lhes que tudo ficará bem. É realmente assustador saber que, minutos depois, ele vai condená-los a uma agonia longa e dolorosa e à morte certa, ao inserir em suas gargantas um simples tubo de plástico. A crueldade de Paolo se destaca, sobretudo, em dois casos. O primeiro é o de uma menina que nasceu sem traqueia; ele a acaricia como se ela fosse sua filha, ao mesmo tempo que está plenamente consciente de que ela não sobreviverá à operação. O segundo é o de Julia, uma jovem mãe russa de São Petersburgo. Ela está esperançosa; a primeira coisa que ele lhe diz ao vê-la é "Você é muito bonita", e de fato ela é, mas ela nem sequer imagina o destino que a aguarda. Poucas horas após a operação, ela aparece em uma coletiva de imprensa dizendo que quer voltar a estudar, sem saber que, em pouco tempo, em casa, sofrerá uma provação. Sua mãe declarou mais tarde que Julia "não parava de expelir pela boca pedaços de tecido e sangue".

Quando os produtores de um programa de televisão produzido para a maior glória de Paolo (*Supercells*) entraram em contato com Julia por e-mail para saber o estado em que ela se encontrava e como estava o funcionamento de sua traqueia, sua resposta não poderia ter sido mais eloquente:

> Estou em uma situação muito, muito grave. Passei mais de meio ano no hospital Krasnodar. Três semanas após a primeira operação, comecei a apodrecer por dentro, e continuo apodrecendo. Atualmente peso 47 quilos. Mal consigo andar, mal consigo

respirar. Não tenho voz. Meu corpo cheira tão mal que as pessoas estremecem. As traqueias artificiais são uma merda. Sinto muito em lhes dizer isso. Atenciosamente, Julia.

Anteriormente, as imagens gravadas na sala de cirurgia nos deixaram sem fôlego: com Julia consciente, um dos assistentes diz a Paolo que "a traqueia entortou", dando a entender que não funcionará, mas isso não o faz mudar de ideia, nem o fato de que, no dia anterior à operação, seus assistentes em São Petersburgo lhe anunciaram, alarmados, que "nenhuma das traqueias tem as medidas adequadas". Depois de mostrar alguma consternação, o cirurgião se limita a dizer: "Procederemos amanhã como o planejado". Ele também operou uma garota turca que, durante quatro anos e meio, viveu na UTI, porque a cada quatro horas era necessário remover o muco que a impedia de respirar. Ela teve que ser operada 190 vezes antes de finalmente morrer.

O que levou Paolo a cometer esses atos de crueldade indescritíveis? Acredito que a resposta tem dois fundamentos. O primeiro é seu desejo de glória; sua ânsia narcisista, sua certeza de que o destino não lhe deve nada além de grandes sucessos. Sabemos que apresentar um ego inflado está na *faceta 1 interpessoal* da psicopatia, assim como mentir e manipular sem restrições – habilidades nas quais Paolo é um mestre. Sua imagem cosmopolita era sua característica, viajando incansavelmente a diferentes lugares para ver seus pacientes ou dar palestras. Sua base foi consolidada nos arredores de Barcelona, onde ele foi chefe de cirurgia torácica no Hospital Clínico por vários anos, mas também no Instituto Karolinska, onde, segundo ele, realizava suas pesquisas e tinha uma equipe com três cirurgiões assistentes que, embora inicialmente fossem partidários ferrenhos, com o tempo acabaram chegando à conclusão de que esse cirurgião famoso estava enganando a todos, porque seu método revolucionário nunca fora testado em animais; em outras palavras, os pacientes eram literalmente cobaias, porque nenhuma traqueia artificial jamais havia sido introduzida em um ser vivo. Mas até ser desmascarado, seu narcisismo estratosférico marcou seu comportamento: ele queria admiradores, ser famoso e que não lhe complicassem as coisas. "Ele chegava ao Instituto [Karolinska] depois de uma de suas incontáveis viagens, e nós o esperávamos como se fôssemos cachorrinhos esperando que o dono lhes jogue um osso", disse mais tarde um de seus assistentes.

Outro momento do documentário revela seu narcisismo monstruoso. Em uma ocasião, Macchiarini deixa bem claro qual é sua posição no universo durante uma conversa com um dos membros de sua equipe no Instituto Karolinska: "Acima de mim somente Deus", afirma. Esse último, espantado, lhe pergunta se o Papa não está acima dele. "De modo algum!", responde Paolo, com toda a sinceridade.

Mas é a *faceta 2 afetiva* (crueldade, ausência de empatia, emoções superficiais e falta de consciência) que lhe permitia matar sem pestanejar: para ele, os pacientes eram simplesmente um meio para alcançar fama e fortuna. Após a operação, ele se desinteressava completamente pelo destino deles. *Graças à sua teoria da mente ou empatia cognitiva*, ele sabia muito bem o que pensavam e sentiam seus clientes (ele era um raio de esperança para os graves problemas de saúde deles) e parentes, o que lhe permitia enganá-los para que se submetessem às suas operações. Ele não se importava com o que acontecia com aquelas pessoas: o sofrimento e a morte certa delas não eram problema seu.

Em 2022, ele foi acusado, no tribunal de Estocolmo, por três agressões com agravantes envolvendo três pacientes suecos que ele operou e que foram a óbito. A sentença, no entanto, deixou todos chocados, porque ele foi condenado apenas à liberdade condicional e à suspensão de dois anos do exercício da medicina. Embora a promotoria tenha recorrido e a nova sentença tenha sido mais severa (dois anos e meio de prisão), Paolo recorreu à Suprema Corte, que, até o momento da redação deste livro, não se pronunciou.

As emoções dos psicopatas

Raiva e vingança

A raiva é a emoção que surge nos relacionamentos com outras pessoas quando nossos desejos são frustrados. Para Hervey Cleckley, o autor que descreveu o psicopata em meados do século 20 em sua concepção moderna, a raiva genuína está ausente no psicopata: ele sente apenas irritação e pequenas perturbações no humor.[14] Suas reações visíveis são atuações para os outros, não expressões genuínas de raiva. Por outro lado, dois psiquiatras forenses que estudaram psicopatas na década de 1970, Yochelson e Samenow, afirmaram que o psicopata sofre de cólera extrema e persistente dirigida aos outros. Quando irritado – escreveram eles –, o psicopata "tenta reafirmar o valor de todo o seu ser", geralmente por meio de atos hostis e violentos, que podem incluir a agressão física grave em psicopatas impulsivos e sociopatas, ou formas mais refinadas, como humilhação e abuso psíquico em psicopatas integrados controlados.[15]

Em todo caso, os indivíduos propensos à raiva geralmente têm um *erro de percepção* que interpreta situações neutras como ameaçadoras; também apresentam problemas na regulação das emoções, dificuldades na tomada de decisões e no raciocínio moral e uma maior probabilidade de usar a violência – física ou psíquica – como estratégia de resolução de conflitos. Com relação aos psicopatas, as pesquisas mais recentes os caracterizam – particularmente os integrados – como *supercontrolados* em seu manejo da raiva: publicamente, eles se apresentam como sociais, despreocupados; e, embora neguem sentir raiva, estou convicto de que eles podem senti-la, e em alto grau (sua recusa em reconhecê-la seria explicada pelo fato de que isso seria assumir que alguém é capaz de alterá-los).[16]

De fato, a raiva está associada à vingança. Esta pode ser descrita como uma raiva controlada, que é canalizada por meio de um plano para executar um ato futuro de retaliação. Os psicopatas controlados podem demonstrar raiva contida enquanto pensam em se vingar, fazendo valer o velho ditado de que "a vingança é um prato que se come frio". Um psicopata integrado controlado, devido à sua melhor regulação das emoções (ao contrário do impulsivo, muito mais propenso a descompensações de humor), é o mais apto a cometer um ato predatório. Aqueles que acompanharam a série cult *House of Cards* (à qual retornaremos no capítulo 5) puderam observar a delicadeza e eficácia dos esquemas vingativos de Frank Underwood, primeiro como aspirante e depois como presidente dos Estados Unidos.

O psicopata que age de forma vingativa pode ter dois públicos. Um é, logicamente, o do sujeito da retaliação. Se sua *faceta 2 afetiva* (ausência de empatia e de consciência, com crueldade) for muito acentuada, a vingança pode ter componentes sádicos; assim, ele se certificará de que você pague dolorosamente pela ofensa, que – segundo ele – recebeu. Ele se deleitará em sua desgraça ou queda, e pode assediá-lo até que você decida se suicidar. O outro público são as pessoas ao seu redor: se ele tiver um status elevado e certo poder, o prazer que sente é multiplicado, além de ser um aviso para outros criminosos em potencial. O caso do empresário Ray Dalio, que vimos no capítulo anterior, seria um exemplo de vingança calculada e sádica que serve de alerta aos outros. No caso a seguir, o público era uma única pessoa: sua vítima.[17]

O fato ocorreu em Castellón, em 2016. Iván tinha 17 anos e aparentemente não havia revelado ser homossexual, pelo menos não para a sua família. Um dia, ele entrou em uma página de relacionamentos e começou a conversar com um homem quarenta anos mais velho do que ele. De acordo com a jornalista María Fabra, que acompanhou o julgamento:

> Depois, ele deve ter se arrependido e parou de responder. O homem, então, começou a enviar mensagens de WhatsApp para ele: "Vou ensinar você a não perder seu tempo", "Vou ensinar você a não incomodar", "Vou te pegar", "Juro que você vai se meter em uma grande encrenca", "Vou arruinar seu pais por sua culpa".

Nas primeiras três horas do assédio de sete horas, foram enviadas nada menos que 119 mensagens. Iván respondeu a algumas dessas mensagens pedindo desculpas ("Não vou fazer isso de novo") e depois implorando ("Por favor, não faça isso"). Nada foi suficiente. O assediador redobrou sua raiva vingativa: "Você vai chorar lágrimas de sangue na frente dos juízes e de seus pais". Pouco tempo depois, em 1º de dezembro de 2016, Iván se jogou de um terraço. Demorou oito meses para que os registros de seu celular revelassem o que havia acontecido. O culpado tinha 62 anos, com antecedentes por um abuso sexual cometido anos antes. Observe sua brutal ausência de empatia, seu prazer em se vingar ("Você quer pular agora?", "Coitadinho, você vai ter o que merece..."). Mesmo depois de ele ter cometido suicídio, o psicopata continuou a lhe enviar mensagens semelhantes acompanhadas de fotos, fingindo que ele o havia denunciado. O homem foi condenado a quatorze anos de prisão por homicídio.

Ressentimento, ciúmes e inveja

O ressentimento (ou rancor) é uma marca registrada do psicopata integrado, porque é uma emoção que afeta seu ego, ou seja, é o produto de seu narcisismo ferido. O ressentimento implica desprezo pelo ofensor e é diferente da vergonha, uma vez que essa emoção decorre de alguém ser exposto como desviante das regras morais de sua comunidade ("Tenha vergonha!") – e já sabemos que o psicopata não está nem um pouco comprometido com essas regras. O fato de esse ressentimento ou rancor ser mais ou menos transitório é uma questão de debate. Ele difere da raiva, por ser uma emoção menos intensa, e da vingança, por exigir planejamento e adiamento do golpe no adversário. Entendo que o psicopata integrado não pode deixar de sentir desprezo pela pessoa que o atrapalha em sua tentativa de dominar, e acho que isso pode durar enquanto a pessoa que o ofendeu ainda estiver presente em sua vida e, portanto, continuar a ser um incômodo para ele. Se esse não for o caso, provavelmente deixará o assunto de lado porque, para ele, é mais importante continuar com sua tarefa de manipular aqueles que lhe são leais.[18]

E quanto ao ciúme? O psicopata é ciumento? Se o ciúme implica que odiamos a pessoa que se destaca acima de nós, então podemos dizer que sim, mas, nesse caso, o equiparamos à inveja. Se entendermos o ciúme em um sentido amoroso (odiar aquele que nos priva do amor do outro), então a resposta é não, porque o que o irrita é ser afastado de alguém que ele controla, e não ser afastado de um afeto que ele não sente.

A COMUNICAÇÃO DO PSICOPATA

Em geral, as pesquisas consideram que o psicopata tem um estilo de comunicação caracterizado pelo uso de linguagem sem conteúdo emocional real ou profundo, além de uma tendência a invadir o espaço individual do outro e uma ausência de nervosismo ou ansiedade.[19] No entanto, é preciso reconhecer que a maioria das pesquisas foi realizada com psicopatas encarcerados, o que supõe uma limitação importante quando se trata de estender as conclusões aos psicopatas integrados. Apesar dessa limitação, uma vez que tanto os psicopatas condenados por crimes quanto os integrados compartilham pelo menos o "núcleo duro" da psicopatia, que é a *faceta 2 afetiva* (ausência de empatia, falta de consciência; crueldade e insensibilidade emocional), pode ser útil considerar as pesquisas de Romberg e sua equipe,[20] que analisaram a comunicação explícita e implícita (ou emocional) de três conhecidos assassinos em série: Peter Lundin, Richard Kuklinski e Aileen Wuornos. O que eles descobriram foi que suas declarações eram dominadas pelo uso de expressões verbais teatrais, ou seja, falsas e defensivas, usando uma voz monótona, mas com ritmo irregular (por exemplo, partes em que falavam muito rápido e outras em que faziam muitas pausas). O olhar fixo no interlocutor e a hesitação frequente também se destacavam.

Por fim, quando o padrão de comunicação emocional deles foi examinado, viram que era comum que exibissem uma série de emoções negativas variadas (raiva, ressentimento, desprezo), uma postura de indiferença emocional, ausência de medo, crença de que eram indivíduos especiais e perigosos, falta de percepção de serem afetados por coisas negativas que aconteciam com eles e incapacidade de explicar de forma profunda os crimes que cometeram.

O que se pode concluir dessa pesquisa é que *o psicopata tem prazer em agir na frente do entrevistador, fica na defensiva e tenta intimidá-lo* (aquele olhar fixo; aquela presunção de periculosidade). Da mesma forma, ele não está disposto a se aprofundar em sua psicologia e nas circunstâncias que poderiam esclarecer seus atos monstruosos. Suspeito que isso se deva, em parte, porque ele não se sente confortável em situações nas quais não sabe bem como proceder e, em parte, porque isso deve aborrecê-lo.

O valor desses resultados foi ressaltado quando outros pesquisadores ampliaram a pesquisa para incluir 2.862 indivíduos, uma parte dos quais não estava presa, ou seja, eram psicopatas funcionais integrados.[21]

No geral, eles descobriram algumas coisas muito interessantes, como as seguintes:

1. A comunicação varia em termos de sua ativação emocional (se estão ou não interessados no assunto) e do controle que sentem ter sobre a entrevista. Eles gostam de dominar, de estar no controle da conversa e de não tocar em assuntos que exijam muito esforço, como os relacionamentos com outras pessoas ou sua infância (provavelmente porque aqui eles têm de falar sobre suas famílias). Quando esses requisitos são atendidos, são mais comunicativos, embora não necessariamente mais verdadeiros.
2. Se eles têm dificuldade de falar em profundidade sobre família ou relacionamentos, provavelmente é porque estão caminhando em um terreno escorregadio, ou seja, precisam entrar em uma área desconhecida. No entanto, se acharem necessário – por exemplo, para se justificarem diante de acusações graves –, poderão dizer que viveram certas experiências que os traumatizaram, mas, em geral, mantêm a imagem de ser perfeitamente sãos.
3. Quando se sentem obrigados a falar – porque temem as consequências da recusa –, são inconsistentes, se contradizem com frequência; mudam de assunto e chegam a conclusões ilógicas. Um psicopata que é forçado a falar nunca será claro sobre o que ele realmente quer dizer.

4. Demonstram distanciamento afetivo e referências impessoais aos fatos que estão sendo discutidos; pouco medo ou ansiedade e menos expressividade em geral; empatia superficial e pouco apreço pelos demais. Podem usar palavras desagradáveis para intimidar ou afirmar poder.
5. Em geral, eles preferem falar sobre coisas materiais em vez de questões pessoais ou sociais.

A importância de analisar a comunicação do psicopata será discutida nos próximos capítulos, mas aqui podemos adiantar as principais implicações.

A primeira é que a pretensão de ter uma conversa honesta e profunda com um psicopata integrado controlado é uma quimera; a conversa é muitas vezes incoerente, com ameaças veladas ou elogios quando estão em busca de algo, pois demonstram distanciamento afetivo – embora tentem esconder isso – e não são capazes de falar de forma profunda sobre questões humanas: ficam entediados e se sentem desconfortáveis de falar sobre assuntos pessoais. Pense que os resultados anteriores incluíam psicopatas controlados, mas também os impulsivos – que já sabemos que são mais instáveis e menos dominadores –, o que nos diz que o primeiro tipo será mais inteligente e astuto em sua tentativa de nos manipular enquanto conversamos com ele.

A segunda é que, justamente por causa dessa maneira peculiar de manter uma conversa, o uso do diálogo pode ser uma ferramenta poderosa para identificar um psicopata em potencial. Vou lhe dar uma prévia aqui: *um psicopata não consegue entrar em uma discussão sobre uma questão profundamente humana com sensatez, porque ele tem muita dificuldade para entender o conteúdo emocional profundo da linguagem*. E isso é vital, pois não podemos fazer nada para enfrentá-lo com sucesso se não o identificarmos primeiro. Não importa se não estamos totalmente seguros; o relevante é verificar se há indicadores de que a pessoa em quem você está interessado apresenta, pelo menos, características, dificuldades ou estilos de comunicação ou relacionamento que se enquadram no espectro da psicopatia. Mas, como eu disse, tudo isso será tratado mais adiante.

O comportamento do psicopata

Até agora, vimos que o psicopata tem profundas deficiências emocionais: vergonha, culpa, empatia, compaixão e sentimento de lealdade ou de justiça são estranhos para ele. Temos, então, uma pessoa com uma vantagem importante quando se trata de enganar ou abusar de alguém, porque, ao contrário do não psicopata, ele não demonstrará sinais de nervosismo ou ansiedade – produto de uma consciência acusatória de violação das normas morais – e poderá concentrar-se nessa tarefa.

Mas há outra característica do seu comportamento que você deve conhecer. O psicopata é espiritualmente vazio, o que significa que ele não procura encontrar nenhum propósito na vida que se dedique a amar ou cuidar de pessoas ou entregar-se a uma missão nobre. Essa peculiaridade vem de sua incapacidade de se vincular afetivamente desde a infância. Na ausência desse vínculo, ele precisa preencher esse vazio espiritual aspirando a sentir que ele (ou ela) está no controle, que domina, que tem poder. Em outras palavras, *seu propósito de vida é nos explorar, porque é isso que o faz se sentir vivo*. É por isso que ele é coerente, junto com a vida emocional/espiritual deficiente, outra limitação encontrada pelos pesquisadores: *uma incapacidade de se ajustar às circunstâncias variáveis do contexto*, resultado de sua atenção estar hiperfocada na realização de seus objetivos, de modo que nada fora desse foco é de seu interesse.

O professor Christopher Patrick estudou essa incapacidade de modular a atenção do psicopata em tarefas laboratoriais e assegura que há um "gargalo" na informação que desperta seu interesse quando ele está empenhado em alcançar algo.[22] Digo que essa deficiência faz sentido porque, se sua vida se resume em conseguir o que quer, então faz sentido que ele coloque todo o seu interesse nisso e, nesse processo, seja menos receptivo a qualquer coisa que não esteja relacionada à realização de seu objetivo. Isso pode explicar por que ele ignora os riscos inerentes ao que deseja fazer: *ele não apenas sente menos medo, mas também não presta atenção aos possíveis castigos ou consequências negativas que podem afetá-lo pelo que faz*. O cirurgião italiano mencionado anteriormente é um bom exemplo: apesar de seus pacientes estarem sofrendo uma agonia terrível e morrendo, ele continuou com suas operações em meio ao escândalo que já havia começado a envolvê-lo. O que ele ansiava era simplesmente a coisa mais importante, e todo o ruído midiático era uma distração à qual ele não daria muita importância.

Então, em resumo, o que esperar do comportamento de um psicopata integrado? No que diz respeito à sua conversa, ela geralmente é preparada, pois normalmente há uma agenda oculta. Nela podemos encontrar o uso frequente de expressões de dominância e intimidação, se a situação assim exigir, ou de palavras bajuladoras e carinhosas que tendem a enganar, caso esteja em uma fase de captação do interesse de outra pessoa. No entanto, se você se aprofundar e prestar atenção, encontrará sérias lacunas em seu discurso, tanto no conteúdo quanto na forma.

Seu comportamento será manipulador, o que significa que ele tenderá a influenciar sua conduta brincando com suas expectativas e emoções e mentindo para você quantas vezes forem necessárias. Ele tentará, como um ilusionista, fazer com que você não veja o que ele realmente faz, *mas o que ele diz que faz*. Às vezes, você pode esperar abusos verbais e explosões de raiva, algo que tentará convencê-lo de que você é o culpado. Ele cuidará muito bem da própria imagem aos olhos dos outros, porque está ciente de que essa máscara é a base do poder dele.

Porém, é importante ter em mente que, longe do que nos mostram os filmes, as séries de televisão e os romances, o psicopata não tem nenhum superpoder. Ele não é melhor do que você em "ler a mente" do outro, pois ele não tem a empatia profunda *que você tem*. Foi demonstrado em pesquisas de laboratório que os psicopatas não são melhores em ler as expressões emocionais dos outros nem, é claro, têm uma habilidade especial para ver quem está tentando enganá-los.[23] Você se lembra da série de televisão *Engana-me, se puder*, que foi ao ar alguns anos atrás, estrelada por Tim Roth e Kelli Williams? Ela apresentava especialistas capazes de detectar mentiras e analisar o comportamento das pessoas mediante a interpretação dos gestos produzidos pelos músculos do rosto. Baseava-se nos experimentos do Dr. Paul Ekman com as chamadas "microexpressões", movimentos sutis dos músculos faciais que são quase imperceptíveis.[24] No entanto, a pesquisa é categórica ao concluir que esse não é um método válido para detectar mentiras; apenas alguns especialistas altamente treinados são capazes de superar a porcentagem de chance de acertar se alguém está mentindo ou não.[25]

Então, onde está a capacidade do psicopata de nos enganar? Basicamente, ela se apoia em dois pilares. O primeiro é que o engano é seu modo de vida, faz parte da sua natureza, o que o leva a tentar ludibriar várias vezes. *Se os "melhores" psicopatas integrados nos enganam, é porque eles têm muitos anos de prática e assumem uma naturalidade impressionante*. Por estarem concentrados nesse esforço vital, investem muitos recursos, pois nada lhes parece mais importante. No entanto, embora possam desenvolver essa habilidade, é o segundo pilar que os torna temíveis: *eles se especializam em detectar pessoas vulneráveis e as procuram de forma incansável*.[26] Eles podem ter fracassado muitas vezes em outras tantas tentativas, mas, depois de um tempo, escolherão uma pessoa a quem estejam em posição – aparentemente – de oferecer exatamente aquilo que ela precisa ou deseja.

CAPÍTULO 3

O psicopata nos relacionamentos afetivos e familiares

> "A lucidez e o conhecimento representam, muitas vezes, tudo menos conforto; ao contrário, eles perturbam e incomodam."
>
> FERNANDO SAVATER, *La vida eterna*

Ao chegarmos a este capítulo, no qual começamos a analisar o psicopata nos diferentes cenários em que ele atua, é uma boa ideia retomar alguns dos conceitos essenciais do capítulo anterior, que nos ajudam a nos situar para falarmos sobre uma das áreas em que ele causa uma dor mais íntima e pessoal: os relacionamentos afetivos e a família. Aqui trataremos do parceiro psicopata e de como identificá-lo, bem como do problema das crianças e dos adolescentes que apresentam sintomas típicos do espectro da psicopatia.

Um dos campos mais férteis para o psicopata é o dos relacionamentos entre casais. Há inúmeros episódios da vida real que atestam isso. Tudo começa com uma fase inicial de interesse por ele (ou ela) e depois com a sedução, em que ele habilmente nos convence de que "merecemos ser amadas (amados) por esse ser incrível". Uma vez em suas teias emocionais, as coisas correrão bem por um tempo (que pode variar muito), até que ele se encontre no lugar onde queria estar, ou simplesmente não esteja mais feliz em seguir com o jogo e nos mostre sua verdadeira face. E, quando ele decide que a farsa acabou, ele nos coloca em uma verdadeira enrascada, porque teremos que *levar golpes que não esperávamos de jeito nenhum* e, o que é pior, submeter nossa mente a um processo tortuoso para poder encontrar uma explicação "razoável" para tudo o que começa a acontecer conosco. Felizmente, a maioria de nós chegará a um ponto final em que já não temos outra escolha a não ser abrir os olhos para a realidade.

Essa fase, que chamei de "revelação e horror" em um livro anterior – *Cara a cara con el psicópata* [Cara a cara com o psicopata, em tradução livre] –, ocorre após um longo período de estresse psicológico, em que ele nos apresentou as técnicas de manipulação que considerou apropriadas para nos colocar de volta na linha, para que não rompamos o vínculo emocional. Quem gosta de se olhar no espelho e descobrir que lhe venderam uma história completamente fictícia? Chegar a essa conclusão é bastante doloroso, por isso tentamos de tudo para encontrar essa explicação "racional" que justifique o carrossel de emoções prejudiciais que, há algum tempo, nos invade sem que possamos controlá-lo. Mas acabar com o processo de enganar a nós mesmos é a única saída ou, melhor, o início da saída. Não podemos superar esse difícil processo se antes não entendemos que estivemos nas mãos de um psicopata (revelação) e em que medida esse fato nos colocou no abismo (horror).

Em relação à seção *As crianças em risco de psicopatia*, devo adverti-lo desde já que a psicopatia não se consolida até que a personalidade esteja totalmente desenvolvida, em geral no início dos vinte anos. Portanto, não fique angustiado se identificar em seu filho alguns dos aspectos e comportamentos que discuto aqui. Por que não? O que acontece é que, embora saibamos que há uma continuidade entre os traços da psicopatia na infância--adolescência e na idade adulta, o fato é que (a) esses sintomas não costumam se transformar em psicopatia e (b) há muito que pode ser feito para impedir que essas características perturbadoras não vão além, de modo que a criança possa chegar à idade adulta com todas as opções para levar uma vida totalmente normal.[1]

A identificação do psicopata: uma janela para sua mente

Sabemos que o psicopata pensa, sente e age de forma peculiar. Seu pensamento é egocêntrico, focado em seu objetivo. Ele é como um escâner, que explora o lugar em que está a cada momento para coletar informações úteis. Lembre-se de que, em geral, ele tem a capacidade – como qualquer outra pessoa – de entender seu ponto de vista, bem como as emoções que você deixa transparecer, embora emocionalmente não seja capaz de sentir o que você sente (pois ele não tem empatia profunda). Portanto, na arte de enganar, ele tem a vantagem de poder seguir com sua agenda particular sem ser afetado ou distraído pela sua reação ao que ele faz ou diz. É claro que ele pode lhe dizer que leva em consideração suas reclamações, opiniões ou sugestões, mas a decisão de fazê-lo dependerá do fato de ser ou não do interesse dele. Entretanto, dependendo do que você disser e de sua reação emocional, ele pode ficar com raiva se perceber seu comentário como uma tentativa sua de bloquear o controle ou a manipulação dele (por exemplo, se você disser: "Não acredito nisso. Isso é apenas mais uma mentira").

No que diz respeito ao seu comportamento, lembre-se de que sua conversa é uma janela para sua mente. Uma regra essencial é que você não ganhará nada "argumentando" como ele, cuja conversa é sempre um jogo de poder e manipulação. Qualquer tentativa de fazê-lo ouvir a razão ou colaborar de forma honesta para encontrar uma solução para o problema em questão é apenas perda de tempo. Veja este trecho de uma conversa que tive como uma pessoa (AH) que queria ter a guarda compartilhada do filho, apesar de ter demonstrado pouco interesse em vê-lo nos últimos dois anos:

> VG: Suponho que você entenda que sua ex-mulher ficou surpresa quando você disse a ela que queria a guarda compartilhada, pois o acordo que vocês dois assinaram não previa isso.
>
> AH: Não sei por que..., só que agora as coisas mudaram, e eu sou o pai dele. Ninguém pode ser privado do direito de passar mais tempo com o próprio filho.
>
> VG: Com certeza, isso é verdade, mas diga-me o que mudou para que agora você possa dedicar o tempo necessário para a guarda compartilhada? Pergunto isso porque, pelo que sei, apesar de você ter dois finais de semana alternados por mês, na maior parte dos últimos dois anos você não exerceu esse direito, que ao mesmo tempo era uma obrigação...
>
> AH: [Irritado.] Bem, antes eu tinha um negócio que tomava todo o meu tempo, eu era autônomo, sabe, e, neste país, isso o absorve completamente... Agora tenho uma ocupação diferente e minha vida é mais estável.

AH vivia na mesma cidade que seu filho, e essa explicação era uma mentira tosca para responder à minha pergunta: não tinha tempo para ver seu filho quatro dias por mês? Por outro lado, o principal motivo para essa mudança de opinião era que agora ele tinha uma nova parceira e, muito provavelmente, queria provar para ela que *poderia ser um bom pai* porque, caso contrário, ela poderia se perguntar que tipo de pessoa ele era. Sua ocupação atual era como gerente de uma empresa de propriedade de sua atual parceira, ou seja, AH havia encontrado outra *provedora-assistente* para controlar e um emprego cômodo.

Obviamente, quando entrevistado em um contexto formal, o psicopata não se mostra como é, *mas não consegue deixar de ser quem ele é*. Como em seguida o pressionei um pouco mais, ele não teve outra escolha a não ser mostrar suas cartas, ou pelo menos uma delas:

> VG: Fico grato por você querer vir me ver, pois não tinha nenhuma obrigação de fazê-lo, mas meu dever é lhe perguntar se você acha que será capaz de resolver algum dos problemas que sua ex-mulher me contou que vocês tiveram em seu relacionamento. Você entenderá a importância desse ponto, porque o ano que passaram juntos após o nascimento da criança foi, segundo o que ela me disse, muito doloroso, pois, repito, de acordo com as palavras dela, você se desvinculou completamente da criança e não a ajudou durante esse tempo, mas que, em vez disso, teve uma vida complicada... Estou errado? [O que acontecia entre eles era que ele a insultava regularmente, chamando-a de "gorda" e "vaca" por causa de sua aparência, e que ele passava muitas noites fora de casa, porque dizia que "esse maldito menino é insuportável", por causa de seu choro frequente – e normal –, sem que ela soubesse onde ele estava.]
>
> AH: Tudo isso é uma besteira de uma mulher louca! [Com raiva contida.] Ela nunca foi boa da cabeça, e eu me separei dela porque, quando a criança nasceu, ela ficou louca de vez... Agora poderei fazer com que meu filho tenha um ambiente mais saudável, pode ter certeza disso. E, se for necessário, vou obrigá-la a fazer um exame psiquiátrico.

É claro que ele *não poderia obrigá-la* a se submeter a um exame psiquiátrico, pois essa é uma questão exclusiva do juiz, mas sua arrogância é visível aqui, assim como sua total falta de interesse pelo filho, que ele mal viu por dois longos anos. A conclusão é de que a criança esteve, na verdade, durante dois anos protegida de sua influência e, agora, se ele fosse bem-sucedido na sua oferta, já não será mais assim. Felizmente, apesar de suas artimanhas, sua solicitação não teve êxito – ele procurou um psicólogo para assinar um relatório que o descrevia como um "pai idôneo" e queria alegar que os diagnósticos de saúde mental de sua ex-esposa não eram produto do abuso emocional grave que ele havia causado a ela ao longo dos anos. Infelizmente, em muitas outras ocasiões, pessoas na mesma situação conseguiram convencer o juiz de que a presença de um pai na vida do filho é "antes tarde do que nunca", quando certamente, no caso dos psicopatas, é exatamente o oposto: antes nunca do que tarde.

O que qualquer pessoa que se interesse sentimentalmente por um psicopata pode esperar no decorrer de suas conversas? A resposta é – relembrando o que vimos no capítulo anterior: um diálogo cheio de contradições (se não no momento da conversa, então em relação a outras mantidas), o uso de expressões exaltadas ou dramáticas que soam falsas, uma lógica recorrente de culpar o outro e, acima de tudo, uma profunda incapacidade de compreender o assunto essencial (o conflito humano) discutido. O fracasso emocional também implica uma significativa pobreza do pensamento. Percebemos no psicopata uma surpreendente ausência de imaginação quando se trata de compreender de fato os dramas humanos profundos, o que necessariamente se revela em sua comunicação se prestarmos a devida atenção. Insisto: uma dica para identificar um psicopata é sua incapacidade para entender em profundidade questões que têm uma complexidade humana.[2] Não estou dizendo que eles não entendam conversas "elevadas" ou filosóficas, não é nada disso; estou falando de, digamos, quando você tenta lhe explicar os sentimentos contraditórios que você pode ter sobre, por exemplo, mudar de emprego (você tem medo de perder bons amigos, tem dúvidas sobre se você vai gostar tanto dele quanto do atual, apesar do aumento de salário...) ou o modo como você educa sua filha (às vezes você não é impaciente demais com ela? Você não exagera quando a pressiona para que ela vá melhor na escola?). Se ele for um psicopata, ele olhará para você perplexo e retrucará com qualquer expressão rotineira, ou simplesmente ficará entediado e não entrará de fato na conversa.

Em outra ocasião, conheci uma mulher – digamos que se chamava Laura – que expressou essa carência de seu falecido marido. Ela me procurou porque havia lido um livro meu e queria resolver uma questão que a havia atormentado durante os trinta anos de casada: *quem de fato era o seu esposo?*

Depois de mais de uma hora, pedi que ela me desse exemplos de conversas em que achava que tinha conseguido se aprofundar mais com seu marido em assuntos que ela considerava importantes naquela época. Não me surpreendeu que ela não se lembrasse de nenhum episódio em que tivesse conseguido se sentir verdadeiramente compreendida, no sentido de que seus comentários pareciam não ter sido capazes de ultrapassar um certo véu de superficialidade, tingido com uma leve irritação pelo simples fato de ter que manter essa conversa:

> De todas as situações, lembro-me de uma em particular que me afetou por muito tempo. Eu estava prestes a me submeter a uma operação importante e, se tudo corresse bem, ia ficar cerca de um mês sem poder cuidar do meu filho, o que me preocupava, porque ele tinha apenas 2 anos e, é claro, precisava de toda a minha atenção. Naquela época, meu marido trabalhava em casa, porque tinha seu ateliê lá. Perguntei se ele conseguiria cuidar do nosso filho depois que ele saísse do berçário, a partir das três da tarde. Meu marido não tinha pais, e eu não queria que ele fosse para a casa dos meus, porque eles moravam muito longe da nossa cidade. Além disso, meu pai estava com a saúde debilitada e minha mãe já tinha

muito trabalho para cuidar dele. Ele fez uma cara de irritado e falou que isso era totalmente impossível, que ele não podia parar de trabalhar no período da tarde… Quando eu lhe disse que talvez ele pudesse começar a trabalhar mais cedo (porque ele começava por volta das onze da manhã, ele não gostava de acordar cedo), *ele pareceu não acreditar no que eu estava pedindo*. Simplesmente, vi que ele era incapaz de compreender o que eu precisava ouvir naquele momento – por mais angustiada que eu estivesse com a operação – e, o que era pior, que o bem-estar do nosso filho estava muito atrás em importância em relação aos seus hábitos.

O COMPORTAMENTO DO PSICOPATA E SEUS INDICADORES

Além da conversa, a outra dica importante para detectá-lo é *seu fracasso recorrente em acompanhar o que ele diz com o que ele faz*.[3] O primeiro – o que ele diz – é a consequência de ele saber o que os outros querem que ele diga e tem como objetivo manter sua boa imagem social, que é uma prioridade para ele; o segundo – o que ele faz – realmente sinaliza o que ele busca em qualquer relacionamento: poder e controle. Um exemplo flagrante dessa característica pode ser visto em um caso no estado de Utah (Estados Unidos), que é mostrado no quadro a seguir.[4]

O marido de Kouri Richins (33 anos), Eric (39 anos), havia morrido em 2022 repentinamente. Em 7 de março de 2023, apenas um ano após a morte de Eric, sua jovem viúva publicou um livro intitulado *Are You With Me?* [Você está comigo?, em tradução livre]. Como ela mesma explicou em um canal de televisão, a dor que sentiu com a morte do marido e a preocupação com o impacto sobre os três filhos fruto desse casamento, que de repente ficariam sem pai, a levaram a escrever esse livro, no qual explicava, de forma acessível às crianças, como processar uma perda tão terrível. A solução foi a seguinte: embora eles não pudessem mais vê-lo, *poderiam senti-lo*, porque o pai estaria sempre com eles. A questão é que, enquanto isso, a acusação estava reunindo provas muito perturbadoras. "Quanto é uma dose letal de fentanil?" era uma das muitas pesquisas que Kouri fez na internet, juntamente com outras sobre seguro de vida. A autópsia e a análise toxicológica subsequente encontraram cinco vezes a dose letal do medicamento no organismo de Eric.

Em sua declaração a um programa de televisão, antes que seu envolvimento como suspeita do assassinato de seu marido fosse descoberto, Kouri disse, em um tom triste, mas esperançoso, que "meus filhos e eu escrevemos este livro para lidar com as diferentes emoções e dor que sentimos durante esse último ano. [...] Foi um consolo para eles saber que o pai ainda estava com eles, embora de uma forma diferente".

As buscas encontradas no iPhone de Kouri incluem as frases: "A polícia pode forçá-la a se submeter a um teste de detecção de mentiras?", "Prisões de luxo para ricos nos Estados Unidos", "Certidão de óbito pendente, você ainda precisa continuar pagando o seguro de vida?", "Se alguém foi envenenado, como isso vem escrito na certidão de óbito?" e "Como excluir permanentemente informações de um iPhone remotamente?".

Eric Richins foi encontrado morto ao pé da cama do casal em março de 2022. Sua esposa disse aos investigadores, quando interrogada, que ela teria levado um coquetel para seu marido no quarto da casa deles em Kamas, Utah, depois, foi dormir com o filho no quarto dele e que, quando voltou por volta das três da manhã, encontrou seu marido deitado no chão, frio ao toque.

Como ela ainda não foi julgada até o momento em que este livro foi escrito, é necessário dizer que, se ela for considerada culpada, poderemos concluir que há uma alta probabilidade de que Kouri seja uma psicopata criminosa integrada, porque essa divergência entre o que é dito e o que é feito exige, no caso dela, uma absoluta falta de consciência e empatia – ou seja, o núcleo duro da psicopatia –, além de uma arte escondida na mentira mais abominável. Pense nisso: ela provavelmente assassina seu marido e escreve um livro para os filhos no qual espera obter lucro financeiro sob o pretexto de ajudar os filhos passar por um luto emocionalmente restaurador. Isso é diabólico.

Logicamente, não é sensato fingir que você pode identificar um psicopata no sentido estrito: isso requer um conhecimento especializado em psicologia, psiquiatria ou criminologia.

Felizmente, isso não é necessário, porque o que você precisa saber é se você está se relacionando com alguém que tenha *modos de agir* (incluindo suas respostas emocionais e seus diálogos) que *lembrem os indivíduos que estão nesse espectro*, ou seja, no espectro da psicopatia. Talvez eles não sejam psicopatas completos, porque seus sintomas não têm a presença ou a intensidade necessárias para receber esse diagnóstico, mas na medida em que, após uma avaliação honesta do relacionamento, você chegar à conclusão de que ele deixa você infeliz, *porque exige que você aja contra seus valores fundamentais e a deixa infeliz*, então é a hora de tomar medidas para afastar essa pessoa de você.

O quadro a seguir fornece uma lista de "sintomas de alerta" que você deveria levar em consideração. Sinto muito, mas não vou lhe fornecer um indicador limite para sua preocupação. Em cada relacionamento, cada sintoma pode ter um peso diferente, e o que realmente importa é que você se pergunte se a maneira como você está vivendo esse tempo compartilhado está mais ou menos alinhada com alguns desses pontos e se você acha que seu estado de ansiedade ou infelicidade está diretamente relacionado com eles.

Sintomas de alerta no âmbito familiar

1. Ele é capaz de "ler sua mente", mas geralmente o faz para tirar vantagem de uma forma ou de outra, e não por algo bom para você (como confortá-lo ou fazer uma surpresa agradável).

2. É muito raro vê-lo genuinamente afetado pelos infortúnios ou pelo sofrimento das pessoas ao seu redor.
3. Quando você tenta lhe explicar algo que é muito importante para você, que exige uma compreensão profunda da situação ou de sua preocupação, ele não consegue chegar a esse nível da conversa: você percebe que ele fica na superfície.
4. Quase sem perceber, você vai deixando de fazer coisas que antes gostava de fazer para não o aborrecer, ou talvez porque tenha se convencido disso (por exemplo, abandonar a ideia de mudar de emprego ou desistir do encontro mensal com seus amigos).
5. Às vezes, você sente medo quando ele olha para você, ou percebe um sentimento velado de ameaça em alguns de seus comentários.
6. Ele pode ser imprevisível em muitos momentos do relacionamento, porque ele se deixa levar pelo impulso, reage com frustração a algo ou muda os planos ou ideias sobre algum projeto sem lhe dar explicações.
7. Você tem certeza de que ele lhe enganou ou mentiu para você sobre coisas mais ou menos importantes, e teme que esse comportamento seja mais comum do que você pensava. Ele exagera ou inventa seus méritos.
8. Em situações de conflito, talvez você tenha notado um profundo desdém, que pode vir acompanhado de abuso verbal, emocional e (mais raramente) físico.
9. Na realidade, ele não demonstra apreço real por ninguém, nem mesmo pelas pessoas de quem ele se considera amigo. Você não vê que ele realmente ama a

própria família (pais, irmãos etc.) e, apesar do que ele lhe diz, você não sente assim.

10. Se ele tiver filhos, ele os tolera em vez de cuidar deles e amá-los.
11. Sua intuição lhe diz que "há algo estranho aqui" que a preocupa insistentemente.
12. As conversas são repletas de frases dramáticas. O ego dele está sempre no centro de tudo o que ele diz, mesmo quando fala sobre outras pessoas e seus problemas.
13. Gosta de dominar a conversa, ou seja, de impor o assunto e a opinião triunfante.
14. Acha que é um ser superior; que é um prazer conhecê-lo. Ele aceita muito mal as críticas à sua pessoa.
15. Ele pode passar muito tempo planejando uma vingança, mesmo que seja por causa de uma ofensa trivial, mas às vezes ele pode explodir, do mesmo modo, sem um motivo justificável.
16. Vive à sua custa ou você contribui muito mais financeiramente do que ele.
17. Apresenta reações emocionais que não correspondem com a situação em que são expressas.
18. Ele diz ou dá a entender que o mundo pertence aos fortes e que os menos afortunados têm a sorte que merecem, porque são preguiçosos, incapazes ou estúpidos.
19. Ele lhe atribui tarefas cansativas que poderia compartilhar com você sem qualquer desculpa válida.
20. Ele é capaz de transmitir aos outros a imagem de alguém determinado e íntegro.

E, é claro, não se esqueça do mais importante: *verifique se ele diz uma coisa, mas faz outra*. Exemplos: ele lhe apresenta alguém que é "seu melhor amigo", mas depois nunca liga para essa pessoa ou a vê novamente; garante que cuida do bem-estar de seus funcionários, mas você sabe que vários deles procuraram ou estão à procura de outro emprego; faz promessas que raramente cumpre, ou as cumpre por obrigação; ele diz que ama os filhos do casamento anterior, mas, na verdade, quando está com eles, os deixa rapidamente na casa de seus pais etc. Lembre-se de que boa parte das mentiras também se enquadra nesse padrão (por exemplo, ele diz que vai à academia, mas, na verdade, encontra-se com pessoas que você desaprova e que ele – ou ela – tinha concordado em deixar de lado).

O SISTEMA DE VIGILÂNCIA DIANTE DO PSICOPATA

Chegou o momento de eu lhe explicar o que você pode fazer para manter a mente clara, de modo que você tenha elementos suficientes para tomar uma decisão sobre se deve ficar longe dessa pessoa, ou seja, *se há uma boa chance de você estar com um psicopata*. Elas são, por assim dizer, ferramentas para poder pensar mais profundamente e ter melhores informações, algo com o qual você pode rever a lista de sinais de alerta para identificar o que se encaixa em sua realidade. É um sistema de vigilância composto pelas seguintes ferramentas: (a) intuição; (b) autoconhecimento; (c) diálogo interior; (d) observação objetiva; e (e) diálogo com pessoas de confiança.

Antes de começarmos, deixe-me dizer que, assim como o 1% aprendeu a sobreviver em um mundo hostil para quem não tem princípios morais, o restante dos mortais também desenvolveu um sistema de vigilância para detectar o trapaceiro e o enganador experiente. O protocolo padrão é, como já disse, a credulidade, porque, caso contrário, a convivência seria impossível, mas isso não significa que engolimos qualquer mentira. Se, por exemplo, seu irmão lhe disser que desta vez está determinado a ir a um programa de desintoxicação, você permanecerá cético até que veja se ele já fez essa promessa antes em vão. Se alguém de quem você suspeita que pode ganhar algo mentindo lhe pede que, *por favor*, acredite nele, o normal é que você coloque a declaração dessa pessoa também entre parêntesis. E, embora seja verdade que muitas pessoas parecem acreditar em coisas absurdas, como o fato de a Terra ser plana ou de o homem não ter realmente chegado à Lua (e de tudo ter sido uma montagem da NASA), a verdade é que isso não é tanto quanto a atenção que elas atraem. Como argumenta o cientista cognitivo Hugo Mercier, na maioria das vezes eles fazem isso justamente para chamar a atenção e melhorar sua autoestima, ou porque obtêm outros benefícios secundários, como fazer parte de grupos que lhes ofereçam um sentido de pertencimento social ou até mesmo dinheiro, organizando eventos ou vendendo camisetas ou broches com algumas frases.[5]

Portanto, estamos longe de estar indefesos diante dos mestres do engano: os psicopatas. Eles conseguiram sobreviver porque são relativamente poucos em comparação com a população geral, mas, por sua vez, são limitados pelo sistema de vigilância que cada pessoa e sociedade (por meio de suas instituições de controle da vida pública) estabelecem sobre aqueles que conseguem detectar. Quando falo deles como "mestres", é porque eles dedicam a vida a isso, e os mais inteligentes (do tipo controlado primário) procuram repetidamente uma falha nesse sistema de alarme, mas não porque são melhores do que qualquer pessoa em ler a mente ou a linguagem corporal ou facial dos outros, estratégias que você já sabe que não são válidas para detectar mentirosos. Por isso, é importante que, quando enfrentarmos o mentiroso mais dedicado, usemos várias estratégias combinadas, especialmente se o psicopata em potencial transgrediu com sucesso a primeira de nossas defesas: a intuição.

> **O sistema de vigilância contra o psicopata nos relacionamentos afetivos e interpessoais**
>
> Intuição
>
> Autoconhecimento
>
> Diálogo interior
>
> Observação objetiva
>
> Diálogo com pessoas de confiança

Intuição

Há vários sinônimos para intuição que podem ser encontrados em livros de leitura, como "cognição rápida", "raciocínio instintivo", "conhecimento inconsciente" ou "conhecimento intuitivo", mas todos eles significam a mesma coisa. Como Malcolm Gladwell escreveu: "Se nós, seres humanos, conseguimos sobreviver por tanto tempo como espécie, isso se deve ao fato de termos desenvolvido outro tipo de mecanismo de tomada de decisão capaz de fazer julgamentos muito rápidos com base em poucas informações".[6]

Imagine dois planos no cérebro: o primeiro corresponde à parte superior, na qual está o córtex; o segundo está na metade do caminho, em que aparece o "cérebro emocional" ou amígdala, que está conectada ao córtex, mas que também está muito atenta a todo *input* que entra por seus sentidos. De acordo com Gladwell, quando encontramos alguém pela primeira vez, quando entrevistamos alguém para um emprego ou quando temos que tomar uma decisão rápida em uma situação estressante, utilizamos essa segunda parte do cérebro. Tendemos a confiar mais em decisões conscientes, mas, às vezes, os julgamentos rápidos "são maneiras muito melhores de compreender o mundo", afirma.

Sobre esse ponto, o escritor e neurocientista Mariano Sigman também concorda e nos adverte que não devemos ver a intuição como inimiga ou contrária à razão ou à inteligência consciente, já que "resulta que a razão e a intuição não são tão diferentes assim: a primeira é uma deliberação consciente; a segunda, inconsciente". O que acontece quando a intuição é ativada? Basicamente – continua Sigman –, seu cérebro está analisando, sem pedir sua permissão, quais são as melhores opções que você tem para enfrentar uma situação e expressa, por meio do seu corpo, qual delas é a mais conveniente.[7] E, de acordo com Gerd Gigerenzer, professor do Instituto Max Planck de Berlim, "as partes inconscientes de nossa mente podem decidir sem que nós – o eu consciente – tenhamos conhecimento de suas razões".[8]

Ressalto a expressão "por meio do seu corpo", mencionada por Sigman, porque, na verdade, esse conhecimento inconsciente ou intuição tem um reflexo corporal que, no caso de estar relacionado com uma situação de ameaça ou com uma pessoa que não se encaixa em seus valores, é manifestado na forma de desconforto interno, ansiedade, sensação de alerta, estranheza, confusão e um aguçamento dos sentidos. O ponto-chave é que a intuição é capaz de ler rapidamente uma situação (não tem por que ser uma ameaça, mas essas são as que nos interessam neste livro) porque, de alguma maneira, graças ao conhecimento acumulado de forma consciente ao longo do tempo, é capaz de usar um atalho para concluir algo que talvez, se você demorasse muito tempo para refletir sobre isso, não veria com tanta clareza. Gladwell demonstra o exemplo dos experimentos atualmente célebres de John Gottman.

Gottman queria descobrir por que as pessoas casadas eram capazes de manter um relacionamento estável ou por que acabavam se separando. Para isso, ele convidou muitos casais para uma conversa em seu laboratório, durante a qual Gottman e sua equipe fizeram anotações detalhadas sobre a comunicação verbal e linguagem corporal, reunindo milhares de dados posteriormente analisados por programas estatísticos em seu computador. O resultado foi uma impressionante fonte de conhecimentos que lhe permitiu prever com êxito quais casais permaneceriam juntos e quais se separariam quinze anos depois. O que foi surpreendente, entretanto, foi o que veio depois, porque ele percebeu que todos eles tinham um padrão característico: "uma espécie de DNA conjugal que vem à tona em qualquer tipo de interação importante", aponta Gladwell. Desse modo, Gottman e sua equipe conseguiram realizar a mesma previsão exata apenas observando os três primeiros minutos do diálogo de cada novo casal. Como isso era possível? Porque, *de forma intuitiva*, com base na fonte de conhecimentos que lhe havia proporcionado centenas de horas de análise de muitos casais, eles tinham conseguido descobrir, inconscientemente, se o casamento era adequado em sua interação – ou seja, em seu DNA de relacionamento específico – com o padrão de relacionamento associado a casamentos duradouros. No caso dos casais, há uma série de emoções-chave filtrada pelas palavras do diálogo, sendo uma delas a mais importante: *o desdém*. Gottman explica que a pessoa que expressa desdém se considera superior à pessoa desprezada e, portanto, ela tem legitimidade para humilhá-la, algo diferente da crítica, que, mesmo que implique algo negativo para a outra pessoa, não carrega essa dose extra de desprezo.[9] (Algo que o psicopata pode sentir perfeitamente, como vimos no capítulo anterior.)

Outra descoberta de Gottman é que, para que um relacionamento conjugal funcione e seja longevo, a proporção entre emoções positivas e negativas em um determinado confronto deve ser, pelo menos, de cinco para uma delas.

Então, como a intuição funciona? Determinada parte da atividade humana é previsível porque segue um padrão. Quando acumulamos um nível de conhecimento sobre uma atividade (em outras palavras: quando temos uma longa experiência em um determinado campo), às vezes precisamos apenas de um pouco de tempo para que nosso inconsciente reconheça esse padrão. É por isso que um especialista pode "saber", por exemplo, se uma obra de arte é uma falsificação em um tempo surpreendentemente rápido, ou seja, devido à capacidade do nosso inconsciente de encontrar padrões em situações e comportamentos a partir de uma rápida visão geral do assunto ou da situação. Gladwell resume assim: "Quando tomamos uma decisão repentina ou temos um pressentimento, nosso inconsciente faz o mesmo que John Gottman faz: analisa a situação à nossa frente, descarta tudo o que não é relevante e isso nos permite concentrar no que realmente importa". E a verdade é que, às vezes, a intuição funciona melhor do que as formas de pensamento mais deliberadas e exaustivas porque, nesses casos, podemos racionalizar ou mascarar a realidade que não queremos – ou temos medo de – enfrentar. Em outras palavras, pode ser que desconsideramos nossa intuição porque nossas reações instintivas precisam competir com nossas emoções, interesses e atitudes. Algumas mulheres sentem que seus ex-parceiros podem machucar seus filhos, mas permitem que eles fiquem com as crianças porque não há motivos admissíveis para a recusa perante um juiz... para descobrir mais tarde, desesperadas, que os filhos foram assassinados. A intuição é muito importante porque o ser humano precisa de um mecanismo rápido para lidar com ameaças. Às vezes você não é capaz de vê-la em seu pensamento consciente ou racional, *mas pode senti-la*.

No entanto, é possível que você ignore sua intuição e siga adiante com uma pessoa, mesmo que algo dentro de você esteja reclamando. Felizmente, não contamos apenas com esse recurso: contamos também com outras armas.

Autoconhecimento e o diálogo interior

Você se lembra do Dr. Macchiarini? Além de ser um cirurgião muito famoso e perigoso, também era um Don Juan. Uma de suas namoradas era Benita Alexander (47 anos), uma jornalista investigativa de grande prestígio, que contou no documentário da Netflix sobre as viagens dos sonhos que Paolo (56 anos) costumava fazer com ela, sempre indo aos melhores hotéis e restaurantes de Paris, Veneza e muitos outros lugares. Paolo "cuidava de todos os detalhes", "era muito romântico", "fazia você se sentir muito especial". E, de fato, graças aos vídeos que ela guardou, o espectador pode ver esse amante aparentemente solícito dizer com frequência e de forma melosa "Eu te amo" ou "Você é minha vida", enquanto manda beijos para a tela.

É claro que tudo isso é uma interpretação maravilhosa. Paolo havia dito para ela que ele estava se separando da esposa, que não tinha filhos e que esperava um dia levá-la para Barcelona, onde ele morava. A verdade é que ele tinha uma esposa que não sabia nada sobre esse suposto divórcio e dois filhos pequenos que moravam em Barcelona... e que sua "namorada" anterior não era outra senão a mãe de um menino que ele havia operado na Itália e falecera. Incrível, mas verdadeiro: Paolo se aproximou dela após a morte do filho daquela mulher como um cirurgião altruísta, que havia feito todo o possível para salvá-lo, e a conquistou. Eles tiveram um filho juntos, mas ele logo a abandonou para viver seu romance com Benita.

É óbvio que Benita também estava destinada ao crepúsculo no coração do peculiar cirurgião, o que ela descobriu quando viu algumas fotos muito comprometedoras em que Paolo aparecia com uma mulher muito interessante em uma viagem de lazer, quando ele deveria estar trabalhando. De qualquer forma, não vale a pena entrar em todas as mentiras em que Benita acreditou, entre elas a de que eles seriam casados pelo próprio Papa Francisco em sua residência de verão em Castel Gandolfo (nada menos do que isso!) ou que Elton John iria se apresentar na cerimônia (é preciso ver para crer). O que quero destacar aqui é o fato de que, em várias ocasiões no documentário, Benita afirma que "havia coisas que eram estranhas para ela" (alertas de intuição), mas às quais ela não prestou atenção suficiente. E por quê? Porque ela estava apaixonada e queria desesperadamente que fosse verdade que um cirurgião bonito, maduro e famoso a amasse para sempre. A intuição foi silenciada por outras necessidades.

Não quero ser injusto com Benita. Os psicopatas controlados desenvolveram a habilidade de detectar quando uma pessoa está em um estado vulnerável; foi o caso dela, por razões emocionais (sozinha, perigosamente perto dos 50 anos...), assim como a mãe italiana do menino falecido que Paolo havia operado. Mas, apesar disso, ambas não apenas não deram ouvidos à sua intuição (a namorada italiana ficou muito confusa quando seu filho morreu de repente, após a operação ter sido um "grande sucesso", mas não investigou nada mais), mas também não realizaram uma tarefa necessária quando se trata de verificar se o relacionamento *que você quer ter* com a outra pessoa pode fazê-lo feliz ou não. Estou me referindo à tarefa de perguntar a si mesmo se seus valores básicos são compatíveis com os do outro: você realmente quer viver com alguém que o abandona a cada dois dias porque precisa voar para qualquer país do mundo e você não o vê novamente pelos próximos sete ou quinze dias?

Certa vez, uma garota me contou que, apesar de ter se arrependido muito, ela havia concordado em não ter filhos porque seu namorado não os queria ter (ele não tinha nenhum). Perguntei-lhe se isso não a deixaria infeliz, e ela me respondeu: "Vou aprender a viver com isso. Ele me dá segurança. Não quero sofrer". Anos depois, ela ainda está com ele, então talvez tenha feito a escolha certa... se tudo o que ela almejava era uma vida tranquila. Mas, se você tem claro que quer um companheiro com quem possa compartilhar a vida cotidiana e que a inclua em seus planos e desafios, é óbvio que Paolo não cumpria com nada disso. Ele nunca dizia a suas mulheres o que faria no dia seguinte ou quando as veria novamente.

Como você quer lidar com os desafios que a vida vai lhe impor? O que é mais importante para você, o que é inegociável? Quais são seus valores fundamentais ou o propósito que o move? Em que você quer acreditar? Até que ponto o relacionamento que você está tendo vai contra os seus princípios? Minha experiência me diz que essas perguntas são ignoradas por mulheres e homens que querem continuar mantendo um relacionamento com um psicopata porque pensam – erroneamente – que o que os atrai é algo necessário para sua felicidade.

Um exemplo dramático de desativação da intuição e da ausência de diálogo interior foi o de Rebeca Santamalia, uma advogada de Zaragoza (Espanha),[10] que conheceu José Javier Salvador Calvo, em 2003, ao assumir sua defesa em um caso criminal. José Javier estava sendo acusado de ter matado a própria esposa, Patricia Maurel, em 22 de maio daquele ano, com nove disparos de espingarda, em Puebla de Híjar (Teruel, Espanha), deixando seus três filhos órfãos de mãe. Patricia estava concorrendo como candidata a prefeita pelo Partido Popular. O julgamento terminou com uma sentença de dezoito anos, com a atenuante de confissão à polícia.

Rebeca levou sua defesa a sério. Ela argumentou perante o Tribunal Provincial que o assassino havia agido por ciúmes e lutou arduamente para que, além do fato de ter confessado, as atenuantes de obsessão e impulso também fossem consideradas, embora ela não tenha tido sucesso. Também foi sua defensora na mídia: explicou que o ciúme doentio começou quando ele passou a receber chamadas telefônicas anônimas dizendo que a esposa era infiel. De acordo com o seu relato, ele trabalhava por longas horas e a havia visto conversando tarde da noite no computador com seu suposto amante; tudo isso o havia "dominado", levando-o a comprar uma espingarda para matá-la.

Não se sabe ao certo se Rebeca se apaixonou por José Javier mais tarde, durante as visitas à prisão para preparar o recurso de apelação, ou se foi quando ele saiu em liberdade condicional, quinze anos depois, em janeiro de 2017, mas o que sabemos é que ela manteve um relacionamento com ele, apesar de ser casada, e que, em 17 de janeiro de 2019, ela foi morta a facadas por José Javier em sua casa em Zaragoza. Pouco tempo depois, às duas horas da manhã, um carro de patrulha da Polícia Nacional o viu caminhando; ao se aproximar dele, José Javier começou a correr e, quando chegou à altura do viaduto, ele se jogou, morrendo em decorrência da queda. Ele tinha mais de mil euros no bolso, o que me indica que o suicídio não era sua primeira opção, mas que ele estava planejando fugir, e, quando viu que seria preso de novo, não suportou a ideia de passar outros vinte anos na prisão, decidindo, assim, acabar com tudo.

Tenho certeza de que, em algum momento, a intuição de Rebeca a alertou sobre o perigo desse relacionamento, um aviso a que ela não deu atenção. Da mesma forma, ela não teve um diálogo interior profundo e sincero ou, pelo menos, não enquanto estava em tempo. Um homem havia assassinado sua esposa; seu ciúme ferido superou o tabu do assassinato e, mais importante, o amor pelos filhos, pois, para satisfazer seu ego ferido, ele não hesitou em privar seus três filhos (de 7, 9 e 14 anos) da mãe deles para sempre. Esse homem não amava sua esposa nem seus filhos ou, se preferir, não os amava de uma maneira saudável, que é a única maneira de amar, porque o amor "doentio" não é amor de verdade, mas um substituto perigoso. Rebeca *devia saber* que um homem que não sabia amar não era alguém com quem ela poderia ser feliz. Talvez ela tenha pensado que poderia redimi-lo? Se uma mulher instruída como Rebeca, totalmente ciente do que ele havia feito, enganou a si mesma dessa forma, foi porque ela não questionou *qual era o sentido* desse relacionamento para ela como pessoa, ou porque fez isso tarde demais. E essa demora foi a razão pela qual ele a matou (ao dizer-lhe que eles tinham que terminar).

Observação descritiva e o diálogo com pessoas de confiança

Parto do princípio de que a observação dificilmente é de todo objetiva – sempre colocamos coisas nossas no que vemos: nossos preconceitos, nosso modo de ver o mundo – mas, certamente, podemos aprender a registrar as coisas de forma descritiva, e isso, por si só, tem valor, porque o que realmente importa na tarefa de identificar um psicopata é o que você vê (e como isso o faz sentir) de maneira reiterada. Acredite em mim, isso é algo que todos nós podemos fazer, especialmente se tivermos a oportunidade de conviver algum tempo com ele. Por exemplo, veja o que Eugenia escreveu, falando de seu pai:

Ele é um manipulador brutal, que distorce as normas, o discurso e até mesmo o passado para atender a seus interesses do momento. Ele mente sem escrúpulos se for do seu interesse, é impulsivo, precisa constantemente estar no controle em todo os aspectos de sua vida, usando todos os meios ao seu alcance, especialmente os financeiros. Ele é psicologicamente abusivo, a ponto de machucar as pessoas, e, em raras ocasiões, perdeu o controle chegando a agredir fisicamente.

Essas agressões físicas, no entanto, só ocorrem com as pessoas importantes quando ele se sente desafiado por elas, e é aí que reside minha dúvida: às vezes ele parece mais humano. Ele é capaz de criar algo parecido com relacionamentos humanos significativos, mas apenas com pessoas que ele considera uma extensão de si mesmo (sua mãe, sua irmã, sua mulher, seus filhos) e somente na medida em que elas se comportem como um eco dele próprio: no momento em que isso deixa de acontecer, elas perdem o valor e ele rompe o relacionamento ou as transforma em "o outro" ou "o inimigo".

Ele não tem empatia com o mundo, mas com essas pessoas importantes ele tem algo que se assemelha a esse sentimento, embora sempre a serviço do autoconceito. Por exemplo, quando ele se apresenta como a figura do "salvador", ou quando fica feliz com suas conquistas, ele sempre faz isso enaltecendo a si mesmo ao mesmo tempo: "Assim como seu pai", "Seu pai lhe disse isso". E, mesmo quando parece estar afetado pelo sofrimento deles, ele sempre acaba sendo o centro: "Você não sabe como é difícil ter um filho que é [...]". Algo parecido acontece com a culpa: em quase quarenta anos, eu o vi senti-la em umas cinco ocasiões, por breves momentos e somente até ele conseguir distorcer o discurso e "devolver" essa culpa à pessoa que o fez senti-la. De fato, em meu íntimo, ele é uma espécie de Anakin Skywalker que se transformou em Darth Vader: a parte humana dele está cada vez mais diluída.

É verdade que Eugenia teve quarenta anos para conhecê-lo, mas não é preciso tanto tempo assim. Apenas observe o que acontece quando ele fala e quando está com você, com seus amigos, com sua família e com os colegas de trabalho. É especialmente nessa *situação que você deve levar em conta todos os indicadores da psicopatia que eu lhe mostrei anteriormente*. Um psicopata pode fingir, mas não pode ocultar sua verdadeira natureza o tempo todo. Se você souber o que está procurando, você pode promover diálogos para ver até que ponto ele se encaixa nos traços de conversação que eu indiquei antes. É tudo sobre ele? Ele sempre culpa o outro? Ele tem acessos de raiva quando você o contradiz, é sarcástico ou termina a conversa? Quer convencer você de que as incoerências ou contradições dele não são mais do que fruto de sua imaginação? E, mais importante ainda, pergunte-se friamente o que ele de fato fez por você. O que você considera que ele fez por você foi um sacrifício real para ele? E, se a ação que supostamente te ajudou realmente o prejudicou (ou pelo menos disse que pretendia fazê-lo), pergunte a si mesmo: É possível que isso tenha sido um passo – como um investimento – para que ele conseguisse algo?

Por exemplo, tenho um caso muito interessante em meus arquivos em que uma jovem se apaixonou por um homem alguns anos mais velho, que era muito solícito com seu futuro sogro, elogiando seu tino e perspicácia nos negócios. Este, no entanto, tinha sérias objeções em relação ao seu futuro genro, porque, na verdade, ele não parecia ter um emprego estável, exceto por alguns negócios que o jovem mencionava de vez em quando. É verdade que ele tinha um diploma em economia, mas não era capaz de mencionar o nome de uma única empresa em que tivesse trabalhado. De qualquer forma, pouco depois, o sogro superou seus escrúpulos e, como sua filha estava muito apaixonada, ele concordou em investir uma quantia significativa em um novo negócio que o namorado da filha lhe explicou em detalhes, relacionado com a importação de determinados produtos que, de acordo com o que ele lhe disse, seriam muito bem recebidos na Espanha. A verdade é que, algum tempo depois do casamento, o sogro descobriu que aquele negócio não existia, algo que o genro não admitiu, dizendo-lhe simplesmente que "estava fazendo contatos, [e] que estava demorando um pouco mais do que o esperado para decolar e começar a funcionar". Até aquele momento, a jovem estava muito feliz com ele, sentia-se amada e valorizada; ele havia investido uma considerável quantia para impressioná-la (dinheiro que pediu emprestado para sua família, cujo relacionamento com ele estava longe de ser o ideal, em parte também por mérito dos próprios pais). Quando o sogro ameaçou exigir seu dinheiro de volta e até mesmo denunciá-lo, o psicopata mostrou quem ele realmente era. De forma inesperada, ele levou sua jovem esposa (22 anos) para o exterior e lá a obrigou a trabalhar como garota de programa, submetendo-a a um tratamento humilhante. Ele entrou em contato com o sogro e disse-lhe que, se ele quisesse recuperar sua filha, teria que assinar um documento que o isentava de qualquer responsabilidade pelo dinheiro investido em sua empresa.

Por outro lado, é verdade que "quatro olhos enxergam mais que dois". Benita guardou suas dúvidas para si mesma e não as compartilhou até que as más condutas de Paolo como cirurgião se tornaram notórias, e, a essa altura, ela já havia sido cruelmente humilhada: ela deixou seu trabalho nos Estados Unidos e se mudou com a filha (fruto de um relacionamento anterior) para Barcelona, onde, supostamente, Paolo a esperava. Também enviou convites de casamento luxuosos e mandou fazer três trajes para a cerimônia. Muitas pessoas que se relacionam romanticamente com psicopatas não pedem a opinião de terceiros, que, devido à sua relação de confiança, poderiam dar sua opinião caso elas solicitassem sinceramente. Elas não o fazem porque têm medo de parecerem ridículas, inseguras ou simplesmente têm medo de descobrir que elas não são as únicas a ter dúvidas e medos sobre o assunto em questão; ou seja, temem a dor que poderia advir do fato de saberem que foram enganadas. Eu não estou aconselhando que você pergunte ao seu melhor amigo se ele acha que seu parceiro "é um psicopata", é claro, mas você pode fazer outro tipo de perguntas: Há algo nele (ou nela) que o preocupa? Ele (ou ela) fez coisas, que você saiba, que lhe causaram surpresa ou talvez um certo espanto? Ele (ou ela) lhe parece sincero? Há coisas nele (ou nela) que "não se encaixam"? É importante que as pessoas a quem você perguntar não tenham sido seduzidas por ele, já que, caso contrário, apenas reforçará seu próprio engano. Da mesma forma, elas devem ter tido a oportunidade de estar com ele em vários lugares para que possam ter uma ideia de seu comportamento geral. Não são necessários muitos anos. Essa informação pode ser muito valiosa para que você forme sua própria opinião ou para que tenha uma visão mais completa do quebra-cabeça de quem seu parceiro (ou sua parceira) é de verdade.

O PSICOPATA PERSEVERA EM SUA NATUREZA

Acredite em mim quando digo, por mais dolorosa que seja a descoberta, ela não se compara ao que o espera se você levar o relacionamento adiante. Talvez você alcance certo estado de trégua, em grande parte porque você o deixa fazer o que ele quer, não interfere na vida dele nem exige nada dele. Mas o preço a pagar é uma vida inteira (ou os anos que você aguente a situação) desperdiçada, cheia de mágoas e, na melhor das hipóteses, resignação e profunda decepção.

A pesquisadora Donna Andersen – que trabalha em uma instituição dedicada à análise de fraudes amorosas e recuperação das vítimas de Nova Jersey (Estados Unidos) – e vários colegas queriam comprovar se, como se costuma pensar, as pessoas do espectro da psicopatia experimentam uma diminuição dos sintomas à medida que envelhecem, principalmente a partir dos cinquenta anos.[11] Essa é uma pesquisa necessária, porque até agora se sabia, graças a outra pesquisa (esta realizada pela professora Courtney Humeny),[12] que as pessoas que sobreviveram a um relacionamento amoroso com um psicopata tiveram que lidar, após a separação, com uma variedade de tipos de abuso – financeiro, físico, sexual, emocional e psicológico –, mas não havia sido explorado como os psicopatas evoluíam em seus comportamentos ao longo de seu ciclo de vida.

Para isso, eles pesquisaram uma amostra de 1.215 pessoas, que tiveram que indicar se seu parceiro ou familiar apresentava ou não os sintomas da psicopatia e, em seguida, apontar quais comportamentos observaram que poderiam ser considerados antissociais, imorais ou violentos, tanto em relação a eles mesmos quanto a outras pessoas. Como consequência da pesquisa, foi possível descobrir quem tinha pontuação alta nos sintomas da psicopatia e quem havia cometido mais atos reprováveis. *Os resultados indicaram que existia uma alta correlação entre a ação prejudicial e o grau de psicopatia estimado*. Isso não é uma surpresa, mas foi uma descoberta muito importante o fato de que, na opinião das pessoas que avaliaram os psicopatas e que os conheceram antes e depois de completarem 50 anos, seu comportamento antissocial e vexatório *não havia diminuído com o passar do tempo*. No relato desses atos prejudiciais, havia todo tipo de vileza – de roubo a violência, passando pelo uso abusivo de álcool e drogas –, mas o que mais se repetia era o abuso físico e emocional. Também é importante destacar que foram os sintomas característicos da *faceta 1 interpessoal* (narcisismo e manipulação) e da *faceta 2 afetiva* (ausência de empatia e de crueldade) da psicopatia que mais se aproximavam dos sujeitos que os entrevistados classificaram como psicopatas.

O que isso sugere? Os autores da pesquisa concluíram que:

> a maioria dos indivíduos que apresentaram tais traços [psicopatia] não diminuiu seus atos antissociais, mas, ao contrário, eles se tornaram pessoas piores após os 50 anos de idade, continuando seu trabalho de prejudicar seriamente tanto as vítimas quanto a sociedade.

Essa é uma confirmação empírica que, a menos que sejam forçados a fazê-lo por imperativo legal (ou seja, por uma condenação penal), *os psicopatas não vão se abster de tirar vantagem de você*, de uma forma ou de outra. É importante lembrar que a pesquisa analisada se tratava de uma amostra geral, não extraída de prisões. É fácil imaginar a miséria que os psicopatas despejaram nas vítimas de seus relacionamentos. Ficar com um psicopata porque você acha que vai "salvá-lo" é uma péssima decisão.

No capítulo 6, veremos como é possível sobreviver e, inclusive, crescer pessoalmente após esse tipo de experiência.

As crianças em risco de psicopatia

Há vários anos, li um artigo em que uma mãe angustiada contava sobre sua luta constante para que as instituições sanitárias e escolares levassem em consideração as crianças e os jovens com um "transtorno de conduta grave", então eu o recortei e o guardei. A mulher, Charo Díez, já estava desesperada porque foram muitos anos de luta, e a situação piorou ainda mais porque seu filho havia sido preso por agredir um casal homossexual que estava se beijando do lado de fora de uma discoteca nas primeiras horas da manhã de um domingo.

Em uma carta aberta à sociedade, Charo disse:

> Imagine que você tenha *adotado* um filho aos 2 anos, diagnosticado aos 10 com TDAH [transtorno de déficit de atenção e hiperatividade; inclui problemas para manter uma atenção minimamente sustentada e tem agitação motora intensa, ou seja, "ele não consegue ficar parado"]. Imagine que as escolas não entendam o problema [...], que ele é punido constantemente [...], que é mandado para casa [...]. Que as medidas necessárias para lidar com sua educação não são implementadas.

A mãe lamenta a falta de conhecimento sobre esse transtorno e faz todo o possível para que sua importância seja reconhecida como um fator de risco para o fracasso escolar e o cometimento de atos antissociais.

> Ainda há pessoas que negam sua existência. Esse é o primeiro transtorno que pode ser diagnosticado em crianças a partir dos 6 ou 7 anos de idade. Depois, na vida adulta, em alguns casos desaparece, em outros continua e, às vezes, é acompanhado de outras patologias.[13]

O que eu quero destacar agora é esta última frase: "Às vezes, é acompanhado de outras patologias", uma das quais – sem dúvida a mais grave dos transtornos de conduta – é a psicopatia. De acordo com Charo, seu filho também foi diagnosticado com transtorno de personalidade antissocial, que é o nome que corresponde ao diagnóstico psiquiátrico oficial para a psicopatia. Charo enfatiza o TDAH para explicar os problemas do filho, mas eu não tenho tanta certeza; a psicopatia não precisa dessa deficiência de aprendizado para prosperar. Na verdade, a maioria das crianças que têm TDAH *não desenvolverá essa condição na vida adulta*, embora elas tenham uma maior probabilidade para tal em comparação com aquelas que não a possuem, assim como crianças que apresentam comportamentos desafiadores frequentes, desobediência, rejeição a regras e uso de agressão física contra objetos, animais ou pessoas também correm um maior risco, mesmo que não apresentem os sintomas específicos de TDAH.[14]

Essa não é a primeira criança adotada a apresentar esse problema, o que pode ser interpretado, possivelmente, como se essas crianças talvez possam ter sofrido de *apego inseguro ou rejeitador* antes de chegarem aos seus pais adotivos, uma das causas ambientais que podem ativar os traços psicopáticos no futuro. No apego inseguro, para falar em termos gerais, o vínculo afetivo entre a mãe (ou a pessoa que a substitua) e a criança não foi estabelecido, o que faz com que o recém-nascido enfrente o mundo sem o apoio de braços calorosos que lhe ofereçam o amor e a segurança necessários para que ele possa crescer com confiança à medida que explora o mundo. O resultado é que a criança se protege emocionalmente de um mundo que lhe parece hostil e no qual o abuso de outras pessoas lhe parece uma resposta lógica, pois ela não sente culpa por seus atos nocivos.[15]

Em sua carta, Charo Díez detalhou algumas das amargas experiências que supõe educar uma criança com um grave problema de conduta:

> Imagine que [o filho] comece a usar maconha e fique muito agressivo e acabe na unidade psiquiátrica de um hospital público por dez dias [...]; imagine que ele vá para a unidade de comportamentos aditivos e dependências e receba alta porque não quer parar de consumir, em vez de fazer a terapia para ajudá-lo a parar [...]; imagine que ele é agressivo e briga o tempo todo. Imagine que você esteja pagando por processos [...] e que a sentença seja sempre a mesma: multa ou prisão, sem saber como fazer para substituí-los por serviços comunitários, para ser ele a pagar pelas consequências

> de seus atos [...]; imagine que você veja, e lhe digam, que o único caminho é a prisão. Quantas mães e pais não imaginam tudo isso e muito mais, mas estão vivendo isso dia após dia? Eu sou uma dessas mães e me vejo impotente diante dessa sociedade [...] que abarrota as prisões com doentes sem buscar outras soluções.

É interessante que, em outro momento da carta, Charo diga que seu filho "não é homofóbico", assim como o restante da família, porque isso destaca a grave falta de controle que o garoto tem sobre a gestão de seus impulsos, o que se revela em um histórico longo de agressões. Para mim – e essa é uma opinião, pois não o conheço pessoalmente e não tenho mais informações além das que Charo fornece em sua carta –, o jovem (que tinha 19 anos na época em que sua mãe tornou seu caso público) apresenta os traços *da psicopatia mais impulsiva*, o que implica que ele é menos autoconfiante, menos hábil em mentir ou manipular e, acima de tudo, é muito menos reflexivo e emocionalmente equilibrado. É esse grave déficit de autocontrole – e a ausência de medo de punições – a causa de seus problemas com as autoridades e o sistema judiciário, ao contrário do tipo controlado, embora não possamos descartar a influência de uma inteligência medíocre, pouco desenvolvida devido aos problemas recorrentes de comportamento na escola e às frequentes expulsões e suspensões, o que torna essa variedade da psicopatia os principais candidatos a ter sérios problemas com a lei.

No entanto, devo dizer que, infelizmente, os caprichos da genética, às vezes, são suficientes para que a criança esteja em risco de desenvolver uma psicopatia, em qualquer uma de suas variedades. Isso ocorre porque, quando o sistema nervoso é vulnerável à psicopatia, não basta que o lar em que a criança é criada e educada *não seja* inadequado ou *seja* "normal", *mas ele deve ser particularmente bom e eficaz para neutralizar essa tendência inata*. O que quero dizer é que uma criança pode desenvolver problemas de comportamento por ter sido criada em um lar *inadequado*; por exemplo, ela viu modelos de violência em seus pais ou eles negligenciaram seriamente sua educação ou seu bem-estar, sendo submetida a castigos severos ou abuso emocional. Em outras ocasiões, como acontece com as crianças que sofreram com a ausência de apego seguro, elas podem encontrar sérios obstáculos ao nascer, uma dificuldade que pode persistir, mesmo que posteriormente sejam cuidadas por pais atenciosos. Aqui também incluiríamos aquelas condições nocivas para o cérebro da criança caso a mãe tenha feito uso abusivo de álcool ou drogas durante a gravidez ou tenha sido submetida a estresse agudo, entre outras circunstâncias.

Todas essas são causas ambientais, que afetam a criança antes ou depois do nascimento. O TDAH e o transtorno de conduta grave podem ser consequências diretas dessas experiências. Mas há outras crianças que nascem em lares acolhedores e amorosos, com pais comprometidos com seu cuidado e atentos às necessidades de uma boa educação... e, ainda assim, desenvolvem um comportamento violento ou antissocial, que pode se limitar ao âmbito familiar ou se estender à escola ou à rua. Nesses casos, o ônus do problema recai sobre sua personalidade inata. Isso significa que os pais não podem fazer nada? Muito pelo contrário, significa que *os pais precisam se esforçar muito mais* para corrigi-las e prepará-las para uma vida produtiva.

São essas crianças, que correm o risco de desenvolver uma psicopatia na idade adulta, que representam o desafio mais difícil para serem educadas. As pesquisas dos últimos trinta anos não deixam dúvidas de que a presença da *faceta 2 afetiva* da psicopatia (insensibilidade emocional, ausência de empatia) em crianças com transtornos de conduta torna sua educação uma tarefa extraordinariamente complexa, ao mesmo tempo que aumenta o risco de que elas desenvolvam condutas mais violentas e incontroláveis. No que diz respeito à sua vida em família, foram essas crianças que considerei quando escrevi, há quase vinte anos, *Los hijos tiranos: El síndrome del emperador* [Os filhos tiranos: a síndrome do imperador, em tradução livre].[16] A pesquisa que fiz para esse livro e que continuei nos anos seguintes me levou a conhecer muitos pais honestos e amorosos que *haviam simplesmente quase desistido*, porque tudo o que tentaram para educá-los – e que funcionava perfeitamente bem com os outros irmãos, e com a grande maioria dos jovens – não havia sido eficaz.

Na figura a seguir, podemos ver que as afirmações nas três colunas correspondem às qualidades ou aos traços da psicopatia que já analisamos neste livro, bem como os indicadores ou "sintomas de alerta" correspondentes.[17]

No quadro mais à frente, apresento um caso de meu arquivo pessoal que corresponde à psicopatia impulsiva. São as qualidades e indicadores das crianças e jovens em risco de desenvolver psicopatia na idade adulta.

<table>
<tr><th></th><th>Insensibilidade emocional</th><th>Pouco medo de punição</th><th>Grande anseio de alcançar o que desejam</th></tr>
<tr><td>Qualidades</td><td>Ausência de empatia e de sentimento de culpa

Dificuldade para entender e sentir o mal causado a outras pessoas</td><td>Baixo senso de restrição: não acredita que os adultos tenham autoridade e poder para puni-lo

Dificuldade para ter ansiedade</td><td>Têm muita confiança em alcançar suas metas egocêntricas

Dão muito valor ao que querem alcançar e pouco valor à punição que podem receber</td></tr>
<tr><td>Indicadores</td><td>Atos de crueldade excessiva em função da idade

Os sentimentos parecem superficiais

Não há culpa genuína, e o pedido de desculpas é produzido apenas pela ameaça de punição

Não têm amigos de verdade; apenas companheiros de circunstâncias</td><td>Mentiras e enganos são muito comuns, mesmo que a mentira seja comprovadamente óbvia

A culpa é de todos, menos dele, pois sempre há uma desculpa em seus lábios

Os argumentos não servem para nada, além de não o fazer ver os efeitos de seus atos sobre si mesmo ou sobre os outros

As punições são ineficazes ou, na melhor das hipóteses, o são apenas durante um curto período de tempo</td><td>Desmotivação para as tarefas que exigem a aprovação de adultos (em casa ou na escola)

Desejo de fazer coisas que lhe dão poder sobre os outros, mais do que apenas desfrutar das coisas. Violência, extorsão, às vezes, roubos e depredação da propriedade

Quando quer algo, ele se esforça ao máximo, mesmo sabendo claramente que será punido ou que, no final, isso lhe trará mais inconvenientes do que vantagens</td></tr>
</table>

Ele é um jovem com pouco autocontrole; o tipo primário controlado seria mais cerebral, mais metódico e discreto em suas mentiras. Ambos compartilham os sintomas do espectro da psicopatia, mas Jaime não tem a autoconfiança e a autoestima que exibiria um psicopata controlado. Também é evidente que o rapaz é pouco inteligente – um fracasso escolar, apesar de estar apenas um ano atrasado na escola –, e busca refúgio para seu mal-estar emocional no consumo compulsivo de maconha.

Quando vejo Jaime (16 anos, 1,78 m de altura), encontro nele um olhar desafiador e uma raiva contida. Ele veio me ver por causa da pressão de seus pais, que literalmente lhe disseram que, se não viesse à nossa reunião, perderia sua mesada de Natal, que está se aproximando. Ele está nervoso, a perna direita não para de se mexer. Eu o entendo. Em primeiro lugar, ele está cansado de ir a "médicos de loucos" (sua expressão) que, é claro, "não servem para nada"; para ele, isso é pura perda de tempo. Além disso, está ciente de que vou pedir que ele responda a certas perguntas para as quais ele não tem resposta ou, pelo menos, não consegue encontrá-las facilmente, pois isso exige que ele "quebre a cabeça", e isso é algo que ele tem muita dificuldade em fazer. Seus pais me disseram que há momentos em que ele fica deprimido ou irritado com qualquer coisa, que tem altos e baixos emocionais e que o mínimo que podem esperar dele, quando fica irritado, é um insulto ou outras formas de abuso verbal. Ele tem dificuldade em se concentrar nas aulas e faz uso abusivo de maconha diariamente; tentaram tirá-lo do vício, mas ele fica irritado, quebra as coisas e fica fora de casa por horas, então eles cederam para evitar males maiores. Quando ele quer alguma coisa, fica obcecado com isso, e são sempre coisas materiais. Ele odeia ir à escola. Lá ele não apresenta muitos problemas, porque espera impacientemente pela hora de ir embora. Sua mãe me contou:

"Quando era pequeno, ele nos deu trabalho, mas conseguíamos controlá-lo. Quando ele tinha 13 anos, tudo piorou. O fato de ele ser um menino grande também não ajudou, porque ele parece forte e isso o torna mais convencido e desafiador. Foi também nessa idade, mais ou menos, que ele começou a ser cruel com o irmão, que tem três anos a mais que ele. Ele o vê como nosso favorito e se ressente muito dele, apesar de sempre procurarmos que ambos tenham a oportunidade de desfrutar das mesmas coisas. Mas, como Jaime viola muitas regras de casa e é muito agressivo, ele é muito mais punido do que o irmão, e ele não consegue ver que é responsável por isso."

Neste livro, não posso me estender sobre esse problema, mas é importante perceber que há um tipo de violência dos filhos para com os pais (que, repito, pode se estender para fora de casa) que, além dos *realities* e dos programas de auditório habituais em que os pais são culpados por serem moles e superprotetores, tem sua origem nos sintomas de psicopatia, que podem ser exacerbados ou ativados por um ambiente de criação negativo, *mas que também podem aparecer em um lar ideal*. Portanto, a última coisa que devemos fazer é culpar os pais; pelo contrário, devemos ajudá-los o máximo possível, como ficou claro na carta desesperada de Charo Díez. Um bom diagnóstico a tempo e uma formação profissional adequada para lidar com esses casos tão complexos são medidas necessárias e muito justas, porque, nessas crianças e adolescentes, o uso do raciocínio, os reforços contingentes ("Se você terminar os deveres, poderá assistir à televisão") e outras estratégias comuns de uma boa educação não são eficazes. (No último capítulo, incluo algumas ideias sobre a prevenção da psicopatia em crianças e jovens.)

CAPÍTULO 4

O psicopata na empresa e nas organizações

> "Que se fodam!"
>
> BERNIE MADOFF em sua resposta a uma pergunta sobre se ele se sente culpado pelos danos causados às suas vítimas

Da mesma forma que aqueles que desejam ser felizes em um relacionamento amoroso deveriam se perguntar se essa pessoa agrega valor à sua vida, se ela os ajuda a crescer e a se sentirem mais satisfeitos (um teste em que o psicopata não passa de jeito nenhum), os acionistas ou líderes de uma empresa deveriam garantir que seus gerentes fizessem algo semelhante com os funcionários. Não estou sendo ingênuo, qualquer tratado de administração indica que o estilo de gestão mais bem-sucedido passa pelo desenvolvimento das melhores qualidades profissionais dos funcionários e que, quanto mais satisfeitos estiverem em seus empregos, melhor será o desempenho deles. Infelizmente, os psicopatas *são especialistas em fazer exatamente o contrário* e, às vezes, parecem ser empresários-modelo porque, como salientei no capítulo 1, os chamados "psicopatas bem-sucedidos" *não são realmente psicopatas*, mas pessoas que têm apenas alguns dos traços do espectro e não podem ser considerados como tal (eles são os "falsos psicopatas" na figura que aparece no referido capítulo). Em particular, sua *faceta 2 afetiva* (ausência de empatia, crueldade, falta de consciência) não corresponde à dos psicopatas verdadeiros, que se dedicam a explorar sistematicamente os outros; em vez disso, os "falsos psicopatas" têm sentimentos morais e certos princípios éticos. Eles podem se destacar mais na *faceta 1 interpessoal* (narcisismo e manipulação), mas isso é natural se compreendermos que o livre mercado do capitalismo exige a arte de convencer e conhecer os pontos fracos do rival. E, é claro, as pessoas que se consideram muito boas no que fazem projetam esse ar de autossatisfação típico do narcisista. No entanto, não devemos confundir o orgulho elevado de si mesmo com o narcisismo patológico, que é comum no psicopata controlado. Por fim, é importante observar que existem empresários muito bem-sucedidos que exibem um modo de ser antagônico ao do psicopata; este sempre fracassa, mais cedo ou mais tarde.

Neste capítulo, convido você a mergulhar na psicopatia de empresas, organizações e corporações. Analisaremos por que esses indivíduos chegam ao topo e veremos exemplos significativos, bem como alguns meios para mantê-los sob controle.

O psicopata como líder destrutivo

Uma parte importante do espectro mais poderoso da psicopatia, aquele 1% maligno, está escondida nos conselhos de administração das empresas, como escreveu Robert Hare, o criador da definição moderna da psicopatia.[1] Vimos em um capítulo anterior que os psicopatas estão em maior número em posições de poder de empresas financeiras e outras corporações.

Você não ficaria surpreso seu eu lhe dissesse – como veremos nas páginas seguintes – que o psicopata é o líder mais destrutivo que existe, entendendo por "liderança destrutiva" no âmbito empresarial aquelas decisões intencionais tomadas pelo líder com o objetivo de:

a. provocar resultados contrários aos interesses legítimos da empresa, o que pode incluir a prática de crimes de todos os tipos, desde os que afetam a integridade e a vida das pessoas, ou seu capital, até os que afetam a segurança e saúde pública e o meio ambiente; e
b. abusar, explorar, humilhar ou maltratar seus subordinados de qualquer forma, causando-lhes danos psicológicos e econômicos, o que, sem dúvida, afetará sua vida privada e familiar.

Apesar de os psicopatas sempre existirem, esse nível de *ameaça global* da psicopatia é algo relativamente novo. Antes da Revolução Industrial, ocorrida no século 19, somente uma pequena parte da população que compunha as elites (a aristocracia e os poderes religioso e militar) tinha a capacidade de tomar decisões que poderiam ser particularmente prejudiciais à população em geral. Mas, com a disseminação das ideias igualitárias do Iluminismo no século 18, começou a ser construída uma sociedade mais equitativa, na qual, com a expansão da educação, do mercado e das estruturas democráticas que começaram no século seguinte e alcançaram seu pleno desenvolvimento após a Segunda Guerra Mundial, foram criados os meios para que muitos cidadãos – e, com eles, os psicopatas – pudessem ter acesso a posições de responsabilidade e poder.[2] Pense nisso: um sistema capitalista, baseado na capacidade de "fazer por si mesmo", dava muito espaço para que os trapaceiros e manipuladores determinados pudessem contornar os filtros frágeis da boa imagem (honestidade, retidão) e do mérito, que são os cartões de visita de alguém que aspira a um cargo importante.

Se observarmos o maior trio de genocidas da história, cuja "contribuição" para a humanidade soma dezenas de milhões de mortos (e, indiretamente, um número incontável de outros), Mao Tsé-Tung, Hitler e Stalin, todos eles vinham de famílias de classe baixa, se não humildes. Isso teria sido impossível séculos atrás, quando a linhagem marcava o limite de quem poderia governar. No campo dos negócios, embora as famílias poderosas costumassem transmitir seus bens e poder para a geração seguinte – e existem personagens no espectro da psicopatia que herdam os privilégios da geração anterior (ou posterior), como Donald Trump e Ghislaine Maxwell, ambos filhos de magnatas –, é verdade que muitos psicopatas que fizeram fortuna nos negócios vieram da classe média, como Jeffrey Epstein, Bernard Madoff, Harvey Weinstein ou Elizabeth Holmes.

Não é nenhuma surpresa que o ambiente dos negócios seja tão atraente para o psicopata, pois é um caminho rápido para conseguir dinheiro, prestígio e poder, os quais constituem seus objetivos essenciais, que podemos reduzir ao poder, visto que ele geralmente faz uso dos dois primeiros. Os exemplos da Theranos e da bolsa de criptomoedas FTX, que veremos mais adiante, mostram que, no mundo atual, é possível ser bilionário antes dos 30 anos, e nem sempre por meios lícitos. Por outro lado – e provavelmente você já deve ter adivinhado –, o psicopata tem atributos que também atraem as empresas, especialmente aquelas que estão em uma situação desesperadora e anseiam por encontrar o "líder milagroso" que tome decisões rápidas e eficazes, bem como aquelas que são fortemente orientadas para o lucro sem muita preocupação com os meios para obtê-lo.

No entanto, é evidente que, em situações especiais de crise, às vezes é necessário tomar decisões rápidas e, muitas vezes, sem contar com toda a informação que seria desejável, mas não há nenhuma razão baseada em evidências que sugira que o psicopata está mais bem preparado para tomar uma decisão nesses momentos de dificuldade do que o diretor íntegro.

Quantas vezes os conselhos de administração se deixam enganar pelo líder que parece ter a estratégia vencedora a todo custo, independentemente dos custos econômicos e humanos que, a médio ou longo prazo, possam estar envolvidos. O psicopata parece, por sua natureza destemida e extrovertida, por sua grande segurança em tudo o que diz, o sujeito ideal para salvar a empresa em tempos difíceis, quando a verdade é que, ao contrário, são aqueles que se comportam com integridade e se preocupam com seus funcionários "aqueles que triunfam mesmo nas situações mais temíveis" – nas palavras do especialista em liderança Norman Augustine –, como as pesquisas sobre líderes eficazes no mundo dos negócios já comprovaram inúmeras vezes.[3]

O problema é que o psicopata *parece ser um grande ativo*, porque ele está em conformidade com certa expectativa generalizada de como deveria ser o líder ideal em uma corporação. Mas essa correspondência é falsa. Observe as duas colunas a seguir:

Determinação	*Temeridade*
Liderança, carisma	*Encanto superficial, manipulação*
Ideias inovadoras	*Mentiras, fraudes, apropriação de ideias*
Renovação	*Conduta imoral e destrutiva*

A primeira coluna são *atributos desejáveis* que as empresas buscam em seus líderes; a segunda são sintomas da psicopatia. Não há dúvida de que um bom CEO precisa ser decidido e seguro no gerenciamento de riscos! Mas o psicopata não joga no mesmo time: ele busca o risco pela excitação que ele produz e pela possibilidade – ainda que improvável – de obter um grande sucesso, sem ser impedido pela exigência de não causar danos desnecessários ou, às vezes, infringir a lei.

Os responsáveis pela contratação do líder, se não estiverem alerta, *podem confundir as duas coisas, que claramente não são as mesmas*. Norman Augustine recomenda que, nos momentos mais críticos, "os líderes devem fazer uma pausa para avaliar com calma e sem paixão, em termos humanos, as questões fundamentais envolvidas, e devem sempre tomar partido da integridade".[4]

Da mesma forma, o psicopata fingirá parecer carismático e inspirador, quando na realidade usa a manipulação (do entrevistador, se estiver esperando ser contratado, bem como de outras pessoas influentes), as mentiras contadas com desenvoltura e seu charme supérfluo para produzir essa impressão. Uma vez no cargo, ao recrutar pessoas que ele seduziu para o seu lado, é mais fácil para ele parecer que está administrando a empresa com sabedoria, quando, na verdade, está utilizando táticas de assédio e derrubando aqueles que não são leais a ele, causando danos. Uma vez dominada a organização, todas as ideias inovadoras por ele oferecidas costumam vir de duas fontes: ou ele as roubou de outras pessoas ou são apenas ideias que não podem ser concretizadas na realidade, caminhos certos para o fracasso. Mentiras e fraudes são suas armas para isso. Finalmente, quando a empresa deseja que seu CEO inicie um processo de renovação, ela está cavando a própria cova se colocar um psicopata no comando, porque tal renovação servirá para sua agenda privada e, embora, a princípio, as medidas tomadas possam parecer muito atraentes, o desastre final estará garantido.[5]

Os psicopatas corporativos também podem matar

Esqueça os assassinos em série, como Ted Bundy ou o Assassino do Zodíaco, ou assassinos múltiplos psicopatas, como Anders

Breivik, responsável pelo massacre da Ilha Utøya (69 jovens assassinados). A história da empresa Purdue Pharma e de seu principal produto, a *oxicodona*, é uma história aterrorizante e letal (há, a respeito, um excelente livro de *true crime* ficcional chamado *Dopesick*). Você deve saber que os Estados Unidos vêm sofrendo, há anos, uma verdadeira epidemia de dependência de medicamentos opioides prescritos legalmente por médicos (o fentanil virou moda recentemente), com uma capacidade de criar dependência muito maior do que a heroína. O livro de Patrick R. Keefe, traduzido para o português com o título *Império da dor: a ascensão e queda de uma das mais poderosas famílias americanas e seu criminoso império farmacêutico*, é uma crônica verdadeira e aterrorizante da família Sackler (em especial Richard Sackler, presidente da empresa), principal responsável por esse crime contra a população norte-americana. De acordo com especialistas, a comercialização agressiva do fármaco oxicodona teve papel central no desenvolvimento da crise da dependência de opioides nos Estados Unidos.[6] Foi, de fato, uma epidemia, que se originou no fenômeno da dependência rápida e intensa desses medicamentos, que resultou em aproximadamente 500 mil mortes associadas ao uso indevido desses fármacos entre 1999 e 2019, segundo dados do Departamento de Saúde e Serviços Humanos dos Estados Unidos.

É verdade que nem todas essas mortes podem ser atribuídas à oxicodona, mas, nas palavras do jornalista investigativo John Carreyrou, "uma boa parte delas".[7] Além disso, devemos acrescentar que a família Sackler garantiu o sucesso do fármaco comprando a colaboração de milhares de médicos por meio de presentes, viagens e outros luxos, e que baseou sua publicidade no convencimento dos médicos – uma mensagem que eles transmitiam aos outros colegas e pacientes – de que o medicamento "só causava dependência em 1% dos casos", o que era, sem dúvida, uma mentira. Quando levados a julgamento, estimava-se que os Sacklers haviam lucrado 13 bilhões de dólares com a oxicodona.

Keefe conta uma história em seu livro que explica claramente por que a família Sackler (especialmente os irmãos Mortimer e Raymond e um dos sobrinhos, Richard, em última instância, o responsável pela oxicodona) foi chamada na mídia "a família mais maligna dos Estados Unidos". Em abril de 2019, o comediante John Oliver dedicou parte de seu programa na HBO para comentar de forma satírica e mordaz as declarações que um dos Sacklers fizera recentemente em juízo, tendo como pano de fundo uma opinião pública que começava a tomar conhecimento da responsabilidade dessa família pela epidemia e a mostrar sinais claros de indignação na mídia. Bem, Jacqueline, uma das mulheres casadas do clã, não tendo conseguido impedir que esse segmento do programa fosse ao ar, enviou um e-mail a outros membros da família reclamando que esse era o seu filho preferido e lamentando o dano que isso poderia causar à reputação dele entre seus colegas, bem como a outras crianças do clã. "Estão destruindo a vida das crianças", escreveu. As centenas de milhares de mortes atribuídas à sua família não lhe importavam ou, talvez, simplesmente, por uma questão de saúde mental, nem sequer considerou que aquilo fosse verdade.

Não há dúvidas de que vários membros da família, e, em particular, Richard, estão muito acima no espectro da psicopatia. Purdue Pharma estava ciente do potencial brutal de dependência que a oxicodona causava, da facilidade com que ela destruía a vida das pessoas, e tudo o que fez foi procurar maneiras de vender mais o produto, por exemplo, recompensando os médicos que prescreviam doses mais altas e por períodos mais longos. Ninguém da família assumiu a responsabilidade pelo que ocorreu; o processo penal em que se solicita o pagamento de indenizações bilionárias à empresa foi encerrado no começo de

2025. O pior é que outros psicopatas viram o negócio e agiram de forma semelhante, embora não com a mesma capacidade destrutiva dos Sacklers, que foram descritos pela CNN como "um dos piores traficantes da história".[8] O filme intitulado *Máfia da dor* (título original em inglês: *The Pain Hustlers*) conta a história de John Kapoor e sua empresa Insys, cujo *modus operandi* era o mesmo empregado pela Purdue Pharma: corromper os médicos para que prescrevessem um medicamento que causasse forte dependência, o que, em muitos casos, levava ao uso abusivo e à morte subsequente. Eles também são responsáveis por inúmeras vidas arruinadas e milhares de mortes por overdose ou ingestão adulterada do fármaco.

Portanto, a capacidade de destruição do psicopata corporativo pode ser imensa. De fato, sabemos que atualmente existem empresas que competem com o PIB de muitos países e que têm um grande impacto na geopolítica global. O perigo dessas empresas serem dirigidas por psicopatas me deixa de cabelo em pé. Clive Boddy, professor da Business School da Middlesex University, em Londres, afirma que os psicopatas, nos bancos de investimento, tiveram muita responsabilidade na origem da crise financeira que assolou o mundo em 2008.[9]

Os psicopatas "visionários"

Por muitos anos, a mídia tem dado atenção a muitos psicopatas corporativos e tem se deixado levar – como os investidores – pelo glamour de suas novas e ousadas propostas, usando frequentemente o apelido de "líder visionário". Esse é o caso dos exemplos que analiso em detalhes a seguir, mas também de muitos outros, como Jeffrey Skilling, CEO da Enron, empresa de energia líder mundial, cuja contabilidade fraudulenta abriu um rombo de US$ 11 bilhões de dólares para os acionistas, deixando dezenas de milhares de pessoas arruinadas em várias partes do mundo e sem suas pensões. Em um efeito dominó, quando a empresa se extinguiu em 2001, forçou o fechamento da empresa de consultoria internacional, Arthur Andersen, que era responsável pela supervisão das contas, o que também levou à perda de emprego de outros milhares de trabalhadores.

O especialista em crimes organizacionais Frank Perri os estudou muito bem, chamando os visionários de "falsos profetas", porque eles vêm pregar a *boa-nova* de que, se seguida com fé cega, a prosperidade financeira dos seguidores estará garantida.[10] De todos os analisados por Perri, eu escolheria Skilling, porque, para mim, ele representa muito bem os traços do psicopata controlado primário no mundo corporativo. Nas palavras dirigidas a seus funcionários, vemos esse narcisismo tão apreciado por esse 1% da população: "Estamos fazendo algo especial. Mágico [...]. Estamos mudando o mundo. Estamos fazendo o trabalho de Deus". (O fato de a revista *Fortune* ter considerado a Enron uma das empresas "mais admiradas" do mundo não ajudou a diminuir seu ego.)

Skilling era conhecido como o Príncipe, em homenagem à obra de Maquiavel de mesmo título, pois ele obrigava seus subordinados a lê-la do princípio ao fim. Um ex-funcionário da empresa ficou grato por tê-la lido, pois, assim afirmou, "pude entender melhor como lidar como o sr. Skilling, porque, quando ele começou a dirigir a empresa, tive a sensação de que ele estava me comendo vivo" (mais sobre *O príncipe* no próximo capítulo). Por outro lado, o psicólogo clínico Ellsworth Fersch o chamou de psicopata porque ele era "manipulador, charlatão, superficial, egocêntrico, sem sentimentos reais, impulsivo e carecia de consciência e empatia".[11] Inicialmente condenado a vinte e quatro anos de prisão por dezoito acusações de fraude, sua sentença foi posteriormente reduzida para quatorze anos, em parte devido a um erro judicial, mas também ajudou o fato de ele ter concordado em pagar 42 milhões de dólares para indenizar as vítimas. Por fim, após doze anos de reclusão, ele foi posto em liberdade por bom comportamento.[12]

Durante o julgamento, Skilling declarou: "Quanto ao remorso, meritíssimo, não consigo imaginá-lo maior. Tive amigos que morreram, homens bons. Quanto a mim, eu me declaro inocente de toda e qualquer acusação". A opinião de uma testemunha, Dona Martin, funcionária da Enron durante vinte e dois anos, foi bastante diferente: "O sr. Skilling se revelou um mentiroso, um ladrão e um bêbado".[13]

Naturalmente o psicopata nas organizações se expande nos vários nichos desenvolvidos pela tecnologia. Assim, quando as criptomoedas ocuparam seu espaço no mercado global do capitalismo, não havia dúvidas de que esse seria um campo cobiçado por eles. No final do ano de 2023, foi testemunhada a queda de dois titãs da fraude das criptomoedas: ninguém menos que *os responsáveis das duas primeiras empresas desse tipo no mundo*. O primeiro foi Zhao, o fundador da Binance, a empresa "cripto" mais importante do mundo, acusado de fraude e lavagem de dinheiro, acusações das quais ele se declarou culpado. Mas estou mais interessado no segundo, que corresponde à segunda bolsa de criptomoedas mais importante do mundo, porque vejo nele traços característicos do psicopata. Ele é Sam Bankman-Fried, o cérebro da plataforma de criptomoeda FTX, considerado culpado de sete acusações de fraude e conspiração e que recebeu uma sentença de vinte e cinco anos de prisão.

Na verdade, o julgamento foi tranquilo e rápido, porque seus três colaboradores mais próximos – incluindo Caroline Ellison, sua ex-namorada – testemunharam contra ele. A questão era que Sam roubou *pelo menos 10 bilhões de dólares* de seus clientes e investidores, transferindo esse dinheiro para um fundo próprio, o Alameda Research. Com esse dinheiro roubado, ele fez seus próprios investimentos e levava uma vida de luxo e excessos.

O escritor Michael Lewis já havia retratado o mundo psicopata de Wall Street na década de 1980 em sua obra *O jogo da mentira* (título original em inglês: *Liar's Poker*). Ali, ele mostrou como os jovens "com instintos assassinos" e sem nenhum escrúpulo tinham como único objetivo na vida chegar ao topo no menor tempo possível. No mesmo ano em que o escândalo da FTX estourou (2023), Lewis se apressou em publicar uma pesquisa sobre o personagem e, ao lê-la, é possível entender quem era esse homem: um figurão arrogante, com ideias de grandeza (precisava de "infinitos dólares", como ele disse a Lewis, para resolver todos os males do planeta, inclusive as mudança climáticas) e um "encantador de serpentes", dado que um rapazinho com menos de trinta anos havia conseguido convencer não só o mercado financeiro, mas também congressistas, ex-presidentes dos Estados Unidos e outras pessoas influentes, de que o seu negócio proporcionaria rapidamente lucros consideráveis.[14] Isso o faz lembrar de alguma coisa? O cuidado com a imagem, a representação, é essencial para o psicopata corporativo, e Sam escolheu cuidadosamente sua aparência, a de um jovem com provável síndrome de Asperger (uma manifestação leve do autismo) que nutre belos desejos e que, casualmente, *sabe como ganhar muito dinheiro*.

Se você ler o livro de Lewis com atenção, perceberá que Sam não consegue se aprofundar tanto quanto se espera de alguém inteligente e com uma profunda consciência social. Seu diálogo parece superficial, artificial, como se tudo fosse uma performance diante da mídia ou de um reality show. Ele nem sequer teve a coragem de assumir a responsabilidade por seus erros e defendeu-se dizendo que sua ex-namorada – que era responsável pela administração do fundo de investimento Alameda – tinha "deturpado suas instruções", conforme relatado pelo *The New York Times*.[15] Mas o depoimento de Ellison – que foi a testemunha principal da promotoria em troca de uma redução da pena – não deixou dúvidas sobre quem tomava as decisões e garantia que elas fossem executadas. Foi esclarecedor saber que, segundo sua ex-namorada, Sam acreditava que "tinha 5% de chance de se tornar presidente dos Estados Unidos".

A escritora e jornalista Marta Peirano, em seu artigo intitulado *Nos gustan psicopatas*, definiu sua personalidade em uma única anedota: sua ex-namorada Caroline Ellison, CEO da Alameda, declarou em juízo que Sam defendia "fazer uma aposta de cara ou coroa, em que a cara significava que o mundo seria duas vezes melhor e a coroa, sua destruição", o que revela seu narcisismo incomparável, que Peirano define muito bem como "algo entre Elvis e o anjo exterminador".[16]

Por que esses falsos profetas da abundância e das boas intenções são tão atraentes? Em minha opinião, eles reúnem três qualidades que atraem o público investidor. A primeira é uma aparência sugestiva, uma máscara "fora do comum" que dá a impressão de que eles são excepcionais, associada a uma maneira de se comunicar que seduz por causa do que dizem e como dizem: eles projetam uma falsa integridade que gera confiança nos investidores. A segunda qualidade é uma grande capacidade de oferecer algo que promete lucros surpreendentes em um curto período de tempo, na forma de uma ideia inovadora e à prova de erros. A terceira é um gerenciamento surpreendente de sua própria arrogância e narcisismo, o que provoca a admiração incondicional de vários seguidores que contribuem com a sua dedicação para a idoneidade da empresa, ajudando a criar um clima compartilhado de euforia que se espalha pelo mercado de ações. (No próximo capítulo, abordarei sobre como os líderes psicopatas são capazes de satisfazer os medos e as necessidades psicológicas de seus apoiadores, o que acontece nos negócios, mas, em maior escala, na política.)

Um segundo exemplo de psicopatia transmutada em um personagem visionário é Elizabeth Holmes, responsável pela empresa Theranos, criada com base na suposta existência de uma tecnologia que, com apenas algumas gotas de sangue, poderia diagnosticar uma grande variedade de doenças. É impressionante como uma jovem de vinte e poucos anos conseguiu, assim como o líder da FTX, convencer ex-secretários de Estado, como Henry Kissinger, e celebridades da televisão e da mídia (ela enganou ninguém menos que o todo-poderoso proprietário da Fox News e dos canais de televisão Sky e Fox, Rupert Murdoch) a investir quantias exorbitantes de dinheiro em sua empresa ou endossar sua administração como parte de seu conselho consultivo. Nela, podemos ver com clareza as três qualidades mencionadas anteriormente.

Amanda Seyfried tem um desempenho impressionante como Elizabeth Holmes na série ficcional de *true crime The Dropout*.[17] Comparei os vídeos da verdadeira Holmes com sua reencarnação por Seyfried e fiquei com os cabelos em pé. O que vemos é uma atriz profissional que interpreta uma mulher que, por sua vez, interpreta um personagem; o psicopata com sua máscara é aqui uma jovem ambiciosa que se veste como seu ídolo, Steve Jobs – com ternos pretos –, e que não hesita em seduzir Ramesh "Sunny" Balwani, um homem maduro, vinte e oito anos mais velho, para ajudá-la em seu esquema. Sunny se torna seu mais ferrenho defensor, assumindo a responsabilidade de tomar as medidas mais extremas – na forma de ameaças, demissões e controle da informação – para preservar a startup e todo o processo de engano e fraude.

Todo seu plano era baseado em sua imagem. Assim, ela impôs sua voz para obter um tom mais grave e dar um aspecto mais sério ao seu personagem. Estampou capas de revistas como a imagem da mulher empoderada, jantou na Casa Branca e foi a estrela convidada em inúmeros programas de televisão. Ela disse que a ideia de construir um sistema tão conveniente e prático veio de seu medo de agulhas usadas para a colheita de sangue.

Por que não projetar um pequeno dispositivo (chamado "microdispositivo de análise química") que, com apenas uma leve picada na ponta do dedo, poderia extrair algumas gotas de sangue, acabando assim com o desconforto e o terror que muitas pessoas têm de agulhas? O médico coletaria a amostra e a enviaria para a Theranos, que, por sua vez, devolveria os resultados, independentemente de revelarem ou não possíveis doenças. O problema é que era necessário um procedimento de análise válido; quando as gotas de sangue do paciente eram armazenadas, elas deveriam ser processadas de forma rápida e eficiente para que o diagnóstico fosse disponibilizado. Toda a fraude se baseava precisamente no fato de que a Theranos não tinha esse sistema. Nas palavras do Departamento de Justiça dos Estados Unidos, Holmes criou "um esquema multimilionário para fraudar os investidores e outro separado para fraudar os médicos e pacientes". No auge da Theranos, seu valor no mercado de ações era de 10 bilhões de dólares.

O fenômeno midiático "Elizabeth Holmes" girava em torno de sua imagem, como eu disse. Egocêntrica, narcisista, manipuladora e mentirosa; a melhor versão de seu perfil – de acordo com a análise da professora Medina Williams – indica que ela acreditou em suas próprias mentiras, o que poderia explicar o fato de que declarou em juízo que estava sendo castigada por perseguir uma visão que buscava o bem-estar das pessoas, e que não entendia como poderia estar sujeita a sanções penais por isso.[18] Mas eu não acredito nisso, porque ela fez todo o possível para intimidar, ameaçar e desencorajar os trabalhadores inquietos de sua empresa a contar a verdade e, quando lhe faziam perguntas incômodas nos programas de televisão, ela sempre evitava responder ao que lhe era perguntado. Além disso, quando precisou fazer com que outras empresas incorporassem seu método e o distribuíssem em clínicas médicas, sempre fechou negócios sem revelar seu sistema, alegando a segurança rigorosa necessária para preservar sua "descoberta". E, quando compareceu à audiência final, na qual foi condenada, declarou, entre soluços, que "estava arrasada por seus erros", e pediu perdão aos médicos, pacientes, investidores e funcionários da Theranos.

Assim, todos aqueles que investiram dinheiro, os que compunham seu conselho consultivo, os médicos que introduziram seu sistema nas clínicas e os próprios pacientes foram, sem querer, participantes ativos da fraude, pois não tinham a mínima ideia de como o diagnóstico era feito com base no microdispositivo de análise química. A Theranos devolvia os resultados com atraso e erros, porque usava um procedimento que já havia sido inventado e, muitas vezes, eles estavam equivocados. Tudo isso foi mérito de Elizabeth, que começou com apenas 19 anos e, depois de não concluir o primeiro ano na Universidade de Stanford, acreditou que era capaz de fazer algo extraordinário. Em 2023, foi para a prisão para cumprir uma pena de onze anos, já casada, com um filho e outro a caminho. Por sua vez, seu ex-sócio e ex-amante, Sunny, foi condenado a treze anos de prisão.[19]

Hannibal Lecter vai ao trabalho

Sam Bankman-Fried e Elizabeth Holmes foram empreendedores "visionários" que criaram suas próprias empresas e, após uma ascensão meteórica, foram condenados por suas mentiras, fraudes e outros crimes. Mas um bom número de psicopatas trabalha para empresas e é contratado ou promovido para assumir cargos de gerência, havendo sérios problemas na maneira em que atuam. Para resumir brevemente o que vimos até agora, diríamos que não devemos confundir o empresário ou o gerente exigente e eficaz na negociação, que às vezes precisa tomar medidas drásticas e impopulares, com o psicopata. Isso, embora no curto prazo possa parecer um bom investimento – projetando a imagem de alguém que será capaz de fazer qualquer coisa para aumentar os lucros ou sair de um impasse –, no médio e longo prazos é uma catástrofe, porque minará o ambiente de trabalho, provocará sofrimento aos funcionários e, finalmente, prejudicará ou afundará a empresa.

Felizmente, nos últimos anos há um interesse crescente por parte dos especialistas e acadêmicos em organizações em detectar psicopatas para poder estudar melhor seu funcionamento e as melhores maneiras de controlar os danos que eles causam. A monografia que despertou o interesse moderno nessa área foi o trabalho de Paul Babiak e Robert Hare, intitulada *Snakes in Suits* [Cobras de ternos, em tradução livre], de 2006. Na esteira desse livro, alguns dos títulos de trabalhos mais recentes são reveladores, aproveitando a imagem que as pessoas têm do psicopata como um monstro ou assassino em série, por causa da mídia e dos produtos culturais, e transferindo-a para o mundo corporativo. Por exemplo, John Clarke intitulou seu livro sobre o psicopata corporativo *Working with Monsters* [Trabalhando com monstros, em tradução livre];[20] e a professora da Universidade de Potsdam (Alemanha), Ramzi Fatfouta, concentrou-se no componente narcisista da psicopatia, perguntando-se como gerenciá-lo em seu artigo "Facets of narcissism and leadership: A tale of Dr. Jekyll and Mr. Hyde?" ["Facetas do narcisismo e da liderança: uma história do Dr. Jekyll e do Sr. Hyde?", em tradução livre].[21]

A seguir, temos um quadro sinóptico que mostra as diferentes maneiras pelas quais os psicopatas corporativos agem como predadores no local de trabalho; eles são uma ameaça para a entidade e seus funcionários.

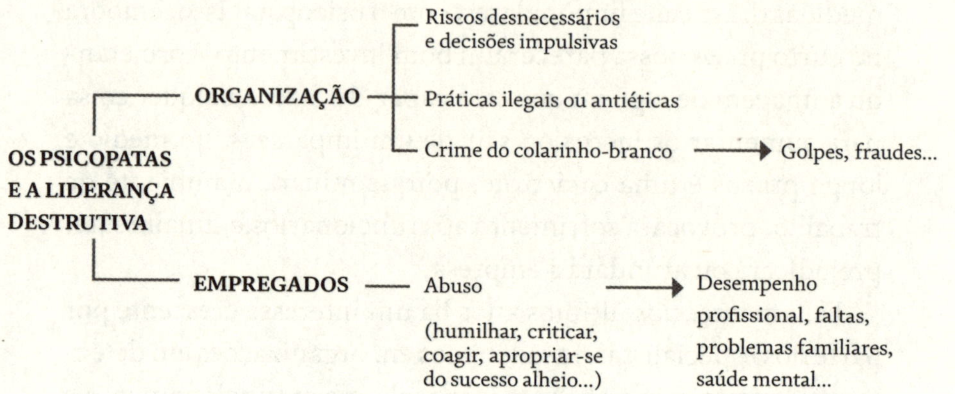

É evidente que nem todos os psicopatas têm os mesmos resultados. Os exemplos mais notáveis são os que envolvem grandes golpes ou fraudes: pois seus responsáveis se destacam como psicopatas, sendo muito ilustrativos. Mas não se esqueça de que muitos deles não roubam nem fraudam, mas se limitam a "escalar" e tornar a vida de todos aqueles que se opõem a eles miserável, sem nenhum interesse na empresa, além de sustentar seu narcisismo e desfrutar do poder, o que certamente não é um alívio, pois essa atitude também é muito prejudicial para a empresa e para os funcionários por eles explorados. No gráfico, o termo "crime do colarinho-branco" refere-se às pessoas com autoridade em uma organização que cometem um crime durante sua atividade laboral ou como consequência dela. Aqui destacam-se as fraudes e os golpes, bem como outros usos indevidos do dinheiro, como a lavagem de dinheiro, mas também podem incluir outros tipos de crime, como crimes ambientais (contaminação, descarte irregular de resíduos...), crimes contra a proteção de dados e contra a saúde pública (por exemplo, alimentos ou medicamentos adulterados ou perigosos por dolo ou negligência).

Os pesquisadores são unânimes em concordar que os psicopatas primários controlados tendem a estar em cargos mais poderosos e, certamente, são os melhores candidatos para cometer todos os delitos e excessos que aparecem na figura anterior.

A psicopatia como modelo social

Como combater o psicopata corporativo? Essa pergunta é muito relevante, mas, se formos sinceros, a resposta está longe de ser simples, e não apenas porque o psicopata é "osso duro de roer", mas também porque nos força a examinar o tipo de sociedade em que ele se sobressai e a concluir coisas que provavelmente deveriam nos alarmar, como vêm fazendo diversos pensadores e pesquisadores há algum tempo. Assim, a professora Helen Patey, alarmada com "a violência que assombra a sociedade norte-americana", estudou as narrativas na forma de romances norte-americanos que retratam personagens entregues à violência e concluiu que uma característica muito comum a todos eles é a psicopatia. Ela acrescenta, ironicamente, que "é interessante destacar que tais romances frequentemente se passam em torno da Bolsa de Valores de Nova York". Sua tese é que a feroz sociedade de consumo em que vivemos constitui uma verdadeira patologia social, na medida em que "ativa e intensifica uma agressividade primária em um grau, acredito, até então desconhecido na história".[22]

A psicopatia em empresas e organizações está, de fato, a serviço de uma ideologia em que o poder é a única coisa que conta, livre de todas as limitações éticas, projetando um modelo de comportamento no mundo que talvez seja seu efeito mais perverso. Os exemplos deste capítulo falam por si só, mas não podemos nos esquecer de que é a lógica por trás de todos os seus delitos – que o ser humano é indispensável quando se trata de alcançar o sucesso – parece ter se instalado em muitas corporações, a ponto de parecer normal para nós. Pense no que fez uma marca tão respeitada no mundo como a Volkswagen, quando seus engenheiros falsificaram, no período de 2008 a 2015, os testes de emissão de gases poluentes para que fossem aprovados nos critérios estabelecidos pela União Europeia. Essa fraude (que foi possível devido não só à convivência dos gerentes da empresa, mas também daqueles que a facilitaram) teve consequências graves, como aponta a pesquisadora Margarita Leib: "Somente nos Estados Unidos, a poluição adicional causada pelos carros que emitem gases poluentes pode ter contribuído para a morte prematura de dezenas de pessoas".[23] Na Espanha, e mais especificamente em Valência, um caso que me fez pensar se a personalidade psicopática não estaria por trás disso foi quando, com a cumplicidade do empresário César Tauroni e do Ministro dos Direitos Humanos e Cidadania Rafael Blasco, 6 milhões de euros, que deveriam ter sido destinados a países com grandes carências e necessidades, foram roubados para fins pessoais. A natureza desse ato é particularmente odiosa, pois privou muitas pessoas de uma ajuda tão necessária. Essa crueldade é típica da *faceta 2 afetiva* (ausência de empatia ou de consciência) da psicopatia.

Margarita Leib, que estudou como grupos de pessoas colaboram para obter resultados desonestos (porque isso exige mentir), concluiu que essas práticas "são contagiosas e tendem a aumentar" à medida que as empresas as consideram lucrativas. Adivinhe que tipo de pessoa tem maior probabilidade de incentivar essas práticas? Isso mesmo: os psicopatas ou, como ela os chama, "mentirosos sem escrúpulo".

O que eu quero dizer é que os psicopatas e sua penetração nos negócios e nas finanças (assim como na política, como veremos no próximo capítulo) são facilitados porque nosso sistema econômico, de muitas maneiras, incentiva e, no mínimo, permite isso. Pense no sucesso de uma série aclamada em todo o mundo como *Succession*, repleta de pessoas "horríveis", mas que, ao mesmo tempo, estamos fascinados em ver. Os protagonistas, que usam helicópteros para se deslocar e levam uma vida que parece ficção científica para o resto de nós, mortais, conversam o tempo todo, mas quase nunca conseguem se comunicar, porque a dúvida, a suspeita e a paranoia prevalecem. Seus diálogos expressam o profundo problema da comunicação do psicopata, que nunca alcança a profundidade humana (e não quero dizer com isso que seus personagens o são, mas valorizo *o clima moral no qual eles interagem*, que é claramente psicopático). A intriga por trás de quem será, enfim, o herdeiro do império serve ao produtor da série para nos mostrar uma vida familiar profundamente disfuncional, *porque não tem significado*, ou seja, não satisfaz a necessidade que todos nós temos de transcender nossos próprios interesses, como fica claro pela total indiferença diante das feridas causadas pela luta pelo poder, que contaminam todos à sua volta. Dessa forma, a série *Succession* se torna um espelho no qual uma parte poderosa de nossa sociedade global olha para si mesma e se reconhece.

Porém, o psicopata, com o advento da tecnologia digital, encontrou nesse nicho uma nova maneira de fazer negócios, criando sites na internet para seduzir pessoas imaturas ou que pensam da mesma forma e ganham uma fortuna com isso. Um dos exemplos mais impressionantes (ou ultrajantes) de startups de psicopatas é Alex Jones e seu site InfoWars, cuja vileza só é possível porque há um número suficiente de pessoas ignorantes ou estúpidas – ou talvez psicopatas com a mesma opinião – para permitir que seu negócio prospere. Isso reforça minha tese de que o psicopata, como um problema que afeta a sociedade, só pode prosperar se tiver apoio suficiente entre as pessoas ou das próprias autoridades, às vezes devido à miopia ou à negligência.

Você se lembra do assassinato múltiplo na escola primária Sandy Hook, em Newton, Connecticut (Estados Unidos)? Aconteceu em 14 de dezembro de 2012, quando Adam Lanza, de 20 anos, depois de assassinar sua mãe, Nancy, dirigiu-se à escola e matou a tiros vinte crianças e seis professores. Foi uma tragédia. Pois bem, o ilustre sr. Jones teve uma ideia "brilhante" sobre o assunto e passou anos afirmando que tudo aquilo era uma armação do governo para obter maior apoio popular nas iniciativas legislativas democratas para limitar o uso de armas de fogo. Consequentemente, todos os pais, familiares e pessoas decentes que apareceram nos noticiários mostrando sua angústia e seu horror diante do que havia acontecido... seriam atores pagos pelo governo![24]

Mas isso não foi o pior de tudo. Quando as famílias o levaram a juízo por difamação, essa história surreal começou a ser compartilhada em massa e fez Alex Jones decolar como um foguete no ranking das redes sociais, tornando-o um homem muito rico. As famílias, no entanto, não ficaram tão bem assim, pois algumas delas, em particular (que haviam sido um dos principais alvos da infâmia de Jones em seu site), sofreram assédio contínuo e insidioso, que incluía ameaças de morte, insultos cruéis e outros tipos de assédio, tanto na internet quanto no mundo real. Robbie Parker, pai de Emile, uma menina que tinha 8 anos quando foi assassinada, foi um dos preferidos de Jones para dar seu show. Quando o viu na televisão no dia seguinte à morte da filha em uma homenagem à sua memória, Jones chamou sua "performance" de "nojenta".

Eu vi isso em seus vídeos; é de dar arrepios. Apesar de ter sido condenado a pagar 1 bilhão de dólares às famílias como indenização por seu comportamento difamatório, Jones não reconheceu sua culpa e continuou a se fazer de vítima. Ele chegou ao julgamento (teve vários), no qual foi condenado a essa severa pena pecuniária, em seu avião particular e só apareceu no tribunal quando teve de testemunhar. Uma das coisas que ele disse foi que aquele tribunal era uma piada e que estavam tentando retratá-lo como se ele fosse "um demônio". E eu me pergunto o que mais poderia ser; não consigo pensar em uma maneira mais desprezível de se tornar milionário à custa da dor alheia. A palavra *desalmado* foi inventada para pessoas como ele. Imediatamente após a sentença, ele declarou falência para que as famílias não pudessem receber a indenização. Mas, repito, o problema não era apenas Alex Jones, mas a massa de seguidores que ele atraiu. A internet, entre outros efeitos perversos, permitiu que muitas pessoas dentro do espectro da psicopatia saíssem da clandestinidade e se reconhecessem e se apoiassem nas redes sociais. Alex Jones é apenas um entre os milhões que compõem o 1% de psicopatas no mundo.

A IDENTIFICAÇÃO DO PSICOPATA NA EMPRESA

Com base no exposto, fica claro que a identificação do psicopata em empresas e organizações é uma medida altamente recomendável, e é a isso que vou dedicar esta seção. No entanto, é preciso ter certo cuidado aqui: como muitos pesquisadores, entre eles o grande especialista em psicopatia corporativa Paul Babiak, destacaram, é muito provável que, apesar de serem identificados por vários membros da organização, eles permanecem em seus cargos devido às suas habilidades de comunicação e manipulação interpessoal. Uma pesquisa realizada por esse autor com uma amostra de 203 executivos constatou que os psicopatas tinham a capacidade, em muitos casos, de superar as avaliações negativas dos funcionários e a ausência de bons resultados sob sua gestão, pois conseguiram manipular seus superiores e convencê-los de que eram os líderes certos para sua empresa.[25]

Com essa ressalva em mente, no quadro a seguir começo incluindo os indicadores desenvolvidos pelo especialista em psicologia corporativa Clive Boddy, que se baseou nas pesquisas de Robert Hare sobre a *faceta 1 interpessoal* (manipulação, narcisismo) e a *faceta 2 afetiva* (ausência de empatia e de consciência) para sua identificação no ambiente de trabalho.[26] Como discuti no capítulo dedicado à família, você não precisa ter certeza de que o indivíduo com vários desses indicadores é um psicopata perfeito; basta observar que ele apresenta indicadores suficientes para se enquadrar no espectro da psicopatia. Nesse caso, dependendo de sua posição na organização, é prudente adotar medidas para confirmar essa possibilidade. Voltarei a esse ponto mais adiante. Agora, observe a seguinte lista de indicadores da psicopatia na empresa.

Escala de psicopatia em organizações (Clive Boddy)

1. **Charme superficial, manipulador e inteligência aparente**: sua fachada é ser carismático, íntegro e um gênio das finanças.
2. **Mentiroso**: múltiplos usos de mentiras, meias-verdades e mensagens ambíguas.
3. **Condutas enganosas, fraudulentas ou ilegais**: promessas não cumpridas, alteração de balanços patrimoniais, fraudes, golpes e violação da ética empresarial e da legislação.
4. **Egocêntrico/narcisista**: sentimento de superioridade e extremamente vaidoso.

5. **Sem sentimentos de culpa**: por suas ações na empresa ou em relação aos funcionários; ele se vê como uma vítima.
6. **Emocionalmente vazio**: emoções superficiais e fingidas; nada parece realmente preencher sua vida, exceto estados transitórios de prazer e irritação. Seu objetivo é o controle.
7. **Tratamento interpessoal sem empatia**: insensível às necessidades dos outros; falta de vínculos significativos com as pessoas, inclusive com a família. Não aprecia gestos de bondade.
8. **Nega ser responsável pelos erros ou problemas**: o exercício irresponsável do poder não corresponde à apropriação de responsabilidade. A culpa é sempre das outras pessoas.
9. **Calmo e aparentemente racional**: as pessoas o consideram confiável e um excelente profissional. Ele não fica ansioso facilmente, mantém a calma.
10. **Não demonstra compreensão real ou profunda dos eventos ocorridos**: parece incapaz de compreender os efeitos reais de suas ações na vida das pessoas e na saúde da empresa. Não aprende com a experiência.

Em outro caso de meus arquivos pessoais, AG, um executivo responsável por um departamento de uma empresa multinacional dedicada à importação e à exportação, está no cargo há muitos anos graças ao uso quase "ideal" dos traços que aparecem na escala de Boddy. Então ele tem a confiança cega de seu chefe, que o considera um excelente líder e é incapaz de enxergá-lo como ele realmente é. Apesar de não ter frequentado a universidade e não ter histórico de líder bem-sucedido, ele se vangloria de sua grande inteligência e conta histórias sobre a empresa que sempre o mostram de forma favorável, histórias que são inventadas ou que envolvem a apropriação do mérito de outra pessoa. Se a autoria de um ato favorável não pode ser atribuída a ele, critica e menospreza a pessoa responsável.

Suas habilidades de manipulação estão a serviço do lema "Dividir para conquistar", ou seja, que seleciona os funcionários, por um lado, com base no fato de eles serem interessantes para ele, porque assim pode tirar proveito do trabalho deles ou, por outro lado, se os funcionários não têm valor para ele ou se recusam a fazer parte do seu bando. Nesse último caso, fará todo o possível para que os empregados, cansados do abuso e do assédio a que são submetidos, decidam abandonar seus cargos, ou então o desempenho deles caia a ponto de o departamento de recursos humanos os demitir. É impressionante como ele consegue bons profissionais para apoiá-lo em sua conduta imoral, a ponto de participar do assédio aos "descontentes". Acredito que ele consegue isso de duas maneiras. Primeiro, porque tem autoridade, o psicopata representa uma figura superior que lhes dá segurança em seus postos, ao mesmo tempo que valida seu bom trabalho ("Se tenho o apreço do meu chefe, é porque sou bom no que faço"); ele é quase como uma figura paterna. Segundo, seus "fiéis" estão cientes de que fora de seu manto "faz muito frio" e, por nada no mundo, gostariam de passar pelo que está acontecendo com os "rebeldes". Ocorre, então, uma espécie de distorção cognitiva: o funcionário fiel e submisso está "cheio de motivos" para participar do assédio aos colegas. A isso se soma o código de silêncio que, nesse caso, AG impôs a todo o departamento sobre os abusos que estava cometendo contra os funcionários perseguidos.

Com base nos estudos de pesquisadores como Paul Babiak, Robert Hare e Clive Boddy, desenvolvi uma série de indicadores que utilizo quando tenho que analisar o psicopata corporativo. Você verá que alguns deles coincidem com os de Boddy que acabamos de ver, mas tentei introduzir outros que ajudam a tornar seu padrão de comportamento mais concreto.

Indicadores da psicopatia no ambiente corporativo (Vicente Garrido)

1. Rouba, engana, frauda, comete atos contrários à lei.
2. Lidera de maneira errática ou autocrática; enfatiza a bajulação a seus seguidores e a punição daqueles que o confrontam, independentemente de seu desempenho profissional.
3. Ele tem um histórico de mentiras patológicas e enganos. As mentiras podem mudar de acordo com as circunstâncias; ele pode reconhecer algum "erro" se for confrontado com evidências, mas procurará salvaguardar a maior parte de seu relato dos fatos. Diante de contradições ou inconsistências que possam ser atribuídas a ele, inventa novas mentiras ou apresenta desculpas pouco verossímeis.
4. Em geral, mantém a compostura em situações complicadas; tem autocontrole.
5. Não mostra sinais de estar ansioso ou realmente preocupado. Ele pode experimentar momentos de euforia quando consegue o que quer, mas suas

emoções geralmente são transitórias. Embora possa demonstrar ódio, inveja, ressentimento e outras emoções negativas com frequência e, em alguns casos, de forma intensa, estas não são emoções que tenham ficado "presas", ou seja, sua vida tem um padrão definido que não parece ser alterado pelas emoções que ele possa experimentar.

6. Ele não aprende com a experiência; a menos que esteja confinado a um departamento ou área em que não tenha poder executivo ou não precise trabalhar em equipe, não adiantará nada movê-lo dali.
7. Ele usa sua imagem de pessoa capaz e suas habilidades para subir na organização; ele seduz as "pessoas certas".
8. Gosta de correr riscos se perceber nisso um ganho importante para sua imagem ou para consolidar seu poder (financeiro ou de status).
9. Assedia, humilha, intimida, ameaça e toma decisões arbitrárias apenas para mostrar quem manda. Em geral, pode ser descrito como cruel ou "desalmado".
10. Tem grande senso de autoestima (narcisismo). Sente-se irritado com aqueles que não o elogiam; leva crédito indevidos.
11. É carismático e possui um charme superficial. Pode ter facilidade para se expressar, mas, em outras ocasiões, usa mais o olhar e as poucas palavras para transmitir sua autoridade.
12. Manipula, procura os pontos fracos nos outros para obter vantagens. Faz promessas vazias e "abandona"

aqueles que o apoiaram quando já não os considera mais úteis.

13. Ausência de metas realistas a longo prazo: sua tomada de decisões é voltada para a manutenção do poder no presente.
14. Divide e confronta equipes e departamentos se percebe benefícios; conspira, espalha falsos rumores e calunia aqueles que se opõem a ele ou que, de alguma forma, são um obstáculo para suas ambições.
15. Embora não seja comum, pode, às vezes, usar violência física no trabalho; em casa, usará violência psicológica e, ocasionalmente, física.
16. Ele nunca é responsável por nada; a culpa é da outra pessoa.
17. É indiferente às necessidades dos outros; não tem empatia, pode demitir ou destruir alguém sem pestanejar.
18. Impõe a "lei do silêncio", um controle rígido sobre as informações de suas atividades, e age de forma implacável com aqueles que querem denunciá-lo.

Um aspecto que você deve levar em conta é que o tipo de empresa em que o executivo psicopata trabalha e o cargo que ele ocupa podem ser fatores muito relevantes para o surgimento ou não de determinados indicadores. Por exemplo, em uma grande organização, onde trabalham muitos funcionários, é mais fácil criar divisões entre eles, assim como disfarçar certos atos imorais – como assediar os rebeldes – ou até mesmo ilegais, ao passo que, se a empresa for menor, isso será mais difícil de fazer.

Da mesma forma, ser o diretor de um departamento não é o mesmo que ser o CEO (diretor-executivo) ou até mesmo o proprietário com uma participação acionária majoritária. Os delitos se tornam mais comuns e mais graves à medida que o psicopata tem mais poder e, com isso, maior impunidade. Entretanto, em certos negócios obscuros, não são necessárias muitas pessoas; um empresário sem escrúpulos não precisa de muita infraestrutura ou de muitos funcionários para se safar.

Por exemplo, um caso de 2023 que ocorreu em minha cidade (Valência) chamou a minha atenção.[27] Quando JL ouviu falar da Expa Global Trade pela primeira vez, por meio de um amigo, não hesitou nem por um instante: "Ficou muito claro para mim: era um golpe". No entanto, isso não impediu que ele e sua irmã investissem 110 mil euros na empresa, que se revelou ser um esquema de pirâmide (embora o caso ainda esteja sendo investigado enquanto escrevo estas linhas), originado em duas escolas de elite de Valência, "que fisgou dezenas de famílias valencianas", como escreve Alberto Rallo em sua reportagem investigativa para o jornal *Las Provincias*.

> A decisão não foi definitiva. "Depois de um tempo, voltei a falar com ele [seu amigo], que me disse que já havia recebido os primeiros lucros: 10.000 euros." Aos poucos, um pensamento começou a ganhar força: "Caramba, não vou olhar... É que você fica cego, por que eu não deveria tirar proveito disso?", pensei.

Não conheço as pessoas envolvidas no caso e não sei se o líder da empresa está no espectro da psicopatia. Se menciono isso é porque quero mostrar que o psicopata não precisa ser um gênio do crime para fazer seu trabalho de rapina e destruição: ele só precisa entender as necessidades e paixões humanas básicas, como a ganância, o desejo de ganhar status ou a paixão sexual, e, acredite, ele entende disso muito bem. Tudo o que resta é fingir, colocar a "máscara" de uma pessoa honesta e capaz de preparar o cenário apropriado. Por exemplo, JL diz: "Fui conversar [com o dono da empresa] quando começaram os problemas com os pagamentos. Seu escritório era no centro da cidade. Tinha um carrão, vivia em uma casa grande e usava um Rolex".

E foi exatamente isso que ele fez, mas em uma escala nunca vista antes nem depois na história dos negócios: Bernard (Bernie para seus amigos) Madoff, a quem Clive Boddy aplicou sua escala de psicopatia corporativa e concluiu que ele mais do que atendia aos dez indicadores que vimos anteriormente.[28] Madoff, que outros pesquisadores também definiram como um psicopata ou sociopata, foi presidente do Índice Nasdaq – um índice rival do mercado de ações de Wall Street –, criou e dirigiu o maior esquema de pirâmide da história (também chamado "esquema Ponzi"): ele se apropriou fraudulentamente de 18 bilhões de dólares de seus investidores, embora inicialmente tenha sido estimado em mais de 50 bilhões de dólares, mas esse valor foi reduzido depois porque foi possível recuperar parte do dinheiro roubado, assim como provar que muitos dos lançamentos nos livros eram fictícios.

Os adjetivos dados a Madoff são desta natureza: narcisista, enganador, astuto, manipulador, inescrupuloso... Sua tática consistia em atrair investidores com a promessa de um alto retorno de juros, o que era atraente, porque ele já era um homem muito conhecido no campo das finanças; por outro lado, paralelamente, administrava, com a ajuda dos dois filhos, um negócio de investimentos verdadeiro. Como no caso de Valência, o problema é que, no início, Madoff realmente pagava essas altas taxas de juros durante algum tempo, porque recebia dinheiro mais do que suficiente para isso e porque a maioria dos investidores eram pessoas muito ricas, que se contentavam em receber anualmente um extrato de contas fraudulento criado pelo escritório clandestino – somente sua equipe mais próxima tinha acesso ao escritório, nem mesmo seus filhos podiam entrar ali – a partir do qual o fundo de investimento operava. O golpe esteve em operação por muitos anos; somente a crise de 2008, quando muitos investidores recuperaram seus depósitos, expôs todo o esquema.

A cultura popular já tratou extensivamente do caso: há séries ficcionais de televisão e documentários sobre Madoff, portanto não há necessidade de eu me estender aqui. Quero apenas enfatizar que ele deixou muitos investidores – de quarenta países – na ruína, que causou o suicídio de várias pessoas – incluindo um financista francês que confiava nele e lhe fornecia clientes, bem como um de seus dois filhos – e que, indiretamente, causou a morte de seu outro filho, pois o estresse de todo o caso reativou um câncer em remissão e acabou por matá-lo.

É interessante também observar os traços próprios do núcleo duro da psicopatia em Madoff (*faceta 2 afetiva*: sem empatia ou consciência). Foi documentado que, na prisão, uma vez ele disse "Que se fodam as minhas vítimas" e nunca demonstrou qualquer sinal de arrependimento, nem mesmo pelo fato de que pessoas muito próximas a ele também foram arruinadas pelo golpe, já que parte de seu tesouro pessoal incluía dinheiro de sua família e de amigos de longa data.

Além disso, Madoff utilizou as estratégias próprias do psicopata corporativo de controle rígido da informação: seu escritório "sinistro" era um bunker, e sua presença também intimidava os auditores da Comissão de Valores Mobiliários, a ponto de ele se recusar a fornecer os documentos solicitados sem que eles reagissem. Gregg McCrary, um traçador de perfis da famosa Unidade de Análise Comportamental do FBI (famoso pelo filme *O silêncio dos inocentes*), disse o seguinte sobre os *predadores corporativos*:

Quanto aos assassinos em série, eles julgam ser Deus, ao ter a vida e a morte de suas vítimas nas mãos. Eles se sentem grandiosos e superiores. Madoff fez a mesma coisa: brincar de ser um deus das finanças, só que, em seu caso, ele as arruinou e roubou seu dinheiro.[29]

Em 2009, esse "deus das finanças" foi condenado a 150 anos de prisão e morreu de causas naturais em abril de 2021 na prisão em que estava.

Prevenção e controle da psicopatia na empresa

O que podemos fazer? Antes de tudo, três pontos básicos devem ser considerados. O primeiro é que os psicopatas existem, podem causar grandes danos e são numerosos em altos cargos de empresas e organizações. Sua presença habitual nos bancos e fundos de investimento e sua influência na crise global de 2008 foram destacadas por muitos pesquisadores.[30] O segundo é que, hoje em dia, a maioria deles não foi identificada, por vários motivos. O primeiro deles é o rígido controle disciplinar que eles mesmos impõem, ao qual me referi anteriormente. O segundo é que muitas empresas ainda não acreditam totalmente no primeiro dos pontos básicos e, portanto, não tomam medidas para sua identificação e controle. O terceiro é que, infelizmente, há muitas empresas que ainda acreditam que um psicopata no comando pode ser um bom investimento para o futuro, algo em que espero que, se você chegou até aqui, não acredite de jeito nenhum.

Mas suponhamos que uma empresa esteja ciente do perigo de um psicopata entrar em seu quadro de funcionários. Como isso pode ser evitado? É óbvio que, nesse caso, o Departamento de Recursos Humanos tem o ônus da tarefa (se não tiver, a responsabilidade recairá sobre a pessoa que tem autoridade para fazê-lo). Ele deve levar em conta os indicadores da psicopatia discutidos neste capítulo, e é altamente recomendável que, se uma oferta for feita publicamente, seja enfatizado que as qualidades *mais odiadas* pelo psicopata terão preferência: integridade, prestação de contas, transparência na gestão e adesão à ética do tratamento humano e responsabilidade em seu relacionamento com os funcionários. É fundamental que a empresa projete um ambiente laboral em que o valor supremo não seja a concorrência implacável pelos lucros, pois esse é o cenário ideal para o psicopata. Maxim Laurijssen, especialista em psicopatia corporativa, salientou que "as organizações devem estar cientes dos comportamentos recompensados ou aprovados, pois podem estar incentivando inadvertidamente os comportamentos abusivos do psicopata".[31]

O Departamento de Recursos Humanos precisa saber entrevistar de forma competente e é altamente recomendável que esteja preparado para questionar um indivíduo caso suspeite que ele possa estar dentro do espectro da psicopatia.[32] Se essa for sua função, além do protocolo que normalmente segue, gostaria de fazer uma série de recomendações complementares:

1. Seja respeitoso. Não demonstre linguagem de surpresa ou ceticismo se ouvir algo que pareça muito improvável ou que implique certa confusão moral. Use um tom descontraído e amigável, sem perder a formalidade.
2. Informe-se sobre os empregos anteriores listados em seu currículo. Faça perguntas que vão do geral (o trabalho que fazia, sua responsabilidade, o volume de negócios que gerenciava etc.) ao particular. Indague sobre seu relacionamento com superiores e subalternos dentro e fora da empresa, seu estilo de comunicação, como

ele reagia aos conflitos, as sanções e os incentivos que foram aplicados etc. Pergunte qual foi o balanço de seu tempo na empresa anterior (positivo? negativo?) e as razões para isso; questione qual foi sua maior conquista e seu ponto mais fraco. Se ele apresentar referências, certifique-se de incluir alguma pessoa que não tenha sido mencionada por ele com quem você poderá entrar em contato posteriormente.

3. Faça perguntas relacionadas com os indicadores de psicopatia. Por exemplo, *se estiver explorando o narcisismo*, você pode perguntar: Qual é a sua opinião sobre si mesmo? Que qualidades pessoais você acha que o definem? Quais são os aspectos de sua personalidade que você pensa que precisa melhorar? *Se estiver explorando a empatia*, você pode perguntar: Você poderia me dar um exemplo de uma situação em que um dos funcionários esteja rendendo menos devido a um problema pessoal e como você resolveria isso? O que você faria se, em um departamento, dois funcionários estivessem tendo problemas pessoais e isso afetasse o rendimento deles e do grupo como um todo? Meu conselho é que o Departamento de Recursos Humanos prepare várias situações em que se colocar no lugar do outro seja a chave para a resolução, certificando-se de que o candidato tenha pelo menos uma compreensão adequada das emoções envolvidas, ou seja, o que os diferentes personagens *deveriam estar sentindo* em relação ao conflito e suas consequências.
4. Explore seu histórico laboral e sua formação educacional; certifique-se de que os certificados apresentados sejam legítimos. Pergunte sobre suas experiências como estudante, os nomes de alguns professores; pergunte sobre seus estágios no final de seus estudos.

Sempre que possível, tenha os nomes de instrutores, supervisores, tutores e outras pessoas relevantes que possam informá-lo sobre seu caráter e desempenho.

5. Não confie na veracidade do que ele diz pela postura que ele apresenta. Não confie na capacidade de saber se ele está mentindo ou não pela sua linguagem corporal, pois já sabemos que isso tem pouca base científica. *A máxima deve ser sempre verificar a informação*, e não apenas através de documentos, mas buscando a opinião de pessoas que o conhecem há bastante tempo e que têm informações sobre seu caráter.
6. As informações pessoais solicitadas devem ser orientadas no mesmo sentido. Respeitando a Lei Geral de Proteção de Dados Pessoais, tente descobrir se ele teve algum conflito com a justiça ou se recebeu algum diagnóstico ou terapia relacionada a comportamentos agressivos, pensamentos hostis ou controle da raiva. Descubra quais são seus hobbies, o esporte que pratica; descubra se ele gosta de viver situações de risco e que medidas toma para evitar contratempos. Pergunte a ele quais valores essenciais ele acredita que o definem. É importante que você faça com que ele responda especificamente à pergunta sobre qual é o propósito da vida dele; sim, quero que você pergunte a ele: Qual é o objetivo final de sua vida, o motivo principal de seus projetos e esforços? O que você espera que seja o resultado final de sua vida? Ou seja, quero que você descubra se ele é capaz de enxergar além de seu egocentrismo e se ele pode lhe dar uma *resposta convincente* a essa pergunta (e não apenas um clichê).
7. Prepare algumas perguntas sobre aforismos ou frases de pensadores ilustres e pergunte o que elas significam para ele. Elas não devem exigir, para sua interpretação,

conhecimentos especializados prévios, mas sim a cultura e as experiências de uma pessoa que se preocupa com o ser humano. *O psicopata terá dificuldade para entender o significado profundo do que elas dizem*. Certifique-se de que as máximas exijam para sua interpretação – que não precisa ser ambígua – um bom entendimento da natureza humana, suas angústias e seus conflitos. Você pode retirá-las de romances, ensaios sobre pensadores, biografias etc. Não preste atenção ao brilho das palavras escolhidas para dar a resposta, *mas ao que elas significam e implicam sobre o conhecimento do ser humano e os mistérios e desafios da existência*. (Sei que Hannibal Lecter passaria com louvor na prova, mas lembre-se de que ele é um personagem de ficção.) Um psicopata ficará nervoso, mostrará seu desconforto: para ele, esse é um terreno sombrio.

Um exemplo: certa vez perguntei a um executivo o que significava para ele a frase do Talmude: "Quem salva uma vida, salva o mundo inteiro". (Você pode ouvi-la no momento mais comovente do filme *A lista de Schindler*, quando os judeus de Schindler o ajudam a fugir diante da chegada iminente das tropas aliadas.) Esse homem ficou, a princípio, atônito. Por que diabos ele estava lhe fazendo essa pergunta? O que isso tinha a ver com o fato de ser um executivo em uma empresa? Então ele demonstrou uma visível irritação: "Você está realmente me perguntado isso?". É isso mesmo, eu disse. "Isso pode parecer irrelevante para você, mas acredite em mim quando digo que gerenciar o trabalho das pessoas tem muito a ver com a interpretação de frases como essas", acrescentei. Ele pensou por um tempo, com visível irritação, e finalmente me disse: "Bem, é a mesma coisa salvar um ou salvar todos". "Sim, mas por quê? Essa é a questão, por que eles têm o mesmo valor...", continuei, porque, dito assim, é absurdo. Como salvar uma pessoa vale o mesmo que salvar 8 bilhões? Ele não conseguiu responder dessa vez. (Deixo para você pensar na resposta.)

Mas, infelizmente, não existe um sistema seguro para filtrar os psicopatas: é inevitável que alguns – ou muitos, dependendo do interesse em detectá-los – passem despercebidos. Nesse caso, nem tudo está perdido, pois foi demonstrado que o contexto organizacional pode ter uma influência muito poderosa no controle dos abusos do psicopata ou, ao contrário, na promoção de suas tendências destrutivas. Já falei sobre esse assunto antes, mas há pesquisas que indicam que as empresas que estabelecem regras muito claras sobre *o que se espera* de seus funcionários, bem como *o que não se espera* (as rotinas e os comportamentos desaprovados), são muito mais eficazes no controle dos excessos causados pelos psicopatas. Em outras palavras, do ponto de vista da intervenção no ambiente organizacional, a estratégia mais eficaz é estabelecer linhas de conduta muito claras, tanto para o que é permitido e desejado quanto para o que não é permitido nem desejado. Por outro lado, também pode ser útil, nesse sentido, melhorar a transparência na tomada de decisões e nas relações com os funcionários em geral. A transparência envolve fazer com que o comportamento dos gerentes e líderes seja mais visível para os superiores, subordinados e outros funcionários, bem como entre eles mesmos, o que dificulta o comportamento de exploração e abuso.

Em resumo, assim como no capítulo anterior eu apelei para sua força interior e integridade como ser humano, para que entendesse que *você tem mais poder do que o psicopata se você se dedicar a isso*, essa mesma reflexão se aplica ao mundo dos negócios, mas no nível organizacional como uma entidade viva e dinâmica. Se uma empresa adota com determinação uma ética de respeito e fomento às qualidades humanas de seus funcionários, se considerar que tem uma responsabilidade para com a sociedade em termos dos princípios que orientam seu funcionamento, então ela criará um ambiente hostil para o psicopata, e suas oportunidades de prosperar nela serão seriamente limitadas.

Amor dos pais

Por fim, gostaria de responder a uma pergunta relacionada aos meus indicadores da psicopatia mencionados anteriormente. É útil transferir o psicopata para outro setor ou departamento da empresa? Sinto-me tentado a responder com um "não" categórico, pois é provável que ele transfira ao seu novo destino os efeitos perniciosos de seu modo de ser. No entanto, talvez possa ser neutralizado em uma nova posição em que tenha menos oportunidade de agir sem supervisão ou de tomar decisões relevantes por conta própria. E até mesmo, se formos otimistas, em alguns casos podemos, provavelmente, obter um retorno positivo se o que lhe for confiado *seja algo que faça bem com naturalidade*, pois permite que ele expresse seu desejo de ostentação de forma construtiva.

Um exemplo de meu arquivo pessoal ilustra essa questão, embora eu deva dizer que esse é o único caso de psicopatia empresarial em que pude recomendar esse tipo de ação. Os pais de Enrique, sócios majoritários de uma empresa de médio porte dedicada à hotelaria, vieram me procurar porque estavam em um dilema, um dos mais complicados para pais que também têm os filhos na folha de pagamento. Enrique era CEO da empresa familiar havia pouco mais de um ano e apenas recentemente eles perceberam que o filho havia tomado uma série de decisões que colocava em grave perigo a sobrevivência do negócio, que na época tinha 150 funcionários. Parte do diálogo foi o seguinte:

VG: Entendo que estejam buscando minha orientação sobre o que fazer com seu filho, já que, segundo me disseram, ele ainda é o diretor-executivo.

PE [pai de Enrique]: Sim... Nós [olhando para a esposa] pensávamos que o garoto já estava pronto, que poderíamos relaxar e dar a ele uma oportunidade. Sabe, dedicamos todo o nosso tempo ao negócio durante mais de trinta anos, e já estava na hora de Enrique pilotar o barco, ou assim pensávamos [resignado]. Agora parece claro para mim que vimos o que queríamos ver.

VG: No entanto, ou eu estou muito enganado, ou esses fatos que você me contou [as decisões que colocaram a empresa em perigo] não foram os únicos que os alarmaram, não é mesmo? Quero dizer... vocês não viram ou ouviram falar de ações anteriores dele que não lhes agradaram? Vocês não receberam nenhuma informação premonitória de outros funcionários?

ME [mãe de Enrique]: Sim, mas não neste ano em que ele está no comando, mas nos outros três em que ele trabalhou na empresa em vários cargos. Não foram coisas muito específicas, porque suponho que os funcionários tinham medo de dizer algo negativo sobre o filho dos donos, mas outros acionistas conversaram com colegas de nosso filho e nos contaram.

Em resumo, entre outros indicadores de comportamento destrutivo ou incompetente na empresa, os pais souberam indiretamente que seu filho havia se ausentado do trabalho em várias ocasiões sem dizer nada durante horas sem justificativa, forçando o cancelamento de compromissos agendados; que ele havia adotado posturas arrogantes e humilhantes em relação a alguns funcionários de longa data e que não tinha conseguido trabalhar em equipe de forma proveitosa quando eram programadas reuniões de atualização para lidar com novos clientes ou pedidos, porque geralmente terminavam com repreensões desnecessárias da parte dele. Depois de investigar a história pessoal e familiar de Enrique, encontrei evidências claras de que sua conduta enganosa, arrogante e egoísta era uma constante desde a adolescência, embora sua mãe tenha me dito que, durante os anos em que estudou em uma escola particular de negócios, ele "parecia ter sossegado", conquanto minha impressão fosse de que, dado o custo alto das mensalidades e a falta de rigidez da escola, o aluno tinha muito espaço para aproveitar a vida sem frequentar demais as aulas. Depois de se formar, ele passou muitos anos de um lado para o outro, "experimentando alternativas", como dizia aos pais, fazendo "negócios" – que nunca se concretizavam – em vários países, até que finalmente, quebrado, aceitou entrar para a empresa familiar, entendo eu que mais por obrigação com sua conta-corrente do que por devoção.

Porém, seja como for, aos 34 anos, foi nomeado CEO e, com o poder nas mãos, não consultou seus pais sobre as ações arriscadas que havia decidido tomar. Ele deveria ser demitido? A mãe prendeu a respiração ao pensar nisso; o pai estava mais decidido a repreendê-lo, embora também não ousasse ir tão longe. Mas o assunto era sério, porque uma irmã de Enrique, que também trabalhava na empresa, estava horrorizada com a situação atual e culpava os pais pela negligência deles no controle do irmão, o que havia criado muitos problemas na família (também com o genro, um mal-estar que, por sua vez, repercutia no relacionamento com os netos).

Eu perguntei a eles "no que Enrique era bom" e, depois de muito tempo esclarecendo exatamente o que isso significava, concordamos que ele se destacava quando se tratava de despertar o interesse pelos produtos da empresa em feiras e convenções. Era um bom comunicador e tinha "habilidade com pessoas", o que lhe permitia conhecer clientes em potencial e se tornar íntimo o suficiente para fazer negócios. Por fim, concordamos que, dada a realidade inegável a que sua gestão havia conduzido, era necessário que outra pessoa assumisse o controle, alguém de fora, tanto da família quanto, talvez, da própria empresa. Enrique seria responsável por transmitir a imagem da empresa fora do país, bem como por captar novos clientes, sem qualquer poder executivo para assinar contratos. Insisti que o salário deveria ser médio e que deveria haver bons incentivos para as conquistas na sua função; objetivos que deveriam ser especificados em detalhes, bem como a remuneração correspondente.

Enrique não gostou da ideia, é claro. Acusou seus pais de "não terem visão" e de minar seu futuro profissional; ameaçou ir embora com o argumento de que "poderia trabalhar onde quisesse" – embora eu tenha certeza de que não tinha nenhuma oferta real na mesa – e, finalmente, aceitou com relutância sua realocação. Dois anos depois, fiz uma ligação de acompanhamento, e o pai me disse:

> Ele ficou conosco por um ano e pouco e, em geral, não foi ruim; tivemos alguns problemas, mas nada sério. Depois ele nos disse que estava indo embora, que estava entrando no ramo da hotelaria na Tailândia, que certamente seria um grande sucesso lá. Ele foi embora há aproximadamente quatro meses e não sabemos muito a respeito dele, apenas que abriu um restaurante com alguns sócios.

Boa sorte, então!, eu lhe desejei interiormente, mais pelo bem dos pais – que vinham sofrendo com isso durante toda a vida – do que por convicção.

CAPÍTULO 5

A patocracia: o psicopata na política

> “Que queimem no inferno!”
>
> Donald Trump, em discurso de Natal para seus partidários, a uma pergunta sobre seus adversários do Partido Democrata, em dezembro de 2023

> “Cuidado com os falsos profetas. Eles vêm vocês vestidos de peles de ovelhas, mas por dentro são lobos devoradores.”
>
> Mateus, 7:15

O governo dos psicopatas

O psicólogo Steve Taylor contou uma história interessante envolvendo talvez as duas pessoas mais diferentes no mundo em meados do século passado: Gandhi e Hitler. Em julho de 1939, aos 69 anos, Gandhi viu com preocupação a ocupação progressiva de territórios por Hitler – primeiro a região dos Sudetos, depois toda a Tchecoslováquia, que culminaria com o ataque à Polônia em setembro do mesmo ano, dando início, assim, à Segunda Guerra Mundial – e decidiu escrever-lhe uma carta:

> Parece claro que o senhor é a única pessoa no mundo capaz de evitar uma guerra que tem o poder de reduzir a humanidade a um estado selvagem. O senhor está disposto a pagar esse preço para alcançar seu objetivo, por mais valioso que ele seja? O senhor ouvirá esse apelo de alguém que rejeitou deliberadamente a estratégia de guerra com um sucesso notável?[1]

Gandhi não era ingênuo. Ele lembrou que Mussolini, a quem havia conhecido pessoalmente, o ouvira com muita atenção e lhe confessara sua admiração pela forma como ele havia enfrentado o Império Britânico, descrevendo-o como "um gênio e um santo". Hitler não lhe respondeu, por isso ele tentou de novo em 1940: "Estou lhe escrevendo em nome da humanidade para implorar que pare com a guerra. [...] Se vencer, isso não demonstrará que eu estava certo, apenas provará que sua capacidade de destruição foi maior".

E, mais uma vez, o Führer se fez de surdo. Como poderia ser diferente? É muito provável que Gandhi tivesse pensado que estava se dirigindo a um homem que atendia aos chamados da consciência, que não era diferente dos outros, exceto talvez por sua ambição ou uma ideologia equivocada, o que não era o caso. A história revelou que ele foi um dos maiores psicopatas, a elite daquele 1% maligno, por isso, provavelmente, desprezava Gandhi e tudo o que ele representava. Além disso, acredito que Hitler era totalmente incapaz de entender os conceitos de humanidade aos quais o líder hindu estava se referindo, porque eles estavam além de seu universo mental, em que os princípios morais mais básicos e elementares ("Não faça com os outros o que você não gostaria que fizessem com você") não têm lugar. Essa incapacidade de conexão humana pôde ser vista ao vivo e pela televisão em todo o mundo no julgamento de um dos seguidores e admiradores do genocida nazista, Adolf Eichmann – o chamado "arquiteto do Holocausto", sequestrado em Buenos Aires em uma missão ousada realizada pelos serviços secretos israelenses –, em Jerusalém, em 1961. É muito impressionante o momento em que o juiz insiste, uma e outra vez, que Eichmann responda à pergunta se, em sua opinião, o assassinato em massa de um povo indefeso é ou não um ato criminoso monstruoso. Pode-se ver, no close de seu rosto, como Eichmann sofre o indizível para não ter de responder ao que não acredita – que se tratava de um crime monstruoso – e, ao mesmo tempo, dizer algo que seja *moralmente suportável*, porque ele estava ciente de que uma resposta honesta o condenaria definitivamente, se já não estivesse condenado.[2]

Steven Taylor considera Gandhi e Hitler polos opostos do que ele chama a "capacidade de conexão" das pessoas com seus semelhantes. As "personalidades obscuras", como os psicopatas, os narcisistas patológicos e os maquiavélicos, estão na parte inferior desse contínuo, que você pode imaginar como uma linha vertical, enquanto os indivíduos como Gandhi, Nelson Mandela ou Martin Luther King estariam na parte superior, devido à sua capacidade de empatia e compaixão, qualidades que faltam nos primeiros. Cito esses grandes nomes como prova de que pode haver políticos íntegros e dedicados ao bem-estar geral, mas há muitos outros indivíduos anônimos e altruístas que estariam na metade superior dessa linha imaginária; em contrapartida, já sabemos que há um 1% de psicopatas circulando na parte mais baixa da metade inferior. Provavelmente, a maioria de nós está na média altruísta dessa linha, às vezes, subindo um pouco mais e, em outras, descendo um pouco mais. (Afinal, nem sempre somos igualmente generosos ou egoístas, isso depende das circunstâncias e da nossa trajetória de vida.)

Para Taylor, os psicopatas são indivíduos profundamente "desconectados", dedicados ao acúmulo de poder e status, e ele os considera um enorme risco para a humanidade quando ocupam cargos de responsabilidade política.[3] Outros pesquisadores se referiram a essa personalidade "desconectada" como "hiperconflitante"[4] ou portadora da "síndrome da arrogância",[5] e, basicamente, destacam o caráter narcisista e manipulador dos políticos, que chegam a assumir que seu interesse pessoal é o mesmo que o interesse de toda a nação. Por último, um conceito muito ilustrativo – e meu preferido – é o da "patocracia", proposto pelo pesquisador Andrzej Łobaczewski, que sofreu com os nazistas quando criança em sua Polônia natal e com os comunistas quando adulto.[6] Com esse argumento, ele indicava as raízes das sociedades governadas pelo mal. Ele definiu a *patocracia* como "um sistema de governo criado por uma minoria patológica que assume o controle sobre as pessoas normais de uma sociedade". E, entre essa minoria anormal, os psicopatas são os mais perigosos, devido ao seu potencial crescente para o mal: "Se um indivíduo com poder político é um psicopata, ele (ou ela) pode criar uma epidemia de psicopatologia em pessoas que, por si só, não são psicopatas", escreveu Łobaczewski.

No entanto, gostaria de salientar que a alternativa aos líderes psicopatas não precisa ser uma personalidade excepcional como a dos três mencionados anteriormente (Gandhi, Luther King e Nelson Mandela), mas há muitos outros líderes que, sem chegar a tais níveis, podem ter um saldo positivo no final porque tiveram mais luzes do que sombras, sem ter tido que passar por nenhuma provação pessoal para isso. Simplesmente foi suficiente – muitas vezes com a vantagem de um bom berço – seguir um critério político de maior justiça social e alguns princípios de maior solidariedade ou "conexão" entre os indivíduos, como no caso de John F. Kennedy ou Jacques Delors, o "pai" da União Europeia. Outras vezes, é verdade, eles chegam à liderança a partir de condições sociais e políticas muito precárias, como o filho do carpinteiro e vencedor do Prêmio Nobel da Paz, Lech Wałęsa.

Neste capítulo, vamos analisar os líderes políticos que estão no espectro da psicopatia (alguns com um grau mais elevado de psicopatia do que outros), seu *modus operandi* e suas principais marcas registradas. Entretanto, seria um erro nos concentrarmos apenas na figura do líder, porque, quando se trata de governar um país, precisamos, necessariamente, colocar o foco também nos seus apoiadores. A história nos mostra que, apesar da opressão brutal de seu povo pelo psicopata quando ostenta poder, há muitas pessoas que o apoiam; e, até mesmo, anos após sua morte e sepultamento, já conhecidos todos os seus crimes, muitas pessoas ainda manifestam admiração e respeito por ele, como acontece na Rússia de hoje com os nostálgicos de Stalin e em diferentes países com os defensores do nazismo.

Devo salientar que vou me deter mais especificamente em dois deles, Donald Trump e Vladimir Putin, porque há muita informação sobre a qual se pode fundamentar uma opinião sobre a posição de destaque deles no espectro da psicopatia. Dos dois, dedicarei mais atenção a Trump, porque existe uma extensa literatura avaliando sua patologia psicopática ou narcisista, e porque não há dúvidas de que ele representa o perigo mais real (e o exemplo mais influente para aqueles que aspiram seguir seus passos) dentro do sistema democrático em que vivemos.[7]

Por que a política é tão atraente para o psicopata

O líder psicopata de um partido político ou de um governo tem sido chamado de vários nomes, e talvez alguns que tenham se destacado mais nos últimos anos sejam "líder tóxico", "líder predatório" ou "líder destrutivo". Gosto da definição proposta pela socióloga Jean Lipman-Blumen: "São aqueles indivíduos que, em decorrência de seus comportamentos destrutivos e traços disfuncionais de personalidade, produzem um efeito nocivo e permanente nos indivíduos, nas famílias, nas organizações e na sociedade como um todo".[8] É claro que os psicopatas são os exponentes máximos de tais líderes, mas não devemos nos esquecer de que alguns políticos podem ser "tóxicos" por mera incompetência, sem a necessidade de uma psicologia perversa. Tenho certeza de que você se lembra de exemplos de políticos que se revelaram péssimos para seus países por falta de competência. Talvez um dos exemplos mais citados na história do século 20 seja a maneira como o primeiro-ministro do Reino Unido, Neville Chamberlain, tentou apaziguar Hitler por meio de sucessivas concessões, o que acabou por encorajá-lo até que ele atacou a Polônia e deixou bem claro quais eram suas verdadeiras intenções, dando início, assim, à Segunda Guerra Mundial.

Essa definição também poderia ser aplicada aos psicopatas corporativos e aos líderes de seitas, o que, para meus objetivos neste capítulo, é muito útil porque demonstra o efeito abrangente da ação política de um líder: nos indivíduos, nas famílias, na vida empresarial e em todo o país. E, além disso, em alguns casos, podemos também dizer que o impacto pode se estender a muitos países do mundo, como a história, infelizmente, nos ensinou em muitas ocasiões.

Por que a política é tão atraente para o psicopata? Por um lado, a personalidade dos políticos tem uma influência significativa em seu possível sucesso eleitoral, mas também no desempenho de suas funções, caso sejam eleitos.[9] A personalidade peculiar do candidato psicopata – carismático, manipulador, livre de ansiedade, egocêntrico, mentiroso – o torna particularmente atraente para as pessoas, principalmente se a mídia e as redes sociais o acharem interessante por causa das coisas que ele disse ou promete fazer. É natural que um *psicopata controlado* (inteligente, arrogante, maquiavélico) veja a política como um palco no qual pode usar suas qualidades mais impressionantes. Como veremos a seguir, é essencial que ele utilize mensagens simples para solucionar problemas complexos (por exemplo, "Os imigrantes são os culpados pelo desemprego", "Os juízes que não aplicam a lei são os culpados pelo problema da criminalidade"), além de acertar em cheio o alvo das angústias ou preocupações sociais com essas mensagens. Sem escrúpulos para mentir e manipular as pessoas, o candidato psicopata prometerá se apresentar como o "salvador da pátria", garantindo que, com ele no poder, os cidadãos serão recompensados com maior prosperidade, liberdade, justiça e igualdade, embora, é claro, a realidade não tenha nada a ver com essas promessas.[10]

Mas, por outro lado, a política também lhe oferece uma forma rápida e fácil de alcançar um nível de poder que nenhuma outra ocupação pode oferecer. Pense em um sujeito como Maduro: um homem totalmente medíocre está comandando o destino da Venezuela desde que assumiu o posto de Hugo Chávez, que era ainda mais messiânico do que ele. Hitler era um pintor comum antes de descobrir que poderia mudar a história da Alemanha e do mundo. Stalin viu na revolução bolchevique uma forma de subir, começando do zero, ao poder total que antes tinha o tzar no Império Russo, devido à sua habilidade como bandido e conspirador. Em outras ocasiões, os aspirantes ao poder no espectro da psicopatia estão em um nível social mais alto, mas desejam muito mais poder do que já têm. Assim, Rafael Trujillo (1891-1961), ditador da República Dominicana, assumiu o controle do governo por meio de um golpe de Estado a partir de seu cargo de chefe do Estado-Maior do Exército, e tanto Vladimir Putin, por um lado, quanto Silvio Berlusconi e Donald Trump, por outro, eram figuras importantes na hierarquia do Estado e nos negócios, respectivamente, antes de se tornarem candidatos a líderes do país.

Não é de se estranhar que esse casamento entre a política e o poder sempre tenha levantado muitas suspeitas, como comprova o fato de que a primeira constituição democrática do mundo, a dos Estados Unidos (1787), estabeleceu uma série de controles para impedir que um presidente pudesse se tornar um tirano. Aquela que é provavelmente a obra política mais importante da história, *O príncipe*, de Maquiavel, um tratado criado para garantir que o governante mantenha o poder a todo custo para o benefício do povo, também não ajudou a favorecer a imagem dos políticos na opinião pública.[11] Essa última parte – "para o benefício do povo" – é importante, porque Maquiavel nunca aprovou que o príncipe ocupasse o poder para se enriquecer ou abusar dele, mas para se colocar a serviço dos cidadãos. No entanto, essa circunstância não foi um obstáculo para que, ao longo dos séculos, a imagem de um líder capaz de fazer qualquer coisa para aniquilar seus inimigos se tornasse popular, e, ao fazer isso, ele, sem dúvida, passou a fazer parte do imaginário do político psicopata, porque Maquiavel teve a brilhante intuição de descrever alguns dos traços essenciais do psicopata que seriam definidos quase cinco séculos depois pela ciência.

Em outras palavras, a relação entre a psicopatia e a política é muito evidente quando os psicopatas criminosos procuram limpar sua reputação entrando na política para alcançar novas áreas de influência por meio das quais possam impulsionar seus negócios. O exemplo mais conhecido dessa simbiose foi protagonizado por Pablo Escobar – ele encheu os Estados Unidos de cocaína nas décadas de 1970 e 1980 e é, provavelmente, depois de Al Capone, o mafioso mais famoso do século 20 –, que era congressista no parlamento colombiano e tinha planos de se tornar o futuro presidente da República. Felizmente, seu próprio partido o expulsou quando suas atividades mafiosas se tornaram tão evidentes que era impossível manter sua posição. Marta Ruiz, uma conceituada jornalista colombiana que viveu intensamente aqueles anos, declarou que Escobar "pensava e agia como um político; ele tinha uma profunda convicção de que, não importa quanto dinheiro você ganhe, se você não tiver poder político, você não terá poder real".[12]

Escobar era, a seu modo, um "homem de negócios", o que me leva a destacar que a psicopatia aplicada à arte de enriquecer e à política muitas vezes andam de mãos dadas. Pense em Silvio Berlusconi (falecido em 2023). Quando ele entrou para a política, já era um homem famoso: possuía empresas de construção imobiliária, canais de televisão, o clube de futebol AC Milan e muitas outras empresas. Como empresário, recebeu várias denúncias, entre outras, por ter relações com a máfia. Mulherengo insaciável (suas festas "bunga bunga" eram famosas), os escândalos e as denúncias não pararam nos vários períodos em que ele ocupou o cargo de primeiro-ministro a partir de 1994. Assim, em 2003, ele enfrentou um processo judicial por acusações de suborno de juízes na década de 1980 e foi condenado, após sua renúncia em 2011, por sonegar 7,3 milhões de euros de impostos à Fazenda.[13]

Democracia imperfeita

Antes de continuar, tenho que destacar um fato óbvio, mas que é necessário ter em mente. Como já repeti várias vezes, o contexto social em que o psicopata age é de extrema importância para entender a extensão de seus crimes. Do mesmo modo que um executivo no espectro da psicopatia não pode ter a mesma liberdade em uma empresa estável e transparente do que em uma empresa obscura e com um código de ética precário, um político psicopata que governa um país ditatorial ou autoritário tem muito mais margem de ação do que aquele que tem de lidar com os controles institucionais que toda democracia estabelece para evitar abusos por parte do governante. Nesse último caso, o político tem de ser mais sibilino, mais carismático e manipulador, porque ele precisa conquistar os votos do congresso e a aprovação da opinião pública. (Os exemplos de Trump e Putin para ganhar as eleições em uma democracia e em uma autocracia, respectivamente, são muito reveladores, como discutirei mais adiante.)

Feita essa ressalva, devo observar que as democracias não estão livres de psicopatas, pois, mesmo sendo esse o regime mais desejável, ele está longe de ser perfeito. Em relação à maneira como os psicopatas prosperam em uma democracia, há duas razões que devem ser destacadas. Por um lado, é importante ter em mente – como apontou a cientista política Jane Mansbridge – que o sistema democrático atual, ao funcionar com base na rixa entre diferentes facções, faz da inimizade e do conflito os mecanismos da vida política, e esse modo de agir, em que um partido ou líder é o "inimigo" dos outros, dá muita brecha para políticos trapaceiros e mestres na arte de deixar cadáveres pelo caminho. Ou seja, longe da democracia do diálogo e do entendimento que Mansbridge defende, foi assumido, desde o início da democracia, que essa é uma luta em que o objetivo é derrotar os adversários para chegar ao poder.[14] *Essa filosofia de hostilidade é perfeita para o psicopata*, porque esse é o mundo em que ele vive de forma permanente. Não tenho dúvidas de que o famoso ditado de Thomas Hobbes "O homem é o lobo do homem", embora formulado há muitos séculos em seu famoso livro *Leviatã* (1651), parece ter sido criado para retratar o psicopata.

A segunda maior fraqueza da democracia em relação ao psicopata é que, embora tenha sido concebida para controlar os excessos do poder executivo – portanto a separação dos poderes com relação aos poderes legislativo e judiciário –, *ela não tem nenhuma previsão nem filtro* sobre quem pode ser candidato e, consequentemente, ganhar a presidência.[15] Em outras palavras: exceto pelos requisitos mínimos da lei (referentes à nacionalidade e a um possível histórico criminal que impeça a eleição para um cargo público), *nada impede que um psicopata se candidate e ganhe as eleições*. É por essa razão que a premiada poetisa mexicana Coral Bracho (formada em psicologia) declarou em 2023 a necessidade de que

> aqueles que aspiram ser presidente de um país sejam submetidos previamente a um teste psicológico e psiquiátrico para evitar que [candidatos] perturbados cheguem ao poder. Isso é fundamental para um cargo de tamanha responsabilidade. Isso nos ajudaria a evitar governos que ameacem contra a vida e a dignidade dos governados.[16]

No capítulo a seguir, voltaremos a essa questão, porque vários analistas formularam uma previsão semelhante.

Assassinato em Malta

A imperfeição da democracia pode ser facilmente observada em qualquer país, mas em alguns – até mesmo na Europa, como é o caso de Malta – ela se destaca de forma violenta. Daphne Caruana Galizia foi uma jornalista de muita coragem. Certa vez, ela disse que o maior inimigo da liberdade de expressão era o medo, porque ele fazia com que as pessoas ficassem mudas diante da injustiça. Daphne com certeza não sentia medo, mas indignação e, por isso, como uma famosa jornalista investigativa freelancer em seu próprio blogue, ela se dedicou de corpo e alma a desvendar os negócios corruptos do governo de Malta, presidido na época por Joseph Muscat, do Partido Trabalhista. Você se lembra do escândalo dos Documentos do Panamá (Panama Papers)? Descobriu-se que muitas pessoas famosas e poderosas tinham dinheiro em paraísos fiscais escondidos da Fazenda. Estamos em 2017, e Daphne escreve furiosamente sobre o governo de Muscat, cuja família a jornalista envolveu nesse caso, assim como seu chefe de gabinete e o Ministro da Energia. E ela não se limita a atacar o presidente, mas toda a elite política e econômica, que não é muito grande, já que a população do país é de menos de meio milhão de habitantes. Daphne escreve que Muscat é "um autêntico sociopata" que colocou Malta nas mãos de uma "ineptocracia".[17]

A ausência de medo de Daphne é evidente quando ela não se cala, apesar das ameaças recebidas, até uma tarde fatídica em outubro de 2017, quando seu carro voa pelos ares, ocasionando a sua morte aos 53 anos de idade. Seu filho mais novo, Paul Caruana, escreveu um livro no qual conta que um fazendeiro que passava pelo local a ouviu dar seu último suspiro. Em *A death in Malta* [Uma morte em Malta, em tradução livre], ele descreve como o assassinato de sua mãe teve implicações profundas não apenas para a sua família (Daphne tinha três filhos homens), mas para a própria consciência do país, algo que – seu filho Paul tem certeza – a deixaria orgulhosa.[18]

A questão é que, das 67 mortes de jornalistas registradas em 2017, apenas duas aconteceram na Europa: a de Daphne e a de Kim Wall, que você conhece pelo seu assassinato em um submarino descrito no primeiro capítulo. O assassinato de Daphne revelou a veracidade de suas denúncias, pois houve prisões e condenações, incluindo as dos dois assassinos e um cúmplice. Os assassinos – os irmãos George e Alfred Degiorgio – disseram em juízo que haviam sido contratados para matar Daphne antes das eleições gerais por um montante de 150 mil euros porque a jornalista estava planejando "publicar algo". O outro homem condenado, acusado de ter organizado o crime, testemunhou em juízo que ele foi pressionado a matar a jornalista, mesmo que, no momento da explosão, ela estivesse acompanhada. No entanto, ele se recusou a dizer quem encarregou a ele e aos irmãos Degiorgio a execução do assassinato dela.[19]

O assassinato de Daphne – que a influente revista *Politico* incluiu entre as "28 personalidades que fazem a Europa avançar" – fez com que, em 2021, um grupo de juízes criado para analisar o caso declarasse que o Estado de Malta havia fracassado completamente em seu trabalho para reconhecer o perigo ao qual estava exposta a jornalista e, além disso, concluiu que "o país estava caminhando para um cenário digno de um Estado mafioso". O primeiro-ministro nunca foi acusado, nem ninguém ao seu redor, mas, dois meses após a morte de Daphne, ele se viu obrigado a renunciar.

Populismo, autoritarismo e psicopatia

Um exemplo da penetração dos políticos que se encaixam no espectro da psicopatia nas democracias atuais são os chamados "políticos populistas" ou políticos com tendências autoritárias, presentes em todos os continentes e ideologias. Alguns nomes de políticos espanhóis podem vir à mente, além daqueles que têm sido frequentemente mencionados nos últimos anos, como Trump (Estados Unidos), Erdoğan (Turquia), Le Pen (França), Berlusconi (Itália), Bolsonaro (Brasil), Netanyahu (Israel), Orbán (Hungria), Modi (Índia) e outros. Estes também são autoritários, embora alguns – como Putin – estejam mais próximos de uma ditadura absoluta, já que a democracia na Rússia sofre graves intervenções e dificilmente pode ser considerada como tal, como é amplamente reconhecido.

O vencedor em 2016 do Prêmio George Orwell para livros com temas políticos, Gideon Rachman, estudou a fundo os políticos populistas e autoritários e destacou uma série de características neles, embora, é claro, nem todos eles as compartilhem no mesmo nível ou da mesma forma: o culto à personalidade; sua facilidade de se conectar com o cidadão comum (algo que foi muito favorecido pelo desenvolvimento das redes sociais); o desprezo pela mídia independente, bem como pelas leis e pela independência do judiciário; o uso de mensagens simples para resolver problemas complexos (como a construção de um muro para acabar com o problema da emigração, "eliminar a casta" para que exista uma "verdadeira democracia" ou implementar o Brexit para resolver todos os problemas do Reino Unido) e acusar o "estado profundo" (ou seja, aqueles que efetivamente "mexem os pauzinhos") de sabotar seus esforços. Em resumo, Rachman define o populismo-autoritarismo como "um estilo político que desdenha das elites e dos especialistas e venera a sabedoria e os instintos do homem comum".[20]

Os psicólogos sociais Alessandro Nai e Ferrán Martínez se propuseram a comparar a personalidade dos políticos populistas com a dos políticos não populistas ou convencionais. Para isso, eles analisaram as pesquisas acadêmicas e jornalísticas existentes sobre os políticos candidatos ao governo em 73 países entre junho de 2016 e dezembro de 2018 e identificaram um total de 152, dos quais 33 foram classificados como populistas.[21] O perfil deles coincidia com a presença central, em seu discurso, da oposição grosseira entre as "pessoas comuns" (que eles supostamente representavam) e as "pessoas más" ou "a elite", que precisavam ser retiradas do poder. Em seguida, eles pediram a especialistas em análise política de cada um dos países que avaliassem os candidatos de seus respectivos países usando uma escala que media os traços psicopáticos, narcisistas e maquiavélicos (a chamada "tríade sombria da personalidade").

Esses especialistas avaliaram todos os candidatos, sem saber quais haviam sido marcados como populistas pelos pesquisadores. Os resultados mostraram que os populistas estavam significativamente à frente dos convencionais nesses três conjuntos de traços, *especialmente na psicopatia*. Em um estudo posterior que usou a mesma metodologia para avaliar a personalidade de 14 políticos com tendências autoritárias (que também incluía populistas) e 143 políticos convencionais, os resultados foram idênticos aos obtidos com os populistas: os políticos autoritários se destacaram por serem mais narcisistas, maquiavélicos e, principalmente, mais psicopatas.[22]

Maquiavel

O maquiavelismo como um tipo de personalidade em psicologia foi concebido pelo psicólogo Richard Christie na década de 1950, quando ele era um jovem pesquisador da Universidade de Stanford que observou que a recente Segunda Guerra Mundial oferecia uma oportunidade concreta para tentar determinar o que ele acreditava ser uma de suas causas principais: o papel desempenhado por líderes ambiciosos e manipuladores, capazes de qualquer coisa para conquistar o poder e nele se manter, como Hitler, Mussolini e Stalin, que inicialmente havia feito um pacto com o primeiro e, como resultado, havia anexado uma parte da Polônia. Para estudar e descrever esse tipo de personalidade, Christie recorreu a um de seus livros do ensino médio, *O príncipe*, de Nicolau Maquiavel, e descobriu que estava ali o que ele precisava.[23]

Nicolau Maquiavel (1469-1527) foi um dos maiores pensadores do Renascimento de Florença, amigo pessoal de Leonardo da Vinci. Ele atuou como uma espécie de secretário do Estado que viajava em delegações diplomáticas em nome da República

Florentina, cargo que perdeu quando a poderosa família Médici derrubou os líderes da República e assumiu o governo de Florença. Considerado inimigo dos Médicis, ele foi preso e torturado. Como não havia evidências reais de que ele havia conspirado contra o novo governo, foi posto em liberdade. Maquiavel se retirou para o campo e passou o resto de sua vida estudando e escrevendo sobre política. Foi nessa época que ele escreveu *O príncipe*, inspirando-se em César Bórgia, um tratado inigualável sobre as virtudes e os princípios que um governante bem-sucedido deve ter.

Porém, Maquiavel não era, de acordo com os biógrafos, um homem que pudesse ser refletido em seu retrato do governante ideal. Muito pelo contrário, sempre foi conciliador, leal à República, tendo como únicos instrumentos para realizar sua tarefa de secretário em delegações e outras cortes e terras o conhecimento da história e um senso inato de observação psicológica, e não o engano, muito menos a força, dada a solidão de seu trabalho. Em sua vida privada, ele praticava as mesmas virtudes, o que nos leva a um paradoxo, ou seja, o fato de seu nome estar associado a um tipo de personalidade que se caracteriza pela falsidade, pela coerção e pela falta de escrúpulos morais. O termo é tão pejorativo que um dos políticos que melhor o personificou, o Secretário de Estado dos Estados Unidos, Henry Kissinger, disse que não encontrou nada em *O príncipe* com o qual ele não pudesse se identificar.[24]

Menciono Maquiavel e *O príncipe* porque o psicopata é o líder político mais temível, o mais astuto e implacável, e é aquele que já conhecemos neste livro como *psicopata primário controlado*, o qual, ao contrário do psicopata impulsivo – muito mais propenso à improvisação e a deixar transparecer sua personalidade desenfreada e sua ânsia de poder – é aquele que incorpora de forma extraordinária as máximas do príncipe de Maquiavel.

Se você se interessa por psicopatas políticos e, em particular, por como os controlados atendem às essências da psicopatia "inteligente" por meio do uso consumado da mentira permanente, da manipulação e da ausência de qualquer escrúpulo moral para alcançar o poder – e também quer se divertir com uma boa série de ficção – recomendo que assista pelo menos às três primeiras temporadas de *House of Cards*, das cinco que a compõem no total. A investigadora da Justiça Criminal dos Países Baixos, Désiré Palmen, e seus colegas analisaram Frank Underwood – o protagonista, interpretado por Kevin Spacey –, vice-presidente dos Estados Unidos que recorre a todos os meios à sua disposição para chegar à presidência, inclusive ao assassinato. Underwood é o psicopata perfeito para alcançar o poder, porque está obcecado por ele e vive cada instante com o objetivo de torná-lo seu e, posteriormente, conservá-lo:[25]

> Para realizar seu desejo de ter todos sob seu domínio, Underwood usa todo o seu arsenal de habilidades: sua aparência sedutora, a humilhação daqueles que o incomodam, a mentira descarada, a intimidação, os ataques verbais, a simulação de empatia e compaixão e suas habilidades de manipulação [...]. A vida emocional de Frank Underwood parece estável, mas não tem um conteúdo real, e ele apenas experimenta emoções autênticas quando está com raiva por não conseguir o que deseja ou quando está feliz por consegui-lo. No entanto, ele é muito habilidoso em aparentar dispor de toda a variedade de emoções, pois ele pode ativá-las ou desativá-las de acordo com o que a situação exige dele.

Por sua vez, os professores William Irwin e Edward Hackett escreveram uma monografia inteira dedicada a *House of Cards*, destacando também a profunda conexão entre Underwood e as recomendações de Maquiavel para governar em *O príncipe*.[26] A palavra "psicopata" não aparece em sua obra, mas está claro que o adjetivo "maquiavélico" é usado como seu sinônimo (o que, na verdade, fundamenta a pesquisa: o maquiavelismo é um elemento clássico dos psicopatas não impulsivos ou controlados): "Frank é um escravo de seu desejo de poder [...]. As coisas que ele faz para subir na escada política o privaram de toda a sua integridade e decência, a ponto de parecer não sobrar quase nenhum resquício de humanidade nele".

Pelo modo que Frank Underwood se dirige ao espectador para compartilhar seus pensamentos (o que é chamado de "quebrar a quarta parede"), temos uma noção completa de até que ponto ele representa o psicopata "ideal" para alcançar a presidência de um governo. Como ele mesmo afirma em um dos episódios: "Aqueles de nós que tentam estar no topo da cadeia alimentar não devem demonstrar compaixão. Há apenas uma regra: caçar ou permitir que você seja caçado". Não é de se estranhar que o maquiavelismo seja uma marca poderosa de identidade desse psicopata, que é o mais inteligente, autocontrolado e impiedoso de todos os que estão no topo do espectro. Em *O príncipe*, lemos que "é necessário que todo príncipe que deseja se manter aprenda a não ser bom, e a praticá-lo ou não de acordo com a necessidade [porque] às vezes o que parece virtude é a causa da ruína, e o que parece vício só acaba atraindo bem-estar e segurança". E, nesse ponto, é concedida uma licença para cometer os crimes que forem necessários:

> Tenho como certo que um príncipe, especialmente um novato, não possa praticar todas as virtudes indiscriminadamente; porque muitas vezes é forçado, pelo interesse de preservação, a violar as leis da humanidade, da caridade e da religião; devendo ser flexível para se adaptar às circunstâncias em que se encontra.

Embora Maquiavel nunca tenha escrito a expressão "os fins justificam os meios" em *O príncipe*, no capítulo XVIII, aparece um argumento que poderia, de fato, ser resumido com essa famosa expressão:

> Nas ações dos homens, e particularmente nas dos príncipes, em que não é possível recorrer, os resultados são levados em conta. Que um príncipe, então, tente conquistar e preservar o Estado, pois os meios serão sempre honrosos e elogiados por todos; pois as pessoas comuns se deixam enganar pelas aparências e pelo sucesso; e no mundo há apenas os comuns, porque as minorias não contam apenas quando as maiorias não têm onde se apoiar.

Observe a presciência de Maquiavel, quinhentos anos atrás: "Os comuns se deixam enganar pelas aparências". Essa importância da máscara que esconde o indivíduo real – a imagem icônica do psicopata integrado – foi destacada com ainda mais força em outras partes de sua obra magna:

> Ele deve fazer com que seja considerado piedoso, clemente, bom, fiel em seus atos e amante da justiça; ele também deve se tornar digno dessa reputação pela prática das virtudes necessárias; mas, ao mesmo tempo, deve ser suficientemente senhor de si mesmo para agir de maneira contrária quando for conveniente.

E em outro momento: "Todos veem o que você aparenta ser, mas poucos sabem o que você é".

Frank Underwood conhece o poder do medo e o emprega sempre que lhe convém: ameaça expor erros passados de políticos ativos; deixa escapar que se rebelar contra seus desígnios poderia custar muito caro para quem ousasse fazê-lo e, quando não consegue controlar pelo medo, recorre diretamente ao assassinato. Maquiavel escreveu: "Porque o amor é um vínculo de gratidão que os homens, perversos por natureza, rompem cada vez que podem se beneficiar dele, mas o temor é um medo de punição que nunca se esgota", e Frank acredita fervorosamente nisso.[27]

Anteriormente, mencionei Thomas Hobbes e sua famosa obra *Leviatã*. Pois bem, nessa obra ele chama os criminosos que infringem as leis do Estado de "insensatos", e não há dúvida de que Underwood é o maior deles, porque seu desafio é tomar o poder, ou seja, *tornar-se o próprio leviatã* (nome derivado de um monstro marinho de poder colossal mencionado na *Bíblia*, e que viria a representar o governante que impõe a lei e a ordem). É por isso que a advertência de Hobbes é tão importante para nós: se um criminoso ingressa em uma sociedade que é guiada pelo contrato social e que deixa o poder de punir para o governante, "é por erro daqueles que o recebem e, uma vez aceito, ele só pode permanecer nela enquanto os outros não tiverem consciência do perigo de seu equívoco". Não poderia ser escrito de forma mais clara: se um "insensato" entrou em sua sociedade, é porque você não foi cuidadoso, e, se continua cometendo excessos, é porque você não foi capaz de reconhecê-lo.[28]

Dois psicopatas primários: Donald Trump e Vladimir Putin

Você já sabe que o psicopata primário tem duas versões. Ambas compartilham o essencial. Donald Trump e Vladimir Putin representam o psicopata impulsivo e o controlado, respectivamente. Ambos, no entanto, compartilham traços do psicopata primário. Observe a seguir:

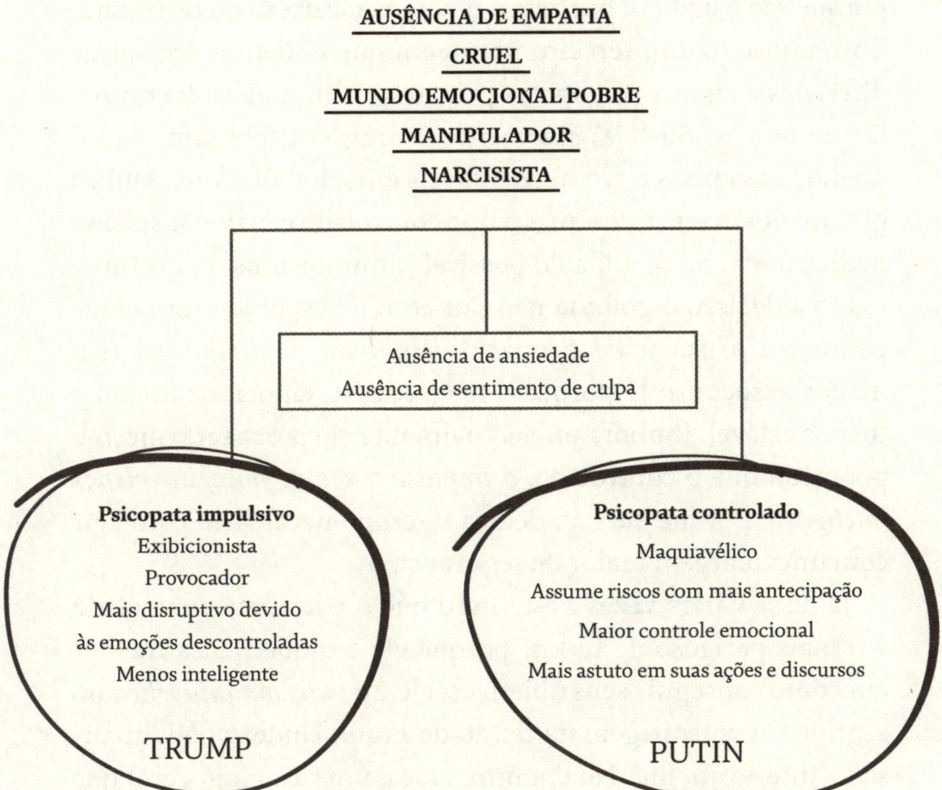

A parte superior da figura reflete o que é comum nos psicopatas primários (lembre-se que os chamamos "primários" porque se estima que haja uma predisposição genética para esses traços, possivelmente incentivada durante a infância por seu ambiente de criação). Ambos têm o "núcleo duro da psicopatia": por um lado, são cruéis, não têm empatia, são emocionalmente superficiais, mentirosos e manipuladores; por outro lado, eles não têm medo de punição nem ansiedade em relação aos efeitos destrutivos que seu comportamento possa ter sobre os outros ou a sociedade e, portanto, não têm sentimento de culpa. *Esses dois elementos estão presentes em todos os psicopatas* – na família, no local de trabalho, nas corporações, nas seitas e nos governos –, porque são o código, por assim dizer, da natureza do psicopata. Entretanto, há um terceiro ponto em que podemos encontrar diferenças: alguns psicopatas primários têm mais autocontrole que outros, ou seja, são menos impulsivos, pensam mais e melhor nas coisas e são mais estáveis emocionalmente. Ambos gostam de correr riscos, mas o tipo controlado é mais consciente disso e tenta, na medida do possível, minimizar os danos futuros se a decisão escolhida não sair como o esperado. Em compensação, o psicopata primário *desinibido ou impulsivo* tem menos autocontrole porque é mais reativo emocionalmente e menos estável. Embora intelectualmente ele possa ter o mesmo potencial que o controlado, *o impulsivo age de maneira menos inteligente* porque ele não dedica o tempo necessário para agir com uma margem maior de segurança.

Já disse várias vezes neste livro que o psicopata controlado é o mais perigoso de todos, porque ele é o que pensa melhor em como conseguir seus objetivos: ele é o *mais maquiavélico* no sentido do personagem da ficção de Frank Underwood, analisado anteriormente. No entanto, esse é um princípio geral que admite exceções, como sempre acontece na vida. O historiador Antony Beevor, ao falar sobre aqueles personagens que tiveram uma influência poderosa no passado ao conquistar nações ou impérios (como Napoleão), escreveu que atualmente esses "grandes homens" não se encontram apenas entre aqueles que triunfam nas guerras, mas também incluem

> Os líderes que, com suas personalidades extravagantes, são capazes de fomentar e explorar o medo e o ódio e, assim, envenenar a política [...]. Todos os populistas autoritários fomentam o ódio, [que], quando usado como arma, torna-se uma forma de guerra por outros meios.[29]

Beevor cita Trump como um exemplo relevante, pois é difícil escutar tantos argumentos cheios de ódio vindos de um político em exercício em uma democracia. No momento em que estou escrevendo este livro (no início de 2024), Trump está se superando em sua campanha para as eleições de novembro deste ano. Sua expressão de que "os imigrantes envenenam o sangue da nação" poderia ter sido usada por Hitler sem pestanejar, como toda a mídia fez questão de informar, sem que isso servisse para classificar sua declaração, já que ele está convencido de que a maioria das pessoas que chegam aos Estados Unidos é composta por criminosos ou pessoas com distúrbios mentais.[30]

Mas Beevor também poderia ter incluído Putin nesse mesmo saco, pois seu ódio pelos ucranianos não tem limites – como deixou claro desde que iniciou a invasão desse país sob o pretexto de que ele é governado por "nazistas" –, assim como por todos aqueles que o desafiam, a quem ele destrói sem cerimônias. Mesmo que o ódio seja um reflexo nascido do narcisismo ferido e não tenha nenhum fundamento, nas mãos de um psicopata, torna-se um fator muito poderoso para ativar seu melhor repertório de crueldades. Não tenho dúvidas de que a única razão pela qual o líder da oposição Alexei Navalny, esquecido em uma prisão siberiana cumprindo uma sentença interminável, não foi assassinado por Putin é porque Navalny foi o único que ousou desafiá-lo em público, zombando dele e chamando-o de tirano e corrupto.

Você não ficará surpreso que Trump cite Putin como fonte de autoridade. Para justificar sua tese de que seus julgamentos pendentes (que somam 90 acusações criminais) são uma farsa política do governo de Joe Biden, o candidato republicano se baseou em Putin, que disse, em setembro de 2023, que os problemas legais de Trump eram o resultado de uma "perseguição por motivos políticos" e que isso revelava "a podridão do sistema político norte-americano, que não tem a pretensão de ensinar aos outros sobre democracia".[31] Digo que você não ficará surpreso porque não é novidade que os autocratas alimentam sua própria autoestima, já que se veem legitimados como "grandes estadistas" quando assim são vistos. É por isso que Trump também admira o líder da Coreia do Norte, Kim Jong-un, que está obcecado em provar que pode iniciar uma guerra nuclear quando oportuno e que, como herdeiro de uma dinastia de terror, continua asfixiando os pobres norte-coreanos como se vivessem em um pesadelo distópico saído da série *Black Mirror*.

No entanto, Trump e Putin são dois psicopatas primários, mas não são iguais. Trump representa a *psicopatia primária impulsiva*, que, no caso dele (como no de Berlusconi), assume tons grotescos ou completamente surrealistas, como quando ele afirmou, em plena pandemia de covid-19:

> Suponhamos que acertemos o corpo com uma tremenda luz ultravioleta, ou simplesmente com uma luz muito poderosa. Dito isso, suponha que você traga essa luz dentro do corpo, debaixo da pele ou de alguma outra maneira. Então eu vejo o desinfetante, que o mata em 1 minuto. Há alguma maneira de fazermos algo assim usando uma injeção?[32]

E, quando, já afastado da presidência, ele levou documentos ultrassecretos da Casa Branca para sua casa e os empilhou no banheiro sem nenhuma medida de segurança, vangloriando-se aos seus convidados por tê-los em seu poder? A resposta que Trump deu quando acusado por isso foi dizer que ele, "só de pensar, poderia desclassificar qualquer documento" e, assim, remover seu caráter de "secreto".

Os psicopatas primários impulsivos têm menos capacidade de solucionar problemas devido à sua incapacidade de analisar os fatos; eles cometem muitas ações prejudiciais porque têm um controle muito mais limitado de suas emoções e podem agir em resposta a ataques recebidos com muita raiva e de forma descontrolada. Trump é movido por suas emoções, sem escrúpulos em alardear para todos (literalmente) que ele faz o que bem entende, mesmo que isso lhe custe uma acusação penal. Trump não se enquadra no modelo maquiavélico do psicopata controlado retratado por Frank Underwood em *House of Cards*. Mas isso não o torna menos perigoso quando se é o presidente dos Estados Unidos da América – talvez exatamente o contrário.

Entretanto, Putin é diferente: *ele é maquiavélico*, embora não tenha motivos para ser tão sorrateiro quanto Underwood, porque governa uma ditadura. O correspondente veterano por vários anos em Moscou do *Sunday Times* e especialista em Rússia, Angus Roxburgh, relata, em um livro de 2021 – antes da invasão à Ucrânia –, suas impressões ao conhecer Putin:

> Quando você aperta a mão de Vladimir Putin, não dá para saber se o aperto é firme ou fraco. São seus olhos que te consomem. Ele abaixa a cabeça, levanta os olhos em sua direção e olha fixamente para você por alguns segundos, como se quisesse memorizar cada detalhe [...]. É um olhar carrancudo, penetrante e muito perturbador.[33]

Putin é um homem de contrastes, de luz e sombra, diferentemente da presença exuberante de Trump, que não tem problemas em mostrar o quanto é ignorante em quase tudo (exceto em fazer negócios) e diz tudo o que pensa, convencendo-se de que suas mentiras são verdades absolutas. Por outro lado – ressalta Roxburgh –, Putin pode estar muito bem-informado sobre alguns assuntos, mas sabe muito pouco sobre outros que, em teoria, ele deveria dominar. Ele é cortês, mas também entediante. Como presidente e, por menos tempo, como primeiro-ministro, governa a Rússia com mãos de ferro desde o primeiro dia do século 21. Em 2020, ele alterou a Constituição para poder permanecer no poder, se quiser, até 2036, quando terá 83 anos. A princípio, Putin estava ansioso para fazer parte do grande cenário ocidental como um membro de destaque, mas, depois de alguns anos, "ele se tornou um dos homens mais perigosos do mundo".

Putin, que começou como espião da KGB, era bastante reservado quando chegou ao topo em 1999. A partir de então, sua personalidade narcisista aflorou de forma extraordinária no sentido físico e "machista", tendo protagonizado vídeos e fotos em que podia ser visto em lugares inusitados, como colocando rastreadores GPS em ursos-polares, dirigindo carros e motos potentes, praticando mergulho ou no controle de um avião de caça. É claro que essas excentricidades não são nada quando comparadas às suas ações no governo na segunda década deste século. Admitida no G8 em 1998, a Rússia foi expulsa em 2014 em reação à gravidade de seu expansionismo violento e foi alvo de outras sanções internacionais devido a uma série de atos difíceis de justificar: a invasão da Geórgia em 2008, a anexação da província ucraniana da Crimeia em 2014, o abate de um avião de passageiros na Malásia quando sobrevoava a Ucrânia, seu apoio à ditadura na Síria, os assassinatos "seletivos" de críticos ao sistema no exterior e, é claro, a invasão da Ucrânia em 2022.

Essa agressão contra um país soberano trouxe a guerra de volta à Europa após os anos de conflito nos Balcãs, desmentindo, assim, aqueles que pensavam que nunca mais poderia acontecer outra guerra no velho continente. E, para a Rússia, isso significou um retorno ao passado, já que a aparência de liberdade desapareceu, e o Estado – que já era um verdadeiro Estado policial desde 2010 – não pretende enganar ninguém fora da Rússia, mesmo que internamente Putin continue sendo popular. Nas palavras de Roxburgh: "O presidente combina os poderes de um ditador comunista com os métodos de um chefe da máfia e o apelo populista de tzar". Com a mídia amordaçada, aqueles que ousam protestar nas ruas são brutalmente reprimidos, presos ou "desaparecidos" e, enquanto isso, "um grupo seleto de oligarcas leais a Putin saqueia a economia do país. É essa dependência de Putin para sobreviver que eles demonstram e, vice-versa, que mantém a estabilidade do país".

Putin nasceu em 1952. Sua mãe realizava serviços de limpeza e seu pai trabalhava em uma fábrica. Embora seus dois irmãos mais velhos tenham morrido cedo por causa de uma doença e, portanto, as despesas reduziram em decorrência disso, sua casa era simples, como tantas outras milhões de casas na Rússia estalinista daquela época. De acordo com o historiador Steven Myers, Putin era um mau aluno e, em uma ocasião, esteve prestes a entrar em um reformatório por causa de seus delitos juvenis.[34] Ele mesmo se descreveu uma vez, relembrando sua infância, como um *hooligan*.* Mas um fato aparentemente insignificante – seu fascínio pelas artes marciais – o salvou do mau caminho, transformando-o em um homem disciplinado e resistente. A partir daí, aos 16 anos de idade, ele se afiliou ao partido comunista e, quando viu um filme em que o protagonista era um agente da KGB, ficou entusiasmado: esse era o trabalho que ele queria fazer. Myers afirma que a ideia de que alguém como um espião pudesse afetar a vida de milhares de pessoas o deixou empolgado.

Essa foi uma ideia que ele transformou em realidade. Quando Boris Yeltsin o nomeou primeiro-ministro, em 1999, ele era o chefe da KGB. Naquela ocasião, ele tinha uma imagem de líder determinado em uma época de profunda crise econômica, o que não demorou em demonstrar ao retomar a guerra contra os rebeldes chechenos, os quais ele reprimiu com sangue e fogo. A desculpa foi uma série de bombas que explodiu em Moscou e

* *Hooligan* é um termo em inglês usado para descrever torcedores de futebol envolvidos em comportamentos violentos ou desordeiros, especialmente em confrontos entre torcidas organizadas. (N.E.)

que Putin atribui aos chechenos. (No entanto, muitos analistas suspeitam que foi o próprio Putin quem organizou os atentados para poder se impor como líder reprimindo os supostos terroristas.) O povo russo, que ansiava por um "salvador" e que em toda a sua história nunca havia conhecido uma democracia real, sentiu-se à vontade com Putin, um homem discreto, que vinha de baixo e que parecia ter ideias muito claras.

Assim, não é de se surpreender que Putin tenha feito o que queria desde o começo do século. Depois que a lua de mel de Putin com o Ocidente terminou, nada o impedia de retomar a guerra diplomática com a Europa e os Estados Unidos, que havia dominado o panorama internacional desde a Segunda Guerra Mundial até a queda do muro de Berlim e o colapso subsequente da União Soviética, em 1991. A título de exemplo: quando o novo embaixador dos Estados Unidos chegou em 2012, Putin precisava – Myers conta – de um empurrão eleitoral antes das próximas eleições, por isso ele acusou o embaixador de ser pedófilo, um sistema de descrédito que ele já havia empregado com outros rivais políticos. No final, depois de cumprir dois mandatos como presidente, ele chegou a um acordo para que seu substituto, Dmitry Medvedev, o nomeasse primeiro-ministro. E, quando o mandato de Medvedev terminou, ele disputou novamente as eleições de 2012, vencendo-as em meio a muitos protestos nas ruas por suspeitas de fraude. Putin reagiu com extrema violência e derrotou a oposição, um *modus operandi* que continua usando até os dias de hoje.

Quando soubemos que os mercenários russos que lutaram na guerra da Ucrânia recrutaram para suas tropas muitos prisioneiros que receberam a liberdade em troca de material humano a serviço de Putin, lembrei-me do roteiro do famoso filme *Os doze condenados*, embora ali os papéis estivessem trocados.[35] Nesse filme, Lee Marvin recruta condenados para lutar contra a ditadura nazista, enquanto aqui os mercenários estão a favor do tirano. Mas, deixando isso de lado, o que me interessou na história era o que acontecia quando eles devolviam os cadáveres aos seus locais de origem. Muito embora a narrativa oficial fosse a de que eles o fizeram como heróis por terem dado suas vidas pela "liberdade" da Rússia, muitos dos cidadãos que tiveram que sofrer com os criminosos em vida se opuseram a esse reconhecimento e, em alguns casos, impediram que eles recebessem o tratamento determinado por Moscou para o enterro, como a presença da guarda de honra ou a concessão de um espaço público para a realização da cerimônia do funeral.

Essa rejeição é compreensível. Um dos mortos em combate em fevereiro de 2023 foi enterrado na chamada Avenida dos Heróis, o que provocou indignação em sua cidade natal, no sul da região de Rostov, pois ele havia queimado vivas sua mãe e sua irmã. Outros assassinaram, violentaram e roubaram a maior parte de suas vidas e, pessoalmente, foram homenageados na região que eles mancharam repetidamente com seus excessos. Estou convencido de que houve casos em que nem mesmo seus parentes teriam comparecido aos funerais se não tivessem direito a uma quantia em dinheiro prometida no contrato que os libertou da prisão.

Na lógica de Putin, a liberação de criminosos para lutar na Ucrânia se encaixa perfeitamente. Por um lado, o Estado se livra de pagar pela manutenção deles na prisão e, por outro, eles oferecem apoio (nem que seja apenas como isca) para enfrentar os verdadeiros heróis, que são o povo ucraniano. Eles farão alguma coisa, ele deve ter pensado, especialmente se levarmos em conta suas tendências violentas. Essa indignação espontânea de muitos cidadãos é digna de se notar, embora esse movimento de resistência fosse apenas uma exceção. Todo esse esquema de enterrar ladrões, violadores e assassinos como heróis da pátria revela, em toda a sua crueza, a ruína moral provocada por um regime presidido por um psicopata, pois ele é um especialista em distorcer as categorias da ética até o ponto do absurdo para sustentar a narrativa ideológica criminosa.

Identificação do líder político psicopata

As características dos líderes psicopatas foram examinadas por diferentes autores, tanto do âmbito da psicologia clínica ou forense quanto da psicologia política. Em suas análises, esses autores levaram em conta, por sua vez, reflexões e comentários que biógrafos e analistas políticos fizeram ao longo da história sobre esses personagens, porque não restam dúvidas de que muitas das psicobiografias mais antigas (as realizadas por Suetônio em *As vidas dos doze Césares*, por exemplo) já tinham descrições perspicazes da psicopatia na Roma Imperial. E assim segue até os dias de hoje, com livros como o escrito pelo famoso jornalista Bob Woodward, *Raiva*, sobre Donald Trump, que ele entrevistou várias vezes.[36]

É importante que você tenha em mente, mais uma vez, que esses indicadores da psicopatia serão adaptados ao contexto político do país, assim como à sua cultura. Uma ditadura não é o mesmo do que uma democracia. Putin ou o líder chinês Xi Jinping não precisam ser estrelas midiáticas para alcançarem o poder. Além disso, no caso desse último, a cultura chinesa está muito além do estilo espetacular e do apelo da mídia que são tão relevantes nas eleições dos Estados Unidos ou em muitos outros países da Europa e da América. Em uma democracia, não é tão fácil silenciar a mídia crítica, o que para os líderes da Rússia e da China é moleza, ou dar uma surra, prender e até mesmo matar os manifestantes, o que vem fazendo Cuba, há décadas, ou Putin ou Daniel Ortega, na Nicarágua, atualmente. O que eu quero dizer é que é "mais fácil" ver a psicopatia em tiranos e ditadores porque eles podem usar métodos cruéis de uma maneira muito mais aberta para manter o poder. Nas democracias, os exemplos são mais dissimulados e indiretos, mas, mesmo assim, estão lá, se soubermos o que estamos procurando.

Na lista a seguir, reuni os comportamentos e traços que se destacaram em líderes que demonstraram uma evidente psicopatia na história, mas que também são próprios dos governantes que, sem serem psicopatas, manifestam, no entanto, uma vontade de exercer o poder sem respeitar as regras do jogo e uma imensa vontade de mantê-lo a todo custo. Nesse sentido, embora eu considere que os exemplos que apresento estejam dentro do espectro da psicopatia, não pretendo considerar que eles tenham exatamente os mesmos traços e o mesmo grau dos diferentes atributos que definem a psicopatia. Alguns analistas falariam de "personalidades narcisistas" para se referirem a algumas delas, mas, como já mencionei, considero o narcisismo patológico um ingrediente próprio do psicopata, portanto não entrarei nessas distinções.

1. Eles são seres "magnéticos" em relação à mídia e têm uma relação de amor e ódio (em função de serem favoráveis ou não) com ela

A atração da mídia por esses personagens também não ajuda a contê-los, o que é muito útil para eles quando são candidatos a governar a nação. O especialista em psicopatia integrada, Bill Eddy, observou como a mídia é fascinada pelos indivíduos atípicos, que continuamente dizem e fazem coisas ofensivas, absurdas ou simplesmente falsas. Veja o caso de Donald Trump: eu não conheço nenhum outro político que se compare a ele nesse aspecto. Além de acusar a mídia de não o apoiar por divulgar *fake news*, é compreensível que não passe um dia sem que os meios de comunicação falem sobre ele. Isso é impossível! Há simplesmente tantas coisas *fora do comum e inesperadas de um político responsável* que ele disse e fez que a mídia precisa necessariamente considerá-lo uma fonte inesgotável de manchetes ou artigos de fundo.[37] Algumas de suas pérolas: "Eu poderia atirar em pessoas na Quinta Avenida [de Nova York] e não perderia votos"; "Se você é famoso, pode transar com muitas mulheres"; em 2011 afirmou ter enviado investigadores ao Havaí, local de nascimento do presidente Obama, para verificar a autenticidade de seu local de nascimento. "Vocês não vão acreditar no que eles estão encontrando", disse então, inicialmente, para demonstrar que Obama *não havia nascido* nos Estados Unidos (mais tarde ele teve que admitir que Obama havia nascido nesse país). Outras pérolas: "Algo muito importante poderia resultar da epidemia do Ebola, algo que poderia mudar a sociedade, algo muito bom: não cumprimentar as pessoas com as mãos!"; "Como todos sabem, mas os perdedores odiosos se recusam a aceitar, eu não uso peruca. Meu cabelo pode não ser perfeito, mas é meu"; "Se Ivanka não fosse minha filha, eu poderia muito bem ficar com ela"; "Sou muito rico". Acredite em mim, não posso deixar de sorrir enquanto escrevo essas frases; há muitas outras que citarei em outros trechos dessa lista. Posso entender perfeitamente por que a mídia adora Trump, mesmo que alguns não parem de repetir que ele é um perigo para a democracia norte-americana e para o mundo. Ele parece saído de um *reality show*, e sua atuação no passado em um desses programas (*O aprendiz*) faz dele o personagem mais idôneo para dominar as telas de todo o mundo.

2. Ele enfrenta os poderes do Estado para reforçar seu poder, pois, quanto mais fracos eles estiverem, menos poderão controlá-lo

Ele também ignora outras instituições nacionais ou supranacionais que possam questionar ou criticar abertamente seus métodos de governança.

Nessa guerra contra outros poderes de Estado, destaca-se a aversão ao poder judiciário. Uma das dores de cabeça de Netanyahu (antes da guerra contra o Hamas, provocada pelos assassinatos e sequestros dessa organização terrorista em 7 de outubro de 2023) foi querer subjugá-lo, o que gerou muitas críticas na sociedade israelense.[38] Viktor Orbán tem o mesmo problema com a União Europeia, que não o tolera por acabar com a separação de poderes.

3. Culto à personalidade

Ele adora ser bajulado, não tem vergonha disso; incentiva outras pessoas a escreverem livros sobre ele ou publicar livros com seu nome como um sinal de sabedoria e boas ações, assim como a realizarem programas de televisão sobre ele e outros meios de autopublicidade. Dado esse grau de narcisismo, ele aceita muito mal as críticas, desqualificando-as com clichês. Seu melhor trunfo é o *carisma*, sempre um ponto forte do psicopata integrado que alcança qualquer tipo de poder. Em alguns casos, o político psicopata não hesitará em se identificar como um enviado de Deus.

Novamente, o melhor exemplo é Trump, e não sou eu que digo isso, mas é ele quem diz. Basta um clique no seu computador: você pode assistir ao vídeo que sua equipe de campanha produziu para a eleição presidencial de 2024, que literalmente diz que Trump foi enviado por Deus Todo-Poderoso para resolver todos os problemas dos Estados Unidos.[39] Ou seja, pode-se ver no vídeo que o ex-presidente Trump divulgou em sua rede social *Truth Social*: "E Deus olhou para o paraíso que ele planejou e disse: 'Preciso de uma pessoa responsável'. E assim, Deus nos deu Trump". Mas há muitos outros exemplos: Boris Johnson, Bolsonaro... e, é claro, Berlusconi, o mais parecido com Trump que tivemos na Europa. No decorrer do julgamento de 2023 por suborno de juízes, ele declarou: "É um enorme sacrifício fazer o que eu estou fazendo [...] é um trabalho terrível".

"Por que aguentar tudo isso?", perguntou-lhe o jornalista; afinal de contas, ele era o homem mais rico da Itália. "Porque, caso contrário [se ele abandonasse a política], não haveria liberdade na Itália: ela cairia nas mãos dos comunistas [...]. Não há mais ninguém na Itália".[40]

4. **Necessidade de manter uma atividade de risco em sua gestão política** (às vezes, pode ser produto de sua impulsividade, em outros casos obedece a um plano preconcebido) **e incessante em sua vida pessoal** ("Sempre detestei a necessidade de dormir. Assim como a morte, ela vira os homens mais poderosos de cabeça para baixo", diz Frank Underwood em um episódio de *House of Cards*)

Veja a guerra da Ucrânia empreendida por Putin. Embora, no momento em que escrevo estas páginas (janeiro de 2024), não sabemos como ela terminará,* acho que é bastante óbvio que nada saiu como o ditador russo previu (o que não impede que ele possa tirar alguma vantagem política disso no final). Em uma pseudodemocracia como a Rússia, os golpes de efeito são muito valiosos para se exibir para a nação e defender sua imagem em tempos "difíceis".

5. **Dificuldade em manter uma conversa coerente e profunda. Rigidez mental**

Voltemos a Trump (eu poderia citá-lo em quase todos os tópicos, mas reservo isso para os casos em que ele é indiscutivelmente o

* Até o momento da publicação desta edição, a guerra entre Rússia e Ucrânia, infelizmente, não chegou ao fim. (N.E.)

melhor exemplo ou, pelo menos, ou que eu conheço). Em 2016, às vésperas da eleição presidencial que o levaria à Casa Branca, Trump estava no navio da frota USS Intrepid, em uma reunião com veteranos de guerra, um evento que também contou com a presença de Hillary Clinton. Um dos veteranos era Phil Klay. Trump disse que sabia muito bem o que fazer para derrotar o ISIS (então em pleno apogeu), mas então Klay perguntou o que ele planejava fazer *depois* de derrotar o Estado Islâmico. Trump respondeu que achava que eles deveriam se apropriar do petróleo que eles estavam armazenando. Klay conta a impressão que lhe causou essa resposta:

> Achei que a resposta era absurda em termos do que se supõe ser uma política de Estado coerente, mas havia algo mais sério: *era uma resposta sem valor moral*. Se você está falando de uma ação militar em que se pede a jovens soldados que façam um grande sacrifício, possivelmente até a própria vida, não destacar o valor moral que isso supõe e enfatizar apenas o valor econômico é algo patético. Portanto, na minha opinião, Trump não estava articulando uma visão moral dos Estados Unidos, mas uma visão *imoral*, uma visão pela qual não vale a pena morrer.[41]

6. Divide o país em "bons" e "maus" cidadãos, dependendo se eles comungam com suas ideias ou as rejeitam

Esse é o velho clichê. Aqueles que se opõem a Putin são "terroristas", enquanto aqueles que competem contra Trump são... (pense em qualquer adjetivo ultrajante e você acertará). Na Espanha, infelizmente, essa é a ordem do dia, e deixo para você pensar em exemplos.

7. Usa seus subordinados ou aliados para alcançar seus objetivos

E, quando deixam de ser úteis, ele os abandona sem pensar duas vezes ou – em uma autarquia como a Rússia – simplesmente os prende ou os elimina.

Você sabia que Trump, durante sua presidência, se livrou de muitas pessoas – as quais ele havia escolhido anteriormente por considerá-las as melhores pessoas para seus cargos – depois de alguns anos (ou meses) simplesmente porque elas não lhe diziam o tempo todo o quanto ele era inteligente e bom presidente?[42] Lá estavam eles, entre outros, demitidos (geralmente pelo Twitter)* ou levados até o ponto de ter de apresentar sua demissão: Dan Coats, diretor da Inteligência Nacional (2017-2019); o secretário de Estado Rex Tillerson (2017-2018); o chefe de gabinete da Casa Branca John Kelly (2017-2019); e o secretário da Marinha Richard Spence (2017-2019). Mas Putin fez o mesmo com os oligarcas que o ajudaram a conquistar o Kremlin, de acordo com o *expert* em política russa Marshall Goldman: aqueles que se colocaram em seu caminho foram presos ou obrigados a buscar outros horizontes.[43] E o que dizer de Prigozhin, o chefe dos mercenários do grupo Wagner? Você se lembra de que, em 2023, ele se rebelou contra Putin, cansado de não receber as armas que queria, ameaçando levar suas tropas para Moscou? Semanas após o episódio, ele e seu número 2, Dmitry Utkin, morreram em um acidente aéreo.

* A empresa agora chama-se X, após a compra do Twitter pelo bilionário Elon Musk em 2022. (N.E.)

8. Coloca seus seguidores mais ferrenhos em postos-chave das instituições

Independentemente do mérito que possuam para ocupar o cargo, tanto para controlá-los melhor como para recompensá-los pelos serviços prestados.

9. Ele é regido por princípios morais utilitaristas

Pode mudar os princípios quando a oportunidade política assim o exigir, mesmo que os novos sejam totalmente contraditórios com os antigos.

10. Ele usa a linguagem de maneira artística

Sua lábia lhe permite dizer coisas contrárias às que ele dizia pouco tempo antes, usando palavras de igual solenidade em ambos os casos. Da mesma forma, ele pode usar muitas palavras para – supostamente – responder a uma pergunta sem realmente dizer nada, ou responder algo diferente do que foi perguntado.

11. Ele afirma que está fazendo tudo para o bem do país quando, na realidade, seu objetivo fundamental é permanecer no cargo

Ele aparenta ser honesto, moralmente íntegro, generoso... mas o conhecimento de sua biografia e, especialmente, de suas atividades (o que ele faz e *não o que ele diz que faz*) desmente essa imagem de integridade.

12. Embora possa usar palavras grosseiras ou ofensivas com seus inimigos políticos, ele geralmente tem subordinados entre seus seguidores mais fervorosos que desempenham o papel de cães de guarda ou fazem o "trabalho sujo"

Talvez os melhores exemplos continuem sendo os psicopatas clássicos: Hitler e Stalin. Esse último tinha como encarregado de todo o trabalho sujo o seu implacável lacaio da repreensão mais cruel, Lavrenti Beria, que dizia: "Traga-me o homem e eu cometerei o crime". E Hitler... tinha uma dúzia de seus lacaios mais próximos, de Reinhard Heydrich (o açougueiro de Praga) a Eichmann e Himmler, passando por Klaus Barbie e muitos outros. Mas, se você esquecer a história e acompanhar com atenção a política nacional e internacional, tenho certeza de que conseguirá encontrar alguém bem qualificado para fazer esse trabalho (embora, com sorte, sem recorrer ao assassino).

13. Ele não aceita a responsabilidade pelas suas ações que são prejudiciais à visão mais dura da realidade

Ele pode fazer uma "leitura alternativa" desses fatos ou empregar uma de suas máximas: a culpa sempre é dos outros.

Referindo-se a Netanyahu, o escritor David Remnick, que estava fazendo uma inspeção no local como resultado da guerra entre Israel e o Hamas, cita uma conversa que ele teve com um dos veteranos da diplomacia dos Estados Unidos, que conhecia bem o primeiro-ministro israelense: "Não consigo imaginar que ele assuma a responsabilidade [por qualquer coisa ruim que aconteça]".[44] E, certamente, em meio a uma profunda raiva de seu povo contra sua gestão da segurança do país, ainda não li nada parecido com um pedido de desculpas, o que foi feito pelos oficiais da inteligência israelense.

14. Embora sustente uma ideologia, sua política tem menos a ver com uma lealdade ideológica do que com sua necessidade de permanecer no cargo ou acumular mais poder

15. Ele reluta em permitir o livre debate entre as divisões de seu partido e adota uma política hostil contra a mídia que não o adula

Quem não demonstra a fidelidade devida será afastado ou excluído.

16. Ele está convencido de que seus interesses pessoais são os interesses de toda a nação, por isso ele não hesita em permanecer no poder o maior tempo possível, pois isso também é benéfico para o país

Se permitido, ele mudará as leis para permanecer por mais tempo no governo do que o permitido ou fraudará as eleições para ser eleito. Em todo caso, ele silenciará a imprensa crítica na medida de suas possibilidades.

Os psicopatas não querem deixar o poder quando o detêm. Trump... (de novo!) em sua cabeça ele *não podia* perder as eleições, portanto precisava haver um "roubo organizado", o que foi a faísca para o ataque ao Capitólio em 6 de janeiro de 2021. (Apesar de todas as evidências, incluindo a declaração de seu próprio vice-presidente, ele continua dizendo que as eleições foram roubadas dele, sem mencionar aqueles que, como o ex-prefeito de Nova York, Rudolph Giuliani, foram condenados por acusar falsamente os funcionários das mesas eleitorais de cometer fraude a favor de Joe Biden.) Eu já mencionei antes como Putin se agarra à cadeira do Kremlin: ele se aproveitou das brechas nas leis para se tornar presidente pela terceira vez e depois mudou a Constituição para poder ser o chefe até a velhice. Mas deixe-me lhe contar sobre Daniel Ortega e Rosario Murillo, que são o presidente e a vice-presidente da Nicarágua, respectivamente, além de marido e mulher.[45] Não há como negar que a tirania está no sangue de Ortega, mesmo que, no início de sua carreira político-militar, ele tenha passado por um fervoroso defensor da liberdade (como líder da Frente Sandinista de Libertação Nacional) em sua guerra contra o ditador Somoza e o jogo sujo orquestrado pela CIA. Mas de que outra forma você pode explicar a bota de ferro com que ele subjugou seu país de sete milhões de habitantes desde que venceu as eleições em 2006? Você me dirá que o poder corrompe, mas eu acredito que, quando se chega ao nível de Ortega e de tantos outros que comento neste livro, *o poder atrai aqueles que já são corruptos*. Um exemplo da repressão exercida – que, como tantas vezes, chega ao absurdo – foi o que aconteceu com Sheynnis Palacios, a primeira vencedora nicaraguense do concurso de Miss Universo em 2023. Embora o governo, inicialmente, tenha celebrado a boa notícia, quando as ruas começaram a se encher com milhares de cidadãos para comemorar a coroa conquistada por sua compatriota, as coisas começaram a se complicar porque eles aproveitaram para carregar uma bandeira proibida (a bandeira do país; Ortega apenas aprova a bandeira sandinista).

Além disso, os comissários do regime deram uma olhada nos organizadores do evento e viram que eles eram amigos de algumas pessoas que se destacaram nas revoltas de 2018, quando centenas de milhares de nicaraguenses lotaram as ruas em protesto contra as medidas antidemocráticas tomadas pelo governo e os cortes nos benefícios sociais. Os manifestantes foram recebidos com uma repressão feroz, que resultou em milhares de mortes. Então, temos esse homem de 79 anos agarrado pateticamente ao poder, acreditando que a Nicarágua é sua… e expulsando do país o organizador do evento, como vem fazendo há anos com músicos, poetas, religiosos e jornalistas. Uma investigação realizada pelas Nações Unidas e publicada em 2023 comparou o histórico do país em relação aos direitos humanos ao dos nazistas, e a Comissão Interamericana de Direitos Humanos registrou mais de 2 mil pessoas detidas de forma arbitrária. "Ortega tem um problema", disse Arturo McFields Yescas, ex-embaixador de seu governo, que posteriormente renunciou para denunciar seus métodos: "o que ele não consegue controlar, ele rouba ou destrói".

17. Ele incentiva teorias da conspiração para justificar suas ações antidemocráticas ou o fracasso de suas políticas

Frequentemente, os culpados por essas conspirações são os bodes expiatórios a serem criticados. Na história, houve de todos os tipos: os judeus, os homossexuais, os cristãos, os muçulmanos, os negros, os comunistas, os fascistas, as democracias, a elite financeira… Lembre-se que o importante aqui é que esses bodes expiatórios são usados como justificativa para a política psicopática, independentemente de alguns ou muitos dos indivíduos nela envolvidos terem cometido atos condenáveis no passado ou no presente; e, em todo caso, não se esqueça de que a atribuição desses rótulos é feita de modo arbitrário por aqueles que têm o poder de fazê-lo. O fundamental nesse processo é (1) evitar que os cidadãos pensem de forma crítica, (2) afastar o foco da análise do governo e (3) promover um senso de unidade entre as pessoas diante do inimigo designado.

Trump de novo: "O México está enviando suas pessoas, mas não as melhores. Está mandando pessoas que têm muitos problemas […]. Eles estão trazendo as drogas, o crime e os violadores. Acredito que há algumas pessoas que sejam boas". E Putin não hesita em provocar uma guerra na Ucrânia (que ele se recusa a reconhecer como tal: trata-se apenas de uma "operação especial") com o objetivo de "lutar contra um governo de nazistas" e evitar que o país entre para a OTAN, o que, de acordo com seu discurso vitimista, representaria um sério risco para a Rússia.

18. Ele se enriquece ilegitimamente; rouba, defrauda

É indiscutível que muitos líderes psicopatas de nações saquearam o país e acumularam fortunas imensas: Gaddafi, Saddam Hussein, Idi Amin... Quem sabe quanto dinheiro Putin acumulou, se ninguém o controla? Quanto a Trump, em 2023, ele foi condenado em um processo em Nova York por adulterar o valor dos ativos financeiros de sua empresa, com o objetivo de poder receber créditos substanciais para realizar negócios altamente lucrativos.

19. Usa os poderes do Estado para favorecer grupos criminosos que o apoiam ou que são antissociais por causa dos danos que eles causam à comunidade em geral

Esses são todos aqueles que promovem ideias separatistas ou de ódio em relação a determinados grupos e aqueles que, em convívio com o psicopata, perseguem os críticos do sistema.

20. Ele usa de violência para manter seu poder, de várias maneiras

Reprimindo os oponentes por meio de prisão, exílio ou assassinato, ou provocando conflitos com outros países para concentrar a atenção em um inimigo externo. Nesses casos, ele apela para o sacrifício de seu povo, inclusive com sua vida, para o bem do Estado. Em fevereiro de 2022, vários meios de comunicação contabilizaram onze opositores envenenados pelos serviços secretos de Putin mediante o uso de polônio e outras substâncias.[46]

Lembre-se da Junta Militar da Argentina liderada por Leopoldo Galtieri e da guerra das Malvinas iniciada pelos militares em 1982. Com a ditadura desgastada e uma profunda crise econômica, o melhor que podiam fazer era sustentar seu governo exaltando o fervor patriótico. (O resultado, no entanto, foi o contrário do que eles desejavam, e a derrota para o Reino Unido foi o início do fim da ditadura.) E o que dizer da violência interna? Os exemplos que a história nos oferecem de governantes psicopatas massacrando seus oponentes são inúmeros. O assassinato do corajoso opositor Alexei Navalny pelo regime de Putin no momento em que escrevo estas linhas (fevereiro de 2024) é mais um dos vários exemplos.

21. Ele é especialista em transmitir mensagens fáceis e simples nas quais as pessoas podem confiar, prometendo soluções rápidas para problemas complexos

22. Não tem amigos de verdade, apenas serviçais

23. Demonstra afetos superficiais pelos membros de sua família, exigindo deles submissão e culto à sua pessoa

24. **Apresenta tendências paranoicas: qualquer pessoa pode se tornar seu inimigo a qualquer momento se ele perceber sinais de mínima crítica**

Hitler não hesitou em sacrificar o melhor soldado que ele tinha, o general Rommel, como consequência de seu nome ter sido colocado entre os conspiradores da Operação Valquíria, que tinha como missão assassiná-lo por meio de uma bomba colocada em seu quartel-general enquanto ele estivesse reunido com sua alta cúpula. Os historiadores concordam com o fato de que Rommel nunca teria enfrentado Hitler, por causa de seu código de honra, embora ele tenha dito em várias ocasiões que não havia mais sentido em continuar lutando.

25. **Ele justifica os atos de repressão, violência, guerra e crueldade em nome de um bem maior**

Tais atos, no entanto, são direcionados a seus opositores internos e, se direcionados a outros países, não são justificados pelo direito à legítima defesa.

Trump, na campanha para a eleição presidencial de 2024, no dia 4 de março de 2023, fez uma promessa solene a seus eleitores: "Eu sou o seu guerreiro; sou a sua justiça. E, para aqueles de vocês que foram maltratados e traídos, eu sou a sua vingança".[47]

Um exercício para os leitores: o painel de controle do psicopata

Uma vez aprendidos esses indicadores, eu lhe proponho um exercício de reconhecimento. O escritor e analista Bill Eddy elaborou um "marcador" (*scorecard*) da psicopatia para que os leitores norte-americanos pudessem avaliar até que ponto os candidatos às eleições apresentavam traços psicopáticos. É claro que, como ele mesmo diz, quando se trata de política, as pessoas podem ser muito emotivas e subjetivas, mas, ainda assim, você tem o direito de exercer seu julgamento de maneira independente, ou seja, avaliar um candidato (ou candidata) para as próximas eleições municipais, estaduais ou presidenciais. *Não é preciso ser um especialista, pois não se trata de diagnosticar clinicamente ninguém*. A questão é que, da mesma forma que você faz uma avaliação com base nos fatos que conhece sobre os políticos (do tipo: "O candidato X mentiu quando disse que..."), agora você deve se perguntar qual é a sua opinião sobre uma série de fatos *que revelam um padrão de comportamentos característicos de 1% da população definido pela psicopatia*. Esses padrões são agrupados em um indicador ou traço: quanto maior o número de padrões que o candidato apresenta, maior o risco de ele estar no espectro da psicopatia.

Meu "painel de controle" ou "marcador" da psicopatia é diferente do proposto por Eddy. Ele é guia para avaliar os candidatos que aspiram a um cargo político, composto por dez traços, selecionados como os mais críticos da relação anterior que vimos entre aqueles que podem ser avaliados porque eles são de conhecimento público. Por exemplo, seria difícil avaliar os indicadores 22 e 23 (amigos e família), a menos que você tenha um relacionamento pessoal e próximo com o candidato ou que haja muita informação pública a respeito. Os dez indicadores da psicopatia que compõem o painel de controle podem ser avaliados por qualquer pessoa que seja uma observadora atenta da atividade política do país.

Agora você pode atribuir um valor numérico para cada indicador de acordo com a presença dele no candidato. Um 1 se você nunca observou; um 2 se você já observou de vez em quando; um 3 se você diria que sua presença *é mais* do que ocasional ou de vez em quando; e um 4 se você acha que é habitual e define o

Indicadores da psicopatia na política	**Nunca** (1)	**Alguma vez** (2)	**Com certa frequência** (3)	**Quase sempre ou sempre** (4)
Mente muito, não mantém suas promessas ou faz o contrário do que diz				
Não tem empatia, pode se mostrar cruel em suas decisões ou declarações (ataques pessoais) e enviar mensagens de desprezo ou ódio contra determinados grupos				
Reprime duramente a mídia crítica e seus adversários, usa meios de poder em seu benefício				
Oferece soluções simples para problemas complexos, como se ele fosse o "escolhido" que vê as coisas como elas são				
Enfrenta os poderes do Estado de direito, procura revogar as leis que prejudicam, desautorizam a autoridade judicial				
Viola a lei ou usa habilmente os poderes do Estado para permanecer no cargo: suborna, corrompe, ameaça ou mata				
Rouba, engana ou faz acordos ilegais (ou legais, porém imorais) que o enriquecem ou lhe permitem um aposentadoria luxuosa depois da política				
É sedutor, tem habilidade com pessoas, é carismático, mas é um pouco fingido ou forçado				
Tem o ego inflado: ele se vê como um grande líder, destinado a fazer história; nunca está errado, adora ser elogiado				
É manipulador: sabe como fazer com que os outros façam o que ele quer, ele distorce a realidade, a culpa é sempre de outra pessoa				
Resultado total:				

comportamento dele. Isso lhe dá uma pontuação total para psicopatia, mas cabe a você considerar *quais indicadores são mais importantes*, porque dois candidatos com a mesma pontuação podem ter indicadores diferentes, e alguns podem ser prioritários para você, enquanto outros podem ser considerados mais desculpáveis.

Por que os políticos psicopatas têm tantos seguidores?

Mas uma pergunta inquietante é por que os políticos psicopatas às vezes têm a aprovação de muitos de seus governados, assim como aconteceu recentemente com Donald Trump, nos Estados Unidos, ou Vladimir Putin, na Rússia, e no passado com líderes como Fidel Castro, Chávez ou Mao Tsé-Tung. É claro que todos eles reprimiram a dissidência com mãos de ferro (Trump muito menos, pois os Estados Unidos são uma democracia) e deram grandes prerrogativas àqueles que os apoiaram, mas, mesmo assim, uma parte significativa da população estava ao lado deles.

Joe Biden, então presidente dos Estados Unidos, em um discurso no início de 2024, no começo do ano eleitoral, fez uma pergunta retórica aos presentes e à mídia:

> Se nos ajoelharmos diante de um aspirante a ditador que ama tiranos, que usa expressões da Alemanha nazista, que induziu a multidão a invadir o Capitólio em 6 de janeiro e que depois distorceu os fatos em sua tentativa de "roubar a história", assim como tentou roubar as eleições..., o que tudo isso diz sobre nós?[48]

O que *diz sobre as pessoas* o fato de elas votarem em um psicopata? A pergunta é totalmente pertinente, porque, para compreender esse fenômeno – a tomada de poder pelo político psicopata –, depois de analisarmos o eleito, é hora de voltar nossa atenção para os eleitores.

A professora Lipman-Blumen afirma que há seis aspectos da condição humana que nos tornam vulneráveis aos seus encantos, e quero destacar três deles.[49] O primeiro aspecto é *a ansiedade existencial*, o fato de que nossa vida está destinada a um fim inevitável. Para muitas pessoas que são particularmente vulneráveis a essa ansiedade, alguém carismático e sedutor pode ser um bálsamo, especialmente quando ele apela para a "eternidade" como destino de sua obra. Os líderes de seitas teriam nesse aspecto uma ótima base em sua capacidade de atrair membros, mas não apenas eles: um líder messiânico pode ser adorado por seus seguidores como se ele fosse o filho de Deus ("nosso líder – sua obra, seu legado – nunca morrerá") e criar assim a fantasia da imortalidade. E vimos como Trump apela para a sua missão "divina" para reivindicar o voto. Um famoso conto, *Encontro em Samarra*, ilustra bem esse medo existencial:[50]

> Um comerciante de Bagdá envia seu criado ao mercado em busca de provisões. Pouco tempo depois, o criado chega em casa pálido e trêmulo e conta que, na praça do mercado, ele foi empurrado por uma mulher, que ele reconheceu como a Morte, que lhe fez um gesto ameaçador. Pegando emprestado o cavalo do comerciante, ele foge em alta velocidade para Samarra, a uma distância de uns 125 km, onde ele acredita que a Morte não o encontrará. O comerciante, então, vai ao mercado e encontra a Morte, e lhe pergunta por que ela fez aquele gesto ameaçador ao seu criado. Ela responde: "Não foi um gesto ameaçador, foi apenas uma demonstração de surpresa. Fiquei surpresa ao vê-lo em Bagdá, porque tenho uma reunião com ele à noite em Samarra".

O segundo aspecto é que ele *nos faz sentir membros de um movimento mais abrangente e maior, o que nos dá segurança e um senso de pertencimento*. Um líder psicopata tomará decisões por nós: não precisaremos matutar mais sobre assuntos complexos e, se ele estiver governando um país, pode ser visto como o "líder paternal" de todo um povo. Além disso, ao nos identificarmos com ele, podemos compartilhar de forma indireta sua "grandeza", o que nos permite assumir esse espírito de herói que no fundo todos ansiamos. O terceiro aspecto que nos deixa à mercê do líder psicopata é *o medo do desconhecido e do futuro*, especialmente em tempos turbulentos; este, ao nos proporcionar segurança e um caminho a seguir, nos oferece menos ansiedade e a promessa de manter ou aumentar nosso bem-estar.

Em resumo: o líder tóxico ou psicopata nos vende "grandes ilusões", não "visões nobres" ou projetos realistas; ele nos promete uma fuga da nulidade existencial, do medo da insignificância e de não conseguir nada na vida. Em maior ou menor medida, esses líderes se apresentam ao povo como seres excepcionais e se dedicam a promover, por meio da mídia e de uma seleção cuidadosa de cúmplices ou capangas, a imagem de "serem tocados pelo destino" ou de constituírem um modelo de sabedoria, justiça e compreensão excepcional. O mundo que prometem é idílico, mas, ao mesmo tempo, eles apontam com paixão para a existência do "outro diabólico", ou seja, aquelas pessoas agrupadas por algum elemento afim (sua raça, ideologia, procedência, religião) que representam a maior ameaça à identidade do país, para conservar sua pureza e suas conquistas.

Uma consequência muito destrutiva dos líderes psicopatas é o modelo de vileza que eles disseminam no mundo. Hitler admirava o ditador fascista que o precedeu, Mussolini, assim como Maduro fez de Chávez seu professor. Em seu código moral, os atos cruéis se tornam virtuosos, e vice-versa: as ações de resistência e de promoção da liberdade de seus rivais passam a ser consideradas "terroristas", e seus responsáveis "inimigos do estado", como puderam testemunhar gerações de residentes dos gulags soviéticos, especialmente na época de Stalin, ou todos aqueles que explicitaram sua rejeição à guerra contra a Ucrânia na atual era Putin.

Voltemos a Trump mais uma vez. Quando a socióloga Zeynep Tüfekçi, da Universidade de Princeton, o acompanhou no início da campanha para a eleição presidencial de 2024, ela tinha em mente saber o que exatamente motivava tantas pessoas a apoiar a sua candidatura, mesmo diante das acusações gravíssimas pelas quais ele já havia sido condenado (na jurisdição civil, pelo estupro de E. Jean Carroll, uma jornalista da revista *Elle*, muitos anos antes, e por cometer fraude em seus negócios) ou que ainda estavam pendentes (a acusação de insurreição pelo ataque ao Capitólio e o roubo de documentos altamente secretos e sua "custódia" no banheiro de sua mansão em Mar-a-Lago, entre outras).[51]

O que a jovem socióloga descobriu foi, em poucas palavras, que seus entrevistados (e uma enorme quantidade de pessoas que o veneram) não acreditavam de jeito nenhum que Trump fosse realmente culpado de nada disso. Todos tinham certeza de que as acusações eram forjadas pelo *establishment* para tentar impedi-lo de concorrer novamente às eleições. E quanto às suas afirmações de que será um "ditador" quando retornar à Casa Branca?

> Em minhas entrevistas com mais de cem eleitores, em nenhum momento a palavra "autoritário" foi mencionada [...]. O que ouvi foi que Trump era muito bom em melhorar a economia e que ele era um sujeito que não podia ser enganado, o que foi eficaz para evitar guerras futuras. Eles também o viam como um presidente

autoritário que não se encaixava com o político típico, o que eles entendiam muito bem.

Mas o que é mais impressionante é a crença de que Trump, sendo "imperfeito" como é, foi escolhido por Deus para salvar os Estados Unidos. Esse é um clichê clássico da religião cristã em suas inúmeras variações: Deus escolhe um ser imperfeito, mas de coração nobre, para fazer sua vontade na Terra. Suas mensagens de ódio e insultos são consideradas atos de honestidade, porque todos os políticos – disseram os entrevistados – pensam assim, mas poucos ousam reconhecê-los em público. Trump afirma que apenas ele "pode consertar [*to fix*] os Estados Unidos" e torná-los grandes e poderosos em um mundo que produz ansiedade e temor. Trump disse, falando de seus anos como presidente no período de 2017-2020: "Durante quatro anos, mantive os Estados Unidos em segurança. Mantive Israel em segurança. Mantive a Ucrânia em segurança. Mantive o mundo inteiro em segurança".

A importância dos fundamentalistas evangélicos em vários estados é fundamental para Trump, de acordo com o jornalista e professor de ciências políticas David French.[52] Isso pode parecer surpreendente, mas o vídeo, que diz insistentemente quais são os males dos Estados Unidos e por que Deus enviou Trump para solucioná-los, é acreditado ao pé da letra por muitos de seus eleitores. O que muitos fundamentalistas e Trump têm em comum, embora suas vidas não possam ser mais díspares, é que eles compartilham uma solidariedade intragrupal que os une como crentes, uma ferocidade no ataque aos inimigos de Cristo (os democratas) e uma certeza grandiosa em suas crenças.

Dito isso, não pensemos que os eleitores de Trump são ingênuos. O comentarista político Bret Stephens deixou claro que Trump dá respostas contundentes a problemas complexos, o que seduz as pessoas que querem precisamente certeza e um sentimento de pertencimento a uma entidade social que lhes dê confiança e esperança no mundo, como apontou a professora Lipman-Blumen. A questão da imigração, por exemplo, que foi um ponto central de sua campanha anterior e também da atual. Stephens assegura que os políticos liberais são capazes de encontrar uma boa resposta para esse problema, seja nos Estados Unidos, seja na Europa, e a verdade é que a realidade exige que um Estado tenha fronteiras que não possam ser atravessadas por qualquer pessoa. "Estabelecer um controle de entrada", escreve ele, "seja por meio de um muro, uma cerca ou algum outro mecanismo, não é racismo. É um requisito básico do que é um Estado e seus cidadãos, o que toda nação tem a obrigação de proteger e cuidar". Para os apoiadores de Trump e outros menos radicais, essa mensagem – independentemente de que este dê como razões argumentos racistas – é de senso comum, e a incapacidade de oferecer uma resposta consensual e eficaz das democracias europeias apenas reforça o atrativo de sua proposta.[53]

Por fim, também é muito interessante a ideia apresentada por diversos pesquisadores sobre a origem do fascínio de Trump por tantos norte-americanos, no sentido de que ele viria para representar o anti-herói, uma figura altamente valorizada pela cultura e pelo espetáculo da modernidade tardia.[54] E, sim, acredito que pode ser também um pouco disso. Ele tem aquele ar arrogante que tantos heróis da ficção ostentam, um ar do inspetor Harry Callahan, do filme *Perseguidor implacável*, que prefere fazer as coisas do seu jeito sem ter que seguir as "malditas leis"; um ar de "mate os vilões", como Dexter, e ao mesmo tempo, pode ser até engraçado, como o Coringa. Aquele que se vingará dos "dos vilões" do *establishment* como se fosse o *Justiceiro*. Mas, em todo caso, o que o torna inigualável é que, apesar de tudo, apesar de vir de uma família rica, apesar do fato de que ele sempre viveu de forma megaluxuosa por causa dos seus negócios baseados em trapaças e ganância, o cidadão comum o considera um dos seus, alguém que conheceu em sua própria pele as dificuldades da América profunda. E que ele é um enviado de Deus. E, sim, tenho de admitir que, sob essa perspectiva, Trump é único e excepcional.*

* Quando o leitor brasileiro tiver este livro em mãos, Donald Trump já terá exercido seu segundo mandato como presidente dos Estados Unidos por vários meses. Por isso, poderá julgar com conhecimento de causa até que ponto minhas observações sobre ele são verdadeiras – ao menos no tempo que se passou.

CAPÍTULO 6

A luta contra o psicopata

> "Isolado naquela caixa, encontrei o mundo dentro de mim."
>
> ALBERTO DE LA FUENTE, empresário mexicano que ficou preso durante 290 dias em uma caixa de 2 × 2, com luz e ruído intensos durante 24 horas por dia[1]

VIKTOR FRANKL E JOSEF MENGELE

Viktor Frankl, nascido em 1905, tinha uma grande chance de que sua vida terminasse em algum dia no ano de 1944. Ele era um prisioneiro judeu no campo de extermínio de Auschwitz – em sua vida anterior, um renomado neurologista – e tinha a poucos metros de distância um dos psicopatas integrados assassinos mais implacáveis que passaram pela Terra no século passado: ninguém menos que Josef Mengele, apelidado de Anjo da Morte, o ícone do cientista dedicado à causa do mal. Um homem cuja mera aparição enchia de terror os milhares de indivíduos infelizes que, condenados em vida, apenas sonhavam com mais um dia de existência, quando ainda não haviam se entregado à morte, famintos e desesperados, a caminho da cerca elétrica do campo de concentração. Já vimos isso no cinema: uma fileira de corpos despedaçados caminha até o lugar onde Mengele realiza a seleção. Aqueles que não têm utilidade, por estarem muito doentes ou serem muito velhos e fracos, ele os manda para um lado com um aceno de sua bengala ou de seu dedo, conduzindo-os para a câmara de gás; aqueles que ele pode usar em seus experimentos macabros ou que ainda conseguem trabalhar, ele os encaminha para o outro lado, para os galpões onde eram alojados. O biógrafo de Viktor Frankl, Alfried Längle, conta o que aconteceu em seguida:[2]

> Ele me disse que, ao se aproximar, descobriu, com seu olhar clínico de médico, o que estava acontecendo ali. Quando chegou a sua vez, ele respirou fundo e se endireitou para dar a impressão de ser o mais forte possível. Mengele hesitou um pouco com seu dedo, mas depois apontou para o lado salvador. No entanto, Frankl não tinha muita certeza sobre esse acontecimento, pois ele mesmo tinha outra versão, segundo a qual o dedo de Mengele havia apontado na direção dos doentes e fracos. Como Frankl não viu nenhum conhecido do lado dos fracos, mas, ao contrário, reconheceu alguns colegas jovens do outro lado, também é possível que ele tenha ficado do lado do salvador nas costas de Mengele.

O terror perturba a mente, e o pesadelo se infiltra na realidade. Seja como for, Frankl sobreviveu a Auschwitz e a Mengele, e a maneira como ele fez isso serviu para consolidar uma filosofia sobre o indivíduo e seu modo de lidar com as vicissitudes da vida que continua a iluminar o mundo. Mas ainda não chegamos a esse ponto. Viktor Frankl é um jovem de classe média que se destaca desde muito jovem por sua inteligência na Faculdade de Medicina e, depois, nos círculos de psicoterapia. Como ele rejeita a ideia de que o homem é determinado por forças instintivas ou conflitos psicológicos que escapam ao seu controle, durante grande parte da década de 1930, seus problemas são os de um jovem pesquisador e médico que quer conquistar seu espaço na sua profissão. As dificuldades realmente sérias, que marcarão permanentemente sua vida, começaram para ele em 1938 com a entrada dos nacional-socialistas na Áustria, a terra natal de Hitler que estava então anexada ao Terceiro Reich. Ele foi desacreditado e isolado por ser judeu e, embora inicialmente tenha conservado seu cargo de diretor do Departamento de Neurologia do Hospital Rothschild em Viena – apenas para pacientes judeus –, com o tempo a nova política nazista o submeteu a ainda mais humilhações e ameaças. Em meio a essa situação complicada, Frankl recebeu uma notícia extraordinária: os Estados Unidos haviam lhe concedido um visto para que ele pudesse se estabelecer lá com sua jovem esposa, Tilly. Era a saída para uma situação insustentável e potencialmente letal, pois estamos em novembro de 1941 e as pessoas que não tapam os olhos e os ouvidos conhecem o destino trágico que aguarda os judeus, que é, no mínimo, ser deportado para um campo de concentração do qual jamais se retorna.

Assim, Frankl toma a decisão que definirá sua vida para sempre. Como eu disse, apenas ele e sua esposa Tilly podem emigrar: seus pais não têm como escapar. Frankl se vê incapaz de abandoná-los à própria sorte e decide ficar. O inevitável acontece, e, no ano seguinte, ele, sua mulher e seus pais são enviados para um campo de concentração. Seu irmão e sua cunhada também são presos na Itália e confinados em um dos campos. O único que sairá com vida em 1945, no final da guerra, será Frankl. Toda a sua família (com exceção de uma irmã que tinha partido para a Austrália antes) e muitos de seus amigos morrerão nos campos, que são, na realidade, campos de extermínio. Durante os três anos em que ficou preso, ele passou por quatro desses campos, entre eles Dachau e Auschwitz. Quando foi libertado, ele voltou ao mundo completamente sozinho e, em meio às ruínas de Viena convertidas em escombros, a realidade assume um tom fantasmagórico, como seu estado de ânimo. (Você pode imaginar aquelas ruas sombrias às quais Frankl retorna se tiver visto o filme *O terceiro homem* e se lembrar dele, lançado em 1949.) Foi então quando ele começou a escrever febrilmente um dos livros mais importantes do século 20: *O homem em busca de um sentido*.[3] Essa obra o tirou da depressão e o reinseriu no fluxo da vida. Rapidamente, ele retomou sua profissão de médico e se dedicou com afinco a reconstruir a saúde física e mental dos cidadãos, o que conseguiu, especialmente, por meio da extraordinária disseminação das ideias contidas em seu livro fundamental, que ele completará em muitos outros livros ao longo de sua vida.

Neste capítulo, examinaremos mais de perto a obra de Viktor Frankl. A pedagogia que ele oferece é de grande importância para nos ajudar a enfrentar um psicopata. Além disso, em paralelo com as pesquisas modernas sobre resiliência, ela estabelece os fundamentos para que possamos ensinar as crianças a evitar futuros encontros com psicopatas ou, pelo menos, a responder mais rápida e eficazmente às suas práticas manipuladoras.

Os fundamentos da superação do encontro com a psicopatia: a logoterapia de Viktor Frankl

Meu interesse pela criminologia e pela filosofia do ser humano nasceu quase ao mesmo tempo, pois no primeiro ano em que eu cursava meus estudos em psicologia e criminologia tive a sorte de que caísse em minhas mãos o livro *O homem em busca de um sentido*. Na época, não consegui perceber isso, mas, com o passar dos anos, entendi que a imagem da pessoa de Frankl encontrava sua antítese no psicopata. Aquele mero metro que separava

Mengele de Frankl quando ele atingiu seu apogeu na seleção de Auschwitz era um abismo entre as duas visões do mundo e do ser humano que ambos representavam. Cheguei à conclusão de que, embora Frankl não considerasse ninguém excluído de uma possível redenção – não importando a magnitude de seus atos passados –, esse não poderia ser o caso dos psicopatas primários na sua manifestação plena de seus traços. Digo que isso não poderia acontecer porque, para Frankl, a redenção supunha uma *transformação espiritual* da pessoa (explicarei a seguir o que é o espírito para ele), o que hoje parece uma quimera para um psicopata no 1% do espectro.

O objetivo desta primeira parte é estabelecer uma série de princípios orientados à compreensão da realidade humana que são úteis para superar com sucesso os encontros com psicopatas. Esse é um aspecto que me parece crucial: seja na família, seja nas relações de amizade ou de trabalho, a literatura especializada tem negligenciado considerar os recursos disponíveis para fazermos uma leitura humanamente significativa do encontro com um psicopata. Para isso, preciso que você conheça algumas ideias essenciais que foram propostas há mais de setenta anos pelo médico que estabeleceu as bases da psicoterapia e do apoio psicológico da atualidade: Viktor Frankl e a logoterapia. (É claro que Frankl se valeu de contribuições de outros autores: nada é construído do zero. O que me interessa é como ele articulava sua filosofia da existência e seus desafios para inspirar você a enfrentar experiências com psicopatas.)

Primeiramente, temos o conceito de *experiência radical*. O filósofo espanhol Julián Marías usa esse termo para se referir às experiências que transformam, de forma crucial, a maneira como um indivíduo se relaciona com o mundo e conduz sua vida: pode ser um encontro pessoal, um acidente grave, uma doença etc.[4] O escritor e psicoterapeuta Irvin Yalom as denomina "experiências de revelação" (literalmente "experiências de despertar"), porque representam um ponto de virada na vida de quem as experimenta (a citação no início deste capítulo ilustra bem essa transformação).[5] Em minha experiência, especialmente no âmbito familiar, o relacionamento com um psicopata pode resultar em uma "experiência radical", na medida em que, depois de entender quem essa pessoa realmente é, você terá a oportunidade de levar a vida de um modo diferente. Como explicarei mais adiante, o ponto crucial é que você pode descobrir dentro de si os recursos que o impulsionam para uma vida mais autêntica e alinhada a seus próprios valores, ou seja, sobre como você deseja conduzir seu comportamento e tomar suas decisões no futuro. Há alguns meses, uma amiga que foi casada por muitos anos com um psicopata me disse que, "em grande parte, a pessoa que eu sou hoje é o resultado de ter sido capaz de enfrentá-lo". Na vida de Viktor Frankl, está claro que sua experiência radical foi o tempo em que passou nos campos de concentração; a partir dessa experiência, sua vida teve um propósito e uma direção renovados: pegar tudo o que havia aprendido naqueles anos tão dolorosos e oferecer ao mundo na forma de uma visão existencial do ser humano que serviria como terapia.

Outro conceito importante é o da *dimensão espiritual*. Frankl reconhece o âmbito da biologia (hereditariedade e corpo) e da psicologia (personalidade e psíquico), mas introduz a dimensão espiritual. Com esse conceito, ele não se refere ao religioso, mas ao que é exclusivamente humano: a liberdade e a responsabilidade, os valores fundamentais que possuímos (a religião também pode fazer parte dessa dimensão); em outras palavras, essa dimensão abrange tudo relacionado ao propósito ou sentido que guia nossa existência. Por isso, a psicoterapia de Frankl é chamada de *logoterapia*, porque *logos* significa "sentido", e não exige que a pessoa seja religiosa, mas que mobilize os recursos espirituais que todos nós possuímos.

Em terceiro lugar, temos *a ideia de liberdade e responsabilidade*. O ser humano não está determinado por seus instintos ou experiências infantis: nem a hereditariedade nem o ambiente em que crescemos determinam nosso destino. Esses fatores são, é claro, fatores condicionantes, mas eles não são suficientes para privar o homem de superar tais limitações. Há inúmeros exemplos, e o primeiro que me vem à mente é a vida do famoso cientista Stephen Hawking, *que não deixou, até o último dia de sua vida, de viver com sentido ou propósito claro*, apesar do fato de que a doença da qual padecia (esclerose lateral amiotrófica) o levou progressivamente a sustentar um corpo inválido. Entretanto, com a liberdade vem a responsabilidade de viver. Aqui é importante separar a culpa da responsabilidade. Hawking, obviamente, não era culpado por sua doença, mas tinha a obrigação lidar com ela. Alguns dos prisioneiros dos campos de concentração foram selecionados pelos oficiais alemães para servir como guardiões de seus próprios companheiros (conhecidos como *kapos*), o que lhes permitia ter uma alimentação melhor e evitar os trabalhos mais duros. E alguns faziam o que podiam para aliviar as grandes dificuldades dos prisioneiros, enquanto a maioria exercia de forma sádica sua autoridade. *Diante das mesmas circunstâncias de vida, uns e outros escolheram se comportar de maneira diferente*. Para Frankl, os poucos que demonstraram compaixão escolheram com responsabilidade. E por quê? Porque estavam orientados para um sentido ou propósito que mudava a realidade para melhor, que significava – na medida do possível – a pessoa. (Veja, em algumas páginas mais adiante, uma figura que resume sua filosofia terapêutica, com os conceitos e princípios da logoterapia.)

O desejo por sentido nos impulsiona a agir

A responsabilidade nos leva ao conceito essencial da logoterapia: *o desejo de encontrar um sentido*. Frankl diz que a motivação mais determinante para uma pessoa é encontrar propósito ou sentido para a existência; essa força motriz que nos impulsiona é o que Frankl chama de "desejo por [ou de encontrar um] sentido". Como encontrá-lo? O próprio Frankl nos ensina: "Viver significa assumir a responsabilidade de encontrar a resposta certa para as perguntas que a existência nos propõe, de cumprir com as obrigações que a vida atribui a cada um de nós em cada momento específico.[6] É importante ter em mente que nós não "inventamos" o sentido da vida, mas o "descobrimos". O que isso significa? Vou explicar de forma simples. Toda pessoa tem uma série de valores que definem quem ela é. Valores relacionados ao que você espera dos seus relacionamentos com as pessoas, na vida amorosa, na sua contribuição para a sociedade, na atividade em que você espera se realizar etc. Você leva uma vida responsável na medida em que, diante das perguntas e circunstâncias que a vida lhe apresenta todos os dias, suas respostas são coerentes com esses valores. *Em outras palavras: quando você segue seu desejo de encontrar um sentido para sua existência*. É claro que esses valores devem ser positivos ou dignos da natureza humana, porque, se seus valores forem apenas prazer ou poder, o propósito ou o sentido de sua vida como ser espiritual, revestido da dignidade intrínseca própria do ser humano, não será alcançado.

Isso nos leva ao próximo ponto. O desejo de encontrar sentido (o desejo inato que temos de que nossa vida tenha um propósito) *nos remete inexoravelmente à ação*. Pense nisso: se, como escreve Frankl, "a essência da existência consiste na capacidade do ser humano de responder de forma responsável às demandas que a vida lhe impõe em cada situação particular", você não pode ficar deprimido ou renunciar, desolado, diante dos problemas que naquele dia o afligem. A ideia é que, *para sair do buraco emocional, você precisa agir quanto antes*. Então, o que devemos fazer? Você precisa assumir "um dever específico". E o que isso significa? Significa que – para nos atermos ao tema do livro –, orientado por sua consciência, você seja capaz de saber como agir de forma digna e valiosa para superar a manipulação, a trapaça e o tratamento injusto que recebeu do psicopata. A chave é que você precisa fazer algo além de lamber suas feridas ou estar preocupado com sua saúde mental. Você precisa "sair dos limites de si mesmo" ou "transcender". Como assim? Faça algo que você precisa fazer porque é sua obrigação, porque seus valores exigem isso ou você está se comprometendo porque é necessário para todos aqueles que contam com você.

Agir de forma transcendental

Frankl não acredita que o sentido da vida se encontre dentro de nós e, portanto, ele critica a corrente que afirma que o objetivo final de uma pessoa seja a "autorrealização", pois isso implica que você possa se isolar do mundo como forma de desenvolver sua vida. Para Frankl, esse não é o caso, pois o sentido da vida *exige transcender nosso próprio egoísmo e interesse*: "Quanto mais alguém se esquece de si mesmo – entregando-se a uma causa ou a uma pessoa querida –, mais humano se torna e melhor aperfeiçoa suas capacidades". Agimos com propósito quando nos entregamos às nossas obrigações e quando escolhemos amar e cuidar de outras pessoas; também quando suportamos os momentos de sofrimento com postura correta. Isso pode significar fazer mudanças em sua vida: talvez seu emprego não o satisfaça mais, então faça o que for possível para garantir que seu valor de competência naquilo que deseja possa ser realizado. E, se existir mais sofrimento do que felicidade em um relacionamento, você deve avaliar o que fazer a respeito para que possa continuar a exercer seu valor de cuidado e compromisso com os outros.

Esse cara o decepcionou porque ele o traiu e lhe causou um grande sofrimento? Faça alguma coisa! "Você tem que mudar a situação. Você tem que se ajudar, tem que ajudar os outros, tem que tirar algo dela [dessa situação], tem que resolvê-la da melhor maneira possível; essa oportunidade de sentido está por trás de qualquer situação", afirma Frankl. Aqui, resolvê-la "da melhor maneira possível" significa encontrar a maneira em que a experiência dessa situação projete o melhor de si. Por exemplo, sua capacidade de resistir, de trazer à tona sua força interior diante do infortúnio ou da injustiça. É por isso que Frankl diz que, quando "o homem mergulha em uma crise, quando pensa que a vida já não tem mais sentido", ele deve reagir e perceber que "o sentido está esperando por ele" na forma de um esforço, uma missão: cuidar dos filhos, superar um desentendimento com alguém de quem gostamos, lutar por uma causa, seguir em frente no trabalho ou buscar uma nova atividade, experimentar o prazer da serenidade da natureza, da beleza da música, dos valores que fazem parte de nosso espírito.

O que é, então, *agir de forma transcendental*? É a possibilidade que você tem de "transformar a realidade", porque você faz algo que está de acordo com os valores que dignificam o ser humano e que o fazem se sentir útil e eficaz. A discípula de Viktor Frankl, Elisabeth Lukas, nos adverte de que as metas que constituem um propósito ou que conferem sentido nem sempre são aquelas que consideramos desejáveis ou atraentes, mas que têm a qualidade de ser algo objetivamente "bom" no mundo.[7] É claro que aquilo de que gostamos também pode ser o propósito de uma vida com sentido, mas nem sempre é assim: podemos gostar de beber em excesso, mas isso não nos ajuda em nosso projeto de vida. E, ao contrário: ninguém gosta de ficar doente, mas é em nossa atitude durante a doença que encontramos uma das maneiras para dar sentido à nossa vida.

Em resumo: Frankl nos incentiva a agir. Talvez você precise de um tempo para meditar, refugiar-se emocionalmente e refletir, não há dúvida. Mas, em seguida, você terá de tomar a vida em suas mãos. Observe que, para o propósito deste livro, *a experiência radical é o encontro com o psicopata*, mas você pode aplicá-la a qualquer situação excepcional.

Autodistanciamento

Por fim, quero falar com você sobre um princípio que o ajudará a lidar com a experiência de terminar e seguir em frente após um relacionamento com um psicopata: *dê um passo para trás e entenda melhor quem você é de verdade*. Às vezes, vivemos em meio ao caos. Um psicopata pode, por meio de seus enganos e manipulações, nos deixar completamente confusos. A recomendação da logoterapia é tomar distância de si mesmo (*autodistanciamento*): "mantenha-se a uma certa distância a partir da qual as coisas ganham uma nova luz", escreve Lukas. Há várias maneiras de fazer isso.

Uma delas é *voltar no tempo*, antes de conhecer essa pessoa. Como você era antes? Quais eram (são) as pessoas que você acha que realmente amou? Como elas agiam em relação a você? Trata-se de se aprofundar em seus valores fundamentais, *quando não era normal* abrir mão de seus princípios ou de sua dignidade. Você tem que identificar como o amor das pessoas honestas que o amam (ou que o amaram, mesmo que já não estejam mais aqui) é muito diferente do amor – ou da relação de amizade – que você acha que o psicopata lhe oferece.

Em sua mente, você deve ser capaz de ver que são duas sequências de imagens que destacam uma realidade afetiva e relacional contrastante.

Outra maneira de "separar-se de seu eu confuso" é *ter coragem de fazer coisas que você teme*. Porque o medo o paralisa e o encolhe espiritualmente. "Não seria uma loucura que eu dissesse a essa pessoa que não vou mais tolerar esse comportamento?", diz sua voz interior cheia de medo. Mas, se você "sair" ou se distanciar de seu eu habitual e fizer exatamente o que teme, certamente ganhará controle e determinação e, ao fazer isso, terá dado um passo adiante para seu crescimento pessoal. (A única limitação a esse princípio é quando você percebe que agir dessa forma coloca em perigo sua integridade ou a de seus entes queridos; nesse caso, você precisa pensar em uma maneira alternativa de fazer isso.)

Uma terceira estratégia é *sair de si mesmo*. A recomendação que fiz no capítulo 3 de fazer anotações ou manter um diário, na medida em que você é forçado a ser um cronista, também estimula o autodistanciamento. Outra maneira de implementar essa estratégia é adotar o ponto de vista de um cinegrafista. Como você descreveria a situação em que se encontra? Observe seu relacionamento com a pessoa que o confunde como se fosse um filme. Como você contaria isso para alguém que não viu o filme? Destaque as cenas mais importantes... O que um espectador diria sobre o que ele está vendo?

Uma quarta estratégia é *projetar-se em direção ao futuro*. Imagine que você está mais velho e que está escrevendo sua biografia. O que você gostaria de colocar nessa fase de sua vida? Se você tivesse 80 anos e quisesse descrever como superou a convivência com um psicopata, o que gostaria de escrever? Um conselho parecido que Frankl também nos deu foi o seguinte: viva como se estivesse vivendo pela segunda vez e estivesse a ponto de repetir o erro da sua primeira vida. Você não gostaria de mudar esse resultado?

Uma última estratégia para o autodistanciamento é *o senso de humor*. O próprio Frankl nos diz que, em meio ao horror da vida nos campos de concentração, às vezes havia espaço para o humor, que ajudava, mesmo que apenas por um momento, a reforçar o espírito de sobrevivência. Talvez você deva ter vivenciado o quão ridículo podem ser alguns comportamentos exagerados do psicopata em sua ânsia de enganar ou de demonstrar o quanto ele é grande e excepcional. Na minha experiência com eles, tanto dentro quanto fora dos tribunais, muitas vezes tive que me esforçar para não sorrir abertamente diante de algumas de suas atitudes. Felizmente, fora dos campos de extermínio nazistas, há muito mais oportunidades para usar o sentido de humor. Isso ajuda você a não se censurar demais e a relativizar as coisas: se você cometeu erros em seu relacionamento com o psicopata ("O que eu estava pensando quando fiz isso ou aquilo?"), pode pensar, como dizem, "Bem-vindo ao clube"; não somos infalíveis. É hora de agir e mudar as coisas.

Em resumo, dar um passo atrás oferece a você dois processos para uma ação responsável. O primeiro é *ver a realidade da forma mais objetiva possível* e evidenciar o contraste entre o que você experimenta e quais são realmente seus valores fundamentais. O segundo é que, assim como a ação transcendental, ele *o impulsiona a agir*, a transformar sua realidade, porque destaca que você quer viver com propósito e não ser vítima de ninguém. Uma situação descrita em *O homem em busca de um sentido* revela de modo dramático essa capacidade de se distanciar da situação de sofrimento e projetar para a frente, ou seja, como disse Frankl, "em direção ao sentido e aos valores que a pessoa deseja realizar no futuro":

> Em certa ocasião, à beira das lágrimas por tanta dor – os sapatos gastos estavam me causando feridas terríveis nos pés –, caminhei com meu grupo os quilômetros que separavam o local de trabalho do campo, enquanto um vento gelado nos abatia. Pensava no número infinito de pequenos problemas de nossa existência miserável. O que teríamos para jantar naquela noite? Se, por acaso, recebêssemos um pedaço extra de salsicha, seria melhor trocá-lo por um pedaço de pão? [...] Percebi que estava começando a ficar deprimido pelo fato de ser afetado, dia e noite, quase exclusivamente por essas questões tão triviais. Forcei-me a pensar em outras coisas. De repente, imaginei-me no palco de uma sala de conferências bem iluminada, agradável e quente [...] Eu estava dando uma palestra sobre a psicologia nos campos de concentração! Ao relatar e delimitar os eventos com base em um ângulo científico, eles foram objetivados; o que estava me angustiando há um momento, agora veio à tona sob uma nova perspectiva. Por meio desse método, consegui me distanciar da situação e, de certa forma, superá-la; eu me coloquei acima do sofrimento atual e pude contemplá-lo como se ele já fosse coisa do passado.

Como eu disse a princípio, a logoterapia de Viktor Frankl é a base de muitas outras correntes de terapia e *coaching* atuais. Sem dúvida, a ideia mais popular de Frankl – que foi copiada inúmeras vezes – é a seguinte: é a interpretação que ele faz da realidade, e não a realidade propriamente dita, que influencia sua saúde mental (uma ideia que aparece, por outro lado, já na obra do filósofo estoico Epiteto, no século 1 d.C.). Quando Frankl o convida a ver o sofrimento e suas angústias como um chamado para agir de acordo com o que você considera seus valores e suas responsabilidades, ele está lhe dizendo exatamente isso. E, da mesma forma, sua insistência para que você se coloque à prova diante dos desafios da vida enfatiza *que a felicidade de uma pessoa é encontrada no processo*, nas respostas que você dá todos os dias às perguntas da vida, e não tanto na conquista dos resultados. É por isso que ele afirma que a saúde mental não é um estado de repouso, mas que requer a manutenção de uma tensão interna que é inerente ao ser humano; em suas próprias palavras: "[A saúde mental é] a tensão entre o que foi alcançado e o que ainda precisa ser alcançado, ou seja, a lacuna entre o que se é e o que deveria ser".

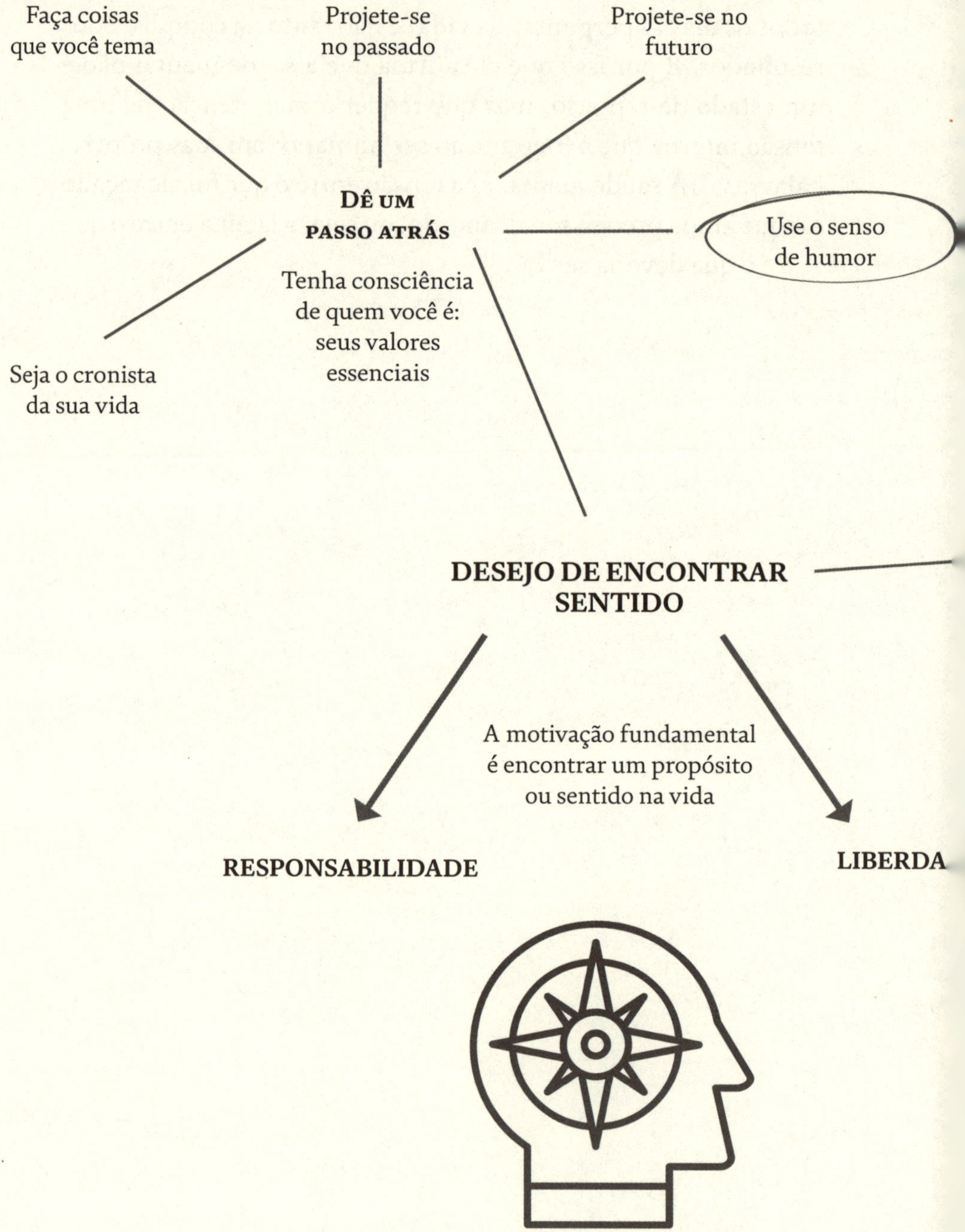

Os conceitos e os princípios da logoterapia de **Viktor Frankl:**
"viver com um propósito exige o uso responsável da liberdade"

Descubra sua verdade interior no sofrimento

Desenvolvendo um dever ou uma missão

Cuidando de outras pessoas

Transcendência

Procure, além de seus interesses egoístas, contribuir positivamente com o mundo, viva "por algo"; o fundamental é que você aja para transformar a realidade

Para concluir, observe que Frankl, ao estabelecer o desejo de encontrar sentido em ações e experiências que transcendem o egoísmo pessoal, se opunha totalmente a que o desejo de prazer ou poder constituísse o horizonte de vida de uma pessoa. Todos nós gostamos de desfrutar de coisas prazerosas, é claro, bem como de sentir que temos a capacidade de tomar decisões que podem ser relevantes para outras pessoas. Mas, no primeiro caso, se todos nós fossemos movidos pelo prazer, logo seríamos atraídos por hábitos e vícios que poderiam causar nossa ruína física e mental. E, no segundo caso, se apenas encontrássemos sentido no poder, o que isso diria sobre nossas vidas? Você gostaria de ser Frank Underwood?

Apenas citei (como você deve ter percebido) os dois horizontes que guiam o psicopata. Mengele viveu para provar para si mesmo que ele era um gênio das ciências médicas e, portanto, não tinha escrúpulos em submeter os prisioneiros do campo a experimentos cruéis, inclusive crianças; seu prazer estava intimamente ligado ao sadismo. Mas, como revelam os autores de uma biografia sobre ele, o poder era o essencial, como acontece com todos os psicopatas: "Ele tinha uma imagem que dizia: 'Eu sou o poder'", como lhes contou um dos sobreviventes.[8]

A NARRATIVA DO HERÓI

Uma das ideias mais interessantes da psicologia moderna é a descoberta de que nosso cérebro está preparado para compreender o mundo por meio de histórias ou narrativas. Em nosso passado evolutivo, aprendemos a criar vínculos e uma cultura comum para a tribo enquanto contávamos histórias ao redor de uma fogueira. É por isso que cada um de nós estruturamos nossa vida de forma narrativa, na qual somos os protagonistas de nossa própria história. Pense por um segundo: se você tivesse de contar em um programa de televisão quem você é, não teria que explicar ao telespectador os acontecimentos mais marcantes de sua vida? Não é por meio das coisas que aconteceram com você e do acúmulo de decisões que você tomou que sua existência adquire forma? É por isso que dizemos que, por meio da narrativa, podemos explicar a nossa identidade, porque o que *eu sou* devo ser capaz de explicar de acordo com as decisões e circunstâncias que ocorreram em minha vida.

A ideia da vida como uma história que tem a todos como protagonista é explicitada na filosofia de Viktor Frankl. Quando ele nos pede para imaginar que somos pessoas mais velhas e estamos escrevendo nossa biografia e depois nos convida a pensar o que gostaríamos de escrever sobre o que fizemos no momento específico em que fomos tomados pela angústia, ele está nos pedindo para *agir com responsabilidade neste momento*, de tal forma que, muitos anos depois, possamos ficar satisfeitos com a decisão que tomamos. Da mesma forma, sua ideia principal de que a felicidade é o resultado do processo de enfrentar com determinação as tarefas que nossos valores fundamentais exigem encontrou um grande endosso de muitos pesquisadores atuais da felicidade e do bem-estar psicológico. O psicólogo Brian Little, por exemplo, estudou os projetos pessoais que as pessoas realizam e salienta que, para sermos felizes, esses projetos devem ter *um significado pessoal* (ou seja, que deem sentido às nossas vidas) e acrescenta que é *a busca* por um valor significativo (ou seja, o comprometimento com o processo) que é o recipiente da felicidade, o que é respaldado por importantes estudos médicos em áreas como a depressão, acidentes vasculares cerebrais e vícios. Trata-se, no entanto, de um conhecimento que já fazia parte da sabedoria dos pensadores antigos, como Aristóteles, para quem, de acordo com a especialista em cultura clássica Helen Morales, a felicidade se resumia na expressão *eudemônica*, que significava “viver de forma a realizar nosso propósito”.[9]

Little, assim como outros autores, destacou que os projetos pessoais assumem a forma de uma narrativa na qual o indivíduo é o protagonista. Isso nos leva a uma questão importante: *Que tipo de narrativa queremos construir em nossas vidas?* As pessoas que sucumbem ao desespero escrevem uma história de arrependimento; aqueles que se dedicam a explorar e abusar dos outros escolhem uma narrativa de maldade. Todas essas possibilidades são exploradas pelas artes narrativas, como a literatura ou o cinema. Para fins dramáticos (para atrair o interesse do leitor ou espectador), as narrativas ficcionais geralmente se preocupam em apresentar o protagonista diante de um conflito ou situação graves ou, nas palavras do professor John Yorke, em "um importante momento de transcendência que mudou sua vida", em que ocorre "algo profundamente significativo", transformando o protagonista de uma maneira irreversível.[10] Portanto, as duas principais perguntas de qualquer enredo ou narrativa são: quem é esse personagem e no que ele se transformará?

Nas páginas anteriores, destacamos que o encontro com o psicopata pode ser um daqueles momentos transcendentais ou "experiências radicais" que marcam sua vida. Vimos que a maneira aconselhável de responder é reconhecer seus valores fundamentais, perguntar a si mesmo *que tipo de pessoa você é* e o que você está disposto a fazer para transcender sua dor e fazer com que sua vida volte a ter sentido ou propósito. Portanto, podemos dizer que o encontro com um psicopata introduz a situação ou o conflito que o protagonista da história (que é você) precisa superar para chegar a um final satisfatório. Nas artes narrativas, são chamadas de *jornada do herói* as histórias em que o protagonista parte em uma aventura para enfrentar um grande perigo ou um inimigo importante. Após superar essa ameaça e enfrentar diversos obstáculos e dificuldades, o protagonista é transformado por essa experiência.

E se eu lhe dissesse que as pesquisas indicam que a narrativa da jornada do herói é muito importante para a psicologia da sobrevivência? Diversos estudos foram realizados com milhares de pessoas pelo professor Ben Rogers, da Universidade da Carolina do Norte, e seu grupo. Eles demonstraram que as pessoas que enfrentam situações difíceis ou incertas (como superar um abandono ou se recuperar de uma doença grave) *adotando a narrativa da jornada do herói* encontram mais sentido ou propósito em suas vidas. Da mesma forma, os pesquisadores descobriram que isso trazia benefícios importantes em termos de saúde mental. A abordagem diminuía significativamente a depressão e melhorava a atitude geral sobre como lidar com as dificuldades (por exemplo, os indivíduos que adotavam a narrativa da jornada do herói viam os obstáculos como menos graves e eram mais criativos ao lidar com o problema).[11]

O que estou aconselhando é que *você adote a narrativa da jornada do herói quando se deparar com conflitos importantes em sua vida*, como enfrentar e sobreviver a um relacionamento com um psicopata. No quadro a seguir, você poderá ver quais são os componentes dessa forma de narrativa:

Elemento	*Descrição*
O protagonista	Você
Um perigo ou inimigo	O encontro com um psicopata
Uma missão	Neutralizar sua influência em sua vida
Aliados	As pessoas que amam e apoiam você
Desafios	Obstáculos externos e dúvidas internas
Transformação	Ao cumprir a missão, você cresce espiritualmente
Legado	Sua luta beneficia outras pessoas

Qual é o segredo dos efeitos benéficos da adoção da narrativa da jornada do herói? O cientista social Will Storr nos apresenta o motivo principal: quando você consegue alcançar seu objetivo e supera o impasse que provocou sua missão, isso significa que você está de novo no comando de sua vida, que superou o caos; que mudou e se transformou em uma pessoa melhor. Essa mudança para "uma pessoa melhor" pode ser entendida como uma transformação ou superação de um indivíduo que, por diferentes razões, era incapaz de gerir sua vida adequadamente, ou como uma revelação de determinadas qualidades do indivíduo que, antes de enfrentar o conflito e seus desafios, estavam ocultas (você descobre, por exemplo, que tem uma força interior que antes não conhecia). Em ambos os casos, o cérebro recebe sua gratificação por meio da dopamina e outros neurotransmissores, o que – segundo Storr – reforçará o senso de competência e propósito do indivíduo que superou o perigo. Com essa expansão da atividade cerebral, surge uma personalidade que é mais eficaz no gerenciamento e controle do mundo ao seu redor. Em outras palavras, agora você é uma pessoa mais flexível e mais forte ao enfrentar os problemas que o preocupam. "Não há mensagem mais reconfortante para o nosso cérebro contador de histórias", conclui Storr.[12]

Um exemplo em que uma grande amiga adotou a narrativa da jornada do herói para enfrentar um parceiro psicopata servirá para comentar esses elementos. Em resumo: um homem finge amar minha amiga (vou chamá-la de Sara) e, quando lhe convém, depois de ter abusado psicologicamente dela, ele a troca por outra pessoa (que é de se esperar que seja uma nova vítima no futuro) e se aproveita dos esforços dela para montar seu próprio negócio. Como resultado, Sara ficou psicologicamente devastada e teve de enfrentar uma de suas experiências mais marcantes, que, nas palavras de Julián Marías, "são aquelas que nos colocam em contato direto com nossa realidade derradeira e, ao mesmo tempo, com as pessoas que as originaram".[13]

O perigo, o conflito ou a experiência radical que eu já mencionei: o abuso e o abandono. "Para mim, o inferno é aqui, agora, e tem um rosto humano", ela me escreveu quando lhe pedi que me contasse sua experiência. De fato, o impacto é devastador: "Parei de tomar os remédios. Só posso dizer que pensei que não sairia viva dessa antes de sair de casa com minhas roupas do corpo". Em seguida, vem *a missão*: superar os estragos causados a ela pelo seu parceiro. E isso requer – como Frankl nos aconselha – *assumir a responsabilidade por sua vida com as próprias mãos*, aceitar o esforço de encontrar o sentido da vida nesse momento dramático. Ela foi embora: "Mas me ergui, de corpo e alma. Comecei a trabalhar como autônoma, publiquei um livro, comecei a dar cursos de novo e escrevi artigos, embora ainda não conseguisse escrever como antes, e muito menos ler". Felizmente, ela conta com seus *aliados*, pessoas que a amam e a apoiam. Uma amiga a ajudou a abrir os olhos:

> [Ela me disse:] "Você não viveu um rompimento amoroso: você viveu uma história de 'amor' com um psicopata". Ela me mostrou livros, artigos, e sua história era a minha história e a minha história era a história de tantas outras. E eu abri meus olhos, e os abri tanto que fiquei quase deslumbrada com tudo o que vi daquilo que vivi, com relação a mim e a ele.

Esse é um processo complexo: há momentos difíceis, que dão a impressão de que não conseguiremos seguir adiante; duvidamos, o tempo passa, a ferida é profunda. Essa é a fase *dos desafios*: "Nesta sexta-feira, vou ao médico. Na quinta-feira, parei de comer, não tenho apetite, sede, paladar e [estou] extremamente cansada: só consigo ficar na cama, exausta. As lembranças retornam, é como se eu estivesse em outro lugar; o corpo é quem paga a conta". Mas a recompensa vem na forma de *transformação*: para a pergunta de toda história (no que o protagonista vai se transformar?), minha amiga se tornou uma pessoa mais forte, mais sábia. Ela foi capaz de encontrar um sentido para o que viveu:

> Não sinto ódio, nem raiva, nem ressentimento. Esta experiência trouxe à tona uma versão melhor de mim: eu me tornei mais dura, mais forte. Sou a melhor versão de mim mesma. Vejo que é difícil para muitas pessoas compreender o que eu estou dizendo, mas agora percebo que essa não foi uma história de amor: todas as coisas bonitas que foram criadas por mim; quando eu estava à vontade no lar que eu criei, o lar era eu. Não há amor possível em uma imagem que não é real.

Por fim, *o legado* se mantém. Sara quer que sua experiência ajude outras pessoas, por isso concordou que eu contasse sua história: "Espero que o que estou escrevendo, o que estou lhe contando, possa ajudar outras pessoas. Sempre achei que tudo o que vivemos acontece para nos tornar mais sensíveis à dor dos outros e também para entendê-los e ajudá-los melhor".

Se, como disse o cientista evolucionista Daniel Dennett, "o eu é a história que contamos a nós mesmos", então não resta dúvida de que sairemos dela aliviados quando, exaustos, chegarmos em casa depois de ter derrotado aquele que nos aprisionava espiritualmente... ou nossos próprios demônios.[14] Fomos transformados; nos convertemos em pessoas melhores.

Cara a cara com o psicopata

Comentei no início deste livro que todos nós temos muitos recursos para enfrentar com sucesso o psicopata. Uma das coisas que podemos fazer para controlar sua influência negativa é promover uma educação que nos torne mais "resilientes" a todas as forças que nos desestabilizam e nos enfraquecem. Como consequência do tipo de sociedade que estamos construindo neste século 21, muitos indivíduos crescem com uma ausência de sentido em suas vidas, o que Viktor Frankl chamava de "vazio existencial". É uma pena, porque, se compararmos os atributos dos psicopatas e a forma como eles vivem com os que nós temos e a forma como *poderíamos* colocá-los em prática, somos claramente superiores. Veja a tabela a seguir:

O psicopata e sua vida	**Sua vida com sentido**
Seu objetivo essencial é o poder	Você procura viver com propósito
Manipula, mente, agride	Você desenvolve seus valores
Você não consegue entender a dimensão espiritual	Você tem acesso à dimensão espiritual
Ele não consegue entender de verdade os outros	Você tem profunda empatia
Seu mundo não vai além de seus interesses	Você transcende seu egoísmo e procura se tornar melhor
Ele não consegue se distanciar de si mesmo	Você é capaz de se examinar "de fora" e mudar
Ele é covarde: recua diante da retidão	Você se compromete e se supera diante da ameaça
Somente obedece a um poder superior	Tem princípios morais que o guiam
Não tem amigos, apenas "tontos úteis"	Tem a força da família e dos amigos à sua disposição
Não acredita em nada (niilismo)	Você acredita que há princípios e causas pelos quais lutar

O vazio existencial nos deixa frustrados, confusos, nos faz vítimas fáceis dos psicopatas, porque não usamos os recursos listados na tabela. Isso não é lamentável? A terapêutica de Viktor Frankl leva em consideração esses "superpoderes" que você pode desenvolver em seu esforço contínuo para levar uma vida com propósito: tomando a responsabilidade em suas próprias mãos e aceitando a grande aventura de enfrentar os desafios da existência diária como um herói faria. Do contrário, é renunciar a ser protagonista de nossas vidas, e nesse estado de "vazio existencial" (quando nos deixamos dominar pela angústia, quando nos fechamos em nossa dor ou medo e vivemos apenas para nós mesmos, quando buscamos por anestesia com hábitos compulsivos e prazeres efêmeros) *os psicopatas têm muito mais facilidade para nos dominar*. O exemplo a seguir ilustra esse argumento.

Os psicopatas comumente se tornam líderes de seitas. Lembre-se do que aconteceu com a jovem de Elche, Patricia Aguilar, e sua família há alguns anos. Patricia, quando completou 18 anos, decidiu deixar tudo para trás e ir para o Peru para viver como esposa e criada do guru peruano Félix Steven Manrique, que ela havia conhecido na internet. Passaram-se quase dois anos até que ela conseguisse voltar para casa. Ela fez isso com um bebê no colo e a experiência de viver em situação de extrema privação (veja a excelente série documental sobre Patricia intitulada *548 dias: capturada por um culto*).

Patricia conta na série que, antes de ir morar com Steven, ela sabia que iria compartilhá-lo com outras mulheres. E, de fato, quando ela chegou a Lima, duas "esposas" do guru e três filhos a esperavam, todos moravam juntos em um pequeno apartamento. Naqueles quase dois anos, ela viveu uma série de abusos físicos e emocionais que só foram interrompidos pela perseverança de seus pais e de alguns policiais peruanos para resgatá-la. Porém, não é isso que quero destacar, mas por que uma jovem moderna de Elche, prestes a completar a maioridade, acredita em disparates como os seguintes: "A aura está conectada ao corpo e pode ser trabalhada por meio da nudez, porque a sensualidade é mágica e sagrada". E o que dizer quando ele escreveu para ela: "Lembre-se de que eu sempre tenho razão" ou "O mais importante é seguirmos juntos rumo ao apocalipse"?

O fato de um grande fracassado como Manrique, que nunca fez nada de útil em sua vida, poder seduzir uma jovem inteligente de uma família completamente normal (apesar dos problemas de convivência que muitas famílias enfrentam) revela até que ponto existem pessoas que acreditam em qualquer besteira a fim de encontrar o que desejam. O que as pessoas procuram em uma seita? O especialista Miguel Perlado afirmou que o denominador comum das vítimas é o fato de serem "pessoas facilmente manipuláveis, submissas, obedientes e que não questionam a autoridade do líder", de modo que uma variedade de perfis se encaixe aqui, desde "jovens universitários com uma mentalidade idealista e inconformista até aquelas pessoas que já tiveram relações anteriores de dependência, seja sentimental, seja sexual ou de abuso de substâncias". Ele também observou que, após a pandemia, as seitas aumentaram e que, atualmente, elas não se estruturam tanto quanto antes em torno de temas religiosos (o líder como representante ou reencarnação de Jesus Cristo); em vez disso, predominam "aquelas que têm a ver com espiritualidade e cura".[15]

Não tenho dúvidas de que o que Miguel Perlado diz é totalmente certo, mas acredito que a questão fundamental subjacente à proliferação de seitas em muitos países do mundo (atualmente há mais de sessenta seitas *apenas* na região de Valência) não pode ser explicada apenas pelas razões anteriores. Por trás dessa vulnerabilidade está o vazio existencial. O documentário sobre Patricia Aguilar sugere que a morte de seu tio e a depressão de sua mãe que se seguiu deixaram a jovem em um estado mental frágil – ao qual deve ser acrescentado o distanciamento emocional que havia entre seus pais –, o que é verdade, mas, se prestarmos atenção, perceberemos que o problema tanto para Patricia quanto para sua mãe era que a *vida para elas já não fazia mais sentido*. Quando esquecemos o que a vida espera de nós e abdicamos da responsabilidade de agir com um propósito, o "iluminado" aparece para nos levar para sua masmorra. A mãe parou de prestar atenção ao que a vida estava exigindo dela naqueles momentos difíceis, porque, tanto Patricia como ela, eram muito próximas do tio falecido, e ela se perdeu no jogo on-line, tentando anestesiar sua dor. O que a vida estava cobrando dela era que ela cuidasse de sua filha, que, apesar da idade, não tinha conseguido processar essa perda nem a decepção de que sua mãe não estivesse ali para lhe mostrar o caminho a seguir. *Patricia* simplesmente *não sabia o que fazer com a sua vida* e procurou em um guru fajuto o sentido que lhe faltava. (Não há motivos para censurar Patricia ou seus pais. Estou apenas descrevendo o que acredito que aconteceu na minha opinião.) Quando Patricia vai embora e deixa mensagens e áudios muito depreciativos para seus pais no WhatsApp, pedindo que eles não a procurem, ocorre "uma experiência radical" ou uma revelação em ambos. Ignorando os desejos veementemente expressos de sua filha e o conselho de seu entorno – que lhes disse que Patricia é maior de idade e que eles devem deixá-la viver sua vida –, os pais *assumem* como verdade que ela foi atraída por uma seita e, consequentemente, não foi realmente "ela" que lhes disse aquelas coisas tão horríveis, mas uma jovem profundamente alienada.

É então que *a vida volta a ter pleno sentido* para seus pais, exigindo que eles ajam rapidamente e com muita determinação. Como exige a narrativa da jornada do herói, eles embarcam em uma missão cheia de obstáculos e dificuldades, como a recusa da polícia espanhola em investigar o que, de acordo com Patricia, é uma decisão tomada livremente por uma pessoa maior de idade, assim como a perda de interesse da mídia após certo tempo. Os pais contam com seus aliados, como a narrativa da jornada do herói: uma prima de Patricia, que os ajuda a entender a situação e está ao lado deles o tempo todo, a mãe peruana cuja filha também está com Steven e, como já mencionei, dois policiais peruanos que arriscam suas vidas para salvá-la. Quando os agentes finalmente prendem Steven e libertam Patricia (morrendo de fome, com um bebê que ela mal consegue alimentar decentemente, em meio a uma cabana na selva e com apenas a companhia dos filhos pequenos das outras mulheres), os heróis (os pais) terão sido transformados e aceitarão de volta a filha e o neto com o firme propósito de criar uma família unida em que as necessidades de cada um de seus membros sejam atendidas com amor e dedicação.

Por sua vez, Patricia também se transformou: o sofrimento pelo qual passou a fez amadurecer extraordinariamente naqueles dois anos. E, mesmo que sua decepção com Steven tenha começado antes do nascimento do seu filho, um dos acontecimentos mais decisivos durante seu cativeiro foi a gravidez e o posterior nascimento do bebê. Pode-se ver claramente que Patricia começa a viver esse sofrimento tão intenso (em uma cabana na selva, sem eletricidade nem água, cercados de mosquitos, com apenas o suficiente para comer) *como algo necessário, algo que vale a pena, porque ela tem a missão de proteger seu filho*. Assim, não foram dois os heróis que voltaram para casa depois ter vencido o psicopata, mas três. (Steven foi posteriormente condenado a vinte anos de prisão por tráfico sexual de pessoas.)

Em resumo, a "abdução" de Patricia só foi possível porque ela estava desconectada de sua família e porque, é verdade, ela tinha uma mentalidade "esotérica" – uma preferência por respostas mágicas diante das incertezas da existência –, mas também porque ela *não foi capaz de detectar a psicopatia* quando Steven apareceu dizendo coisas que poderiam estar no roteiro do filme *O escorpião de Jade*, de Woody Allen, de tão ridículas que elas eram. ("Eu não me importava com o sexo", disse Patricia no documentário. "O que eu queria era engravidar; eu queria ter com ele os deuses que iriam salvar a humanidade com ele [Steven], já que ele se apresentava como Cristo Redentor e destruiria 95% da raça humana.") Sua vulnerabilidade essencial, apesar de tudo isso, era que sua vida havia perdido todo o propósito.

Uma sociedade debilitada: a cultura terapêutica

Até que ponto estamos preparando os cidadãos para que disponham de melhores recursos para lidar com a ameaça que a psicopatia representa? Na minha opinião, a resposta é que não estamos fazendo as coisas muito bem. Algumas das causas disso já foram anunciadas há muito tempo; outras são mais recentes, tendo em conta a evolução do mundo neste primeiro quarto de século. *E todas elas estão fundamentadas na forma como as crianças estão sendo educadas.*

A primeira é a constatação de que o narcisismo está ganhando espaço como um traço de personalidade desejável. Muito favorecida pela internet, a antiga ideia de que o caráter de uma pessoa é a medida de seu valor deu lugar à sua presença (e influência) nas redes sociais como critério de sucesso e relevância. Não pude deixar de sorrir quando li o conteúdo da mensagem de Natal de 2023 do partido político Sumar: "Quero que todos os seus melhores desejos se tornem direitos". Como Ana Iris Simón (que compartilhou a notícia) deixou bem claro, por trás desse desejo estavam "dois dos maiores males do nosso tempo: a infantilização e o narcisismo [...] porque os desejos, por mais nobres que sejam, não são nem precisam ser direitos".[16] Mas, por mais ridícula que seja essa mensagem, ela esconde algo muito profundo: a crença de que o objetivo que uma pessoa deve buscar é gostar de si mesma, *sentir-se bem a todo custo*. O que eu desejo, se o considero bom para mim, isso deve ser um direito.

O escritor e analista David Brooks considera esse modo de vida infantil e narcisista como um sintoma do que ele chama de "cultura terapêutica", em que a autoestima do indivíduo depende da afirmação que ele recebe dos outros e, portanto, reflete um eu fraco e frágil, que necessita constantemente da aprovação dos outros, algo que se multiplicou nesta era das redes sociais.[17]

Mark Manson, em um livro de autoajuda popular, chama esse crescente setor da população de "as pessoas que acham que têm direito a tudo", porque elas ficam frustradas e desesperadas se a vida não as trata como elas exigem que aconteça.[18] Essa primazia do caráter narcisista já havia sido percebida em 1979 pelo sociólogo Christopher Lasch, que escreveu que "o homem do século 20, dominado pela ansiedade, pela depressão, pelo descontentamento traiçoeiro e pela sensação de vazio interior, não busca o crescimento pessoal nem a transcendência espiritual, mas apenas a paz de espírito".[19] A paz de espírito é equivalente à atitude que Frankl criticou anteriormente quando ele denunciou que o homem isolado, autorrealizado, descomprometido com qualquer pessoa ou coisa, estava longe de conseguir escapar do vazio existencial, mas, ao contrário, o potencializava.

Como devemos interpretar a grande quantidade de pessoas que, dia após dia, estão demandando cuidados psiquiátricos e psicológicos? Na minha opinião, sem querer desmerecer, a frustração existencial só está aumentando. As taxas de suicídio e depressão crescem, e entre os jovens o sentimento de desespero está cada vez mais evidente. Na Espanha, em 2021, ultrapassou-se pela primeira vez a marca de 4 mil suicídios anuais, e em 2022 houve um aumento de 5,6%, chegando a 4.227, ou seja, todos os dias morrem quase 12 espanhóis, de modo que, para cada homicídio, há quatorze suicídios. O suicídio é a principal causa de morte entre os jovens espanhóis (com idades entre 15 e 29 anos), à frente dos acidentes de trânsito.[20] Então, por que deveríamos nos surpreender com o aumento das seitas, se elas têm um terreno cada vez mais fértil para se estabelecer?

Uma segunda causa da sociedade fragilizada está na crença amplamente aceita de que os cidadãos devem viver, custe o que custar, em "espaços seguros"; toda ofensa deve ser banida, mesmo que se apresentada como uma crítica legítima. É aí que entram as "microagressões", que só fazem refletir o fato de que ninguém parece disposto a defender sua posição com veemência, mas, ao contrário, se colocar no papel de vítima, pois é claro que, se estamos dispostos a considerar muitas ações como *agressões intoleráveis*, tanto mais reivindicaremos o status de vítima, exigindo que a sociedade nos proteja de tais experiências.

David Brooks associa esse sintoma da "cultura terapêutica" à ampliação exagerada do conceito de "trauma". Esse conceito costumava ser restrito a episódios trágicos na vida de uma pessoa: um estupro, uma experiência de guerra, sobreviver a um terremoto... Agora, qualquer coisa pode gerar um trauma, como pode ser visto em inúmeras séries e filmes: uma mãe adotiva pouco atenciosa, um emprego pouco atraente, uma experiência de assédio, um chefe desagradável... É claro que essas são coisas negativas – e em alguns casos podem ser claramente prejudiciais –, mas o problema é o exagero, a patologização constante, cujo resultado é que nos enfraquecemos, porque viver um trauma gera *um peso patológico* que nos torna menos capazes de lidar com ele.

Por fim, Brooks nos apresenta ao que os psicólogos Greg Lukianoff e Jonathan Haidt chamaram de "três más ideias" na educação de nossos jovens.[21] A primeira é "O que não te mata, te deixa mais fraco" – ou seja, o contrário do que afirmava Nietzsche ("O que não te mata, te deixa mais forte") –, que tem como resultado induzir as pessoas a olhar para seu passado em busca das feridas que elas sofreram, reivindicando novamente o status de vítima. A segunda ideia é "Tudo acontece comigo" uma formulação passiva do eu que o priva de reivindicar seu lugar como agente ativo capaz de transformar suas circunstâncias e, assim, contribuir para mudar a realidade. A terceira é "Se eu o mantiver seguro, o farei forte", que é o princípio que guia os pais superprotetores e as escolas que tentam proteger as crianças de conteúdos que possam "prejudicá-las", como certas leituras ou debates, como se esse modo de agir não tivesse como resultado o contrário, negando-lhes o conhecimento e aprendizado de realidades históricas ou de temas cuja análise é necessária para entender o mundo e sua evolução. Brooks escreve: ao superproteger as crianças, "não estamos as tornando pessoas mais resilientes, mas o contrário".

O que significa educar crianças "resilientes"? E qual é a importância disso na prevenção da psicopatia? A importância se dá em duas direções. A primeira é voltada para as futuras vítimas: uma criança com ferramentas para se tornar um adulto autônomo e capaz de enfrentar os problemas está muito mais protegida contra a influência dos psicopatas. A segunda é voltada para as crianças que, por razões genéticas e ambientais, correm o risco de se tornarem psicopatas. A seguir, vamos examinar em detalhes esse primeiro aspecto ou direção.

A RESILIÊNCIA

Durante anos, o professor da Universidade de Minnesota, Norman Garmezy, visitou escolas por todos os Estados Unidos. Depois de se reunir com o diretor e o assistente social de cada escola, ele lhes fazia a seguinte pergunta: "Há crianças nesta escola que, apesar de virem de ambientes desfavorecidos, se destacaram como alunos brilhantes, sendo um motivo de orgulho para a escola?". Essa era uma pergunta surpreendente. Tradicionalmente, os psicólogos estudavam os fatores que estavam associados ao desenvolvimento social desadaptativo, ou seja, perguntavam o que levava as crianças a cometer crimes, usar drogas, fracassar na escola etc. Mas, naquele momento, Garmezy estava colocando o foco no lugar oposto, porque o que ele queria descobrir era como os meninos que apresentavam esses fatores de risco para a criminalidade escapavam desse destino.[22]

Assim, nasceu um campo de pesquisa totalmente novo, centrado não em fatores associados ao início de uma vida irresponsável ou criminosa, mas em *fatores que protegiam* a criança de se envolver nesse comportamento. E foi criado um termo que se difundiu em todo o mundo: a resiliência, ou a capacidade de uma pessoa de seguir adiante e construir uma vida com propósito, apesar dos muitos indícios para que isso não aconteça. Esses "indícios" ou "estressores" podem ser variados e de todos os tipos. Alguns são crônicos (estão presentes na maior parte do tempo), como ter pais incompetentes ou acometidos por graves tensões, ou ser objeto de abusos ou negligência. Outros são agudos e ocorrem em um momento específico, como a morte de um parente próximo ou um acidente ou uma doença grave. O que importa é a intensidade e a duração do agente estressor: nos tipos crônicos, mesmo que não sejam muito intensos, sua presença duradoura ao longo do tempo pode ter um grande impacto negativo sobre a criança; nos tipos agudos, por outro lado, o fundamental é a intensidade geralmente muito alta com a qual eles entram em suas vidas.

Uma das pesquisas mais importantes sobre resiliência foi realizada por Emmy Werner na ilha de Kauai (Havaí), pois resumia os resultados do acompanhamento do desenvolvimento de 698 crianças, desde antes do nascimento até completarem 30 anos. Em sua publicação de 1989, Werner conseguiu descobrir que, dos 30% das crianças que apresentavam fatores significativos de risco de fracasso, delinquência, saúde mental e outros aos 10 anos de idade (aproximadamente 290 crianças), *10 desses 30%* (21 crianças) foram capazes de chegar à idade adulta como indivíduos responsáveis, com metas, trabalho e família que ofereciam um propósito à sua existência.

Sem dúvida, a questão essencial era saber *o que havia protegido* os 10% que, apesar de apresentarem os mesmos riscos que os demais, haviam sido capazes de progredir e levar uma vida produtiva. Esses fatores "protetores" incluíam ter um adulto como figura de apego e apoio constante: um dos pais, um professor, uma pessoa religiosa... Para as crianças, esses adultos não eram apenas vínculos emocionais poderosos, mas modelos de comportamento. Mas outros eram de natureza interna, específicos de sua psicologia e de sua forma de encarar o mundo. Eram, de fato, crianças com *uma orientação positiva para a vida e seus relacionamentos*, que demonstravam autonomia e determinação para enfrentar as circunstâncias e que se sentiam capazes de construir suas próprias vidas, ou seja, *acreditavam que elas podiam mudar as coisas*. Em outras palavras: guiadas por seus valores, desde pequenas, elas se esforçavam para responder às questões que a vida lhes oferecia todos os dias com *sentido ou propósito* (superar as dificuldades, aproveitar ao máximo a escola, estabelecer vínculos com pessoas que poderiam cuidar delas...).

Werner também descobriu que a resiliência era algo que podia mudar com o tempo. Às vezes, essa mudança era para pior: um menino, depois de resistir a muitos golpes da vida, poderia finalmente sucumbir se as circunstâncias adversas se acumulassem. Em outras ocasiões, a situação era melhor, como quando alguém, já em uma idade mais avançada, poderia reorganizar sua vida de forma produtiva e deixar para trás muitos anos de azar e decisões ruins. Esse último fato destacou um aspecto de grande importância: essas habilidades de resiliência podem ser aprendidas e, consequentemente, *eram algo que poderia ser ensinado*.

A esse estudo crucial de Werner, o professor da Universidade Columbia, George Bonanno, acrescentou a cereja do bolo, destacando algo implícito nos resultados de Werner, mas que merecia maior detalhamento: *a percepção ou interpretação da criança sobre as coisas que aconteciam com ela*. Bonanno, em uma entrevista com a escritora científica Maria Konnikova (de quem tomo as anotações nesta seção), afirmou que "os acontecimentos não são traumáticos até que sejam interpretados dessa forma". Em outras palavras: é o que a pessoa pensa e sente, *e não o evento que acontece com ela*, que determina se ela passará por essa experiência de maneira saudável ou desenvolverá alguma patologia. Konnikova nos apresenta um exemplo: algo tão difícil como a morte repentina de um parente ou amigo próximo devido a uma doença considerada rara. É claro que isso o deixará muito triste, mas, se você for capaz de interpretar esse evento de luto com um propósito ou sentido (você se esforça, por exemplo, para divulgar essa doença ou se aproxima mais de outras pessoas das quais você estava distante), então você terá vivido o luto de uma forma não traumática. Mais uma vez, vemos que o conceito de Frankl de "desejo de encontrar sentido" é crucial.

É óbvio que uma lição extremamente importante poder ser extraída dessa pesquisa: não precisamos ensinar as habilidades de resiliência somente às crianças que vêm ao mundo com "cartas ruins" (ou seja, estressores crônicos) ou que sofrem um trauma muito grande em suas vidas (um estressor agudo); se as ensinarmos a todos, poderemos evitar que as crianças cresçam frágeis e tímidas, ou que sejam levadas a tomar más decisões que coloquem em risco seu futuro, não acha? E uma das melhores razões que posso imaginar para educar para a resiliência é evitar o encontro com um psicopata ou, se isso não for possível, que elas possam sair desse relacionamento tendo sido capazes de derrotá-lo.

Como ensinar as crianças a evitar o encontro com um psicopata ou a se libertar dele?

A primeira coisa é lhes ensinar desde pequenas que a vida tem três componentes que devemos aceitar e administrar de modo prudente: a dor e o medo, o esforço e o sofrimento e a incerteza.

A dor e o medo podem ter origem em forças incontroláveis, como uma catástrofe ou um acidente, assim como em outras pessoas. No entanto, não é possível aprender a enfrentar essas pessoas se tivermos sido educados como pessoas covardes, se tivermos sido poupados de qualquer contratempo ou se nos apressarmos em privar as crianças da experiência de qualquer frustração ou dor. Se, como argumenta Daniel Goleman, um dos alicerces da educação é não transformar as crianças em indivíduos passivos, mas ensiná-las a "assumir o controle da própria vida", como alcançaremos esse objetivo sem incentivá-las a reconhecer e enfrentar as dificuldades que possam surgir?[23] O renomado terapeuta Phil Stutz revelou um dos grandes erros da educação atual: temos uma visão de mundo distorcida. Evitar a dor e a adversidade "parece algo bom e idealista", mas, na realidade, é uma armadilha mental: "A vida oferece infinitas possibilidades, mas elas são acompanhadas de dor, e, se você não for capaz de aguentar a dor, também não poderá estar totalmente vivo".[24]

Como é evidente, alguns pais responsáveis se esforçam para ajudar seus filhos a sair de situações injustas e dolorosas, como sofrer *bullying* na escola ou procurar aliviar sua dor se eles ficarem doentes. Mas isso não é contrário à máxima de que *o esforço e o sofrimento* são as ferramentas que nos fortalecem. Por um lado, como pais, ficamos tentados a evitar qualquer tipo de contratempo, mas essa não é uma boa ideia. De acordo com seu estágio evolutivo, as crianças devem identificar os problemas e buscar soluções para eles; e isso exige determinação. Nada valioso é alcançado sem esforço, e este nunca cessa, *porque sempre há problemas para serem resolvidos*. Nós as ajudamos, orientamos e guiamos, mas elas devem aprender que a vida é um acúmulo de dificuldades e que a verdadeira felicidade está em saber resolvê-las: é o processo, e não o resultado, que traz felicidade, você se lembra disso? E isso exige um esforço contínuo. *Um objetivo fundamental da educação dos filhos é ajudá-los a abraçar os valores importantes da vida* (justiça, solidariedade etc.) e *a encontrar prazer e propósito no esforço para desenvolvê-los*. Nesse processo, inevitavelmente, é preciso lidar com a dor física e emocional.

O desenvolvimento da força diante do sofrimento é, como você sabe, um dos pilares da logoterapia de Frankl. Muitas pesquisas atuais demonstraram o benefício psicológico e físico do desenvolvimento da *equanimidade* em face ao sofrimento. Equanimidade significa que você aceita o que a vida lhe oferece agora em termos de sofrimento, *porque suportar essa dor também faz parte do seu projeto como pessoa*.[25] Vou lhe dizer isso de outra maneira: você não consegue crescer como pessoa sem sofrer (o que não significa que tenhamos de buscar o sofrimento: a vida nos oferece muitas oportunidades para você querer aumentá-lo ainda mais). Por outro lado, você precisa, acima de tudo, se desligar de toda essa filosofia equivocada para se sentir bem e positivo, como se essas fossem as metas louváveis para dar sentido à vida. Sem dúvida, o bom humor (ter uma visão otimista da vida) ajuda muito, porque ele nos permite concentrar em nossa tarefa e nos ajuda a acreditar em nosso esforço, mas o "sentir-se bem" é uma disposição funcional que deve ser dirigida a algo que nos transcende, não um fim em si mesmo, porque isso nos levaria a uma vida sem compromissos, sem nada que pudesse nos desafiar ou perturbar.

Por fim, temos *a incerteza*. A vida não é previsível como talvez gostaríamos que fosse. Suportar a incerteza, ter a confiança de agir sem garantia de êxito, é sinônimo de viver. Ao contrário da dor causada por um acontecimento externo ou interno, que é bem definido, a incerteza nos provoca angústia porque não sabemos realmente se, no final, chegaremos aonde queremos. Então, a mensagem para as crianças deve ser a seguinte: se você está procurando algo que corresponda aos seus valores, esforce-se e acredite nisso; talvez você esteja errado, mas não deixe que a ansiedade o paralise, porque a vida lhe dará muitas outras oportunidades para acertar.

Os pais também precisam entender, além disso, que eles são os modelos de comportamento mais importantes. Se, como diz Javier Gomá, "você conhece uma pessoa fazendo o mesmo que ela, passando tempo juntos, deixando-se influenciar pelo exemplo dela [...], amando-a, imitando-a",[26] é óbvio que a primeira condição é que você deve ser um exemplo para seus filhos. Não um exemplo perfeito (ninguém é), porque as crianças sabem diferenciar a falsidade de erros ou as inconsistências que todos nós temos. Frequentemente, deixamos para o aprendizado na escola e o que eles veem na mídia a tarefa de inculcar valores, e isso é um erro grave, porque muitos dos modelos sociais são inadequados e a escola não alcança tudo. O potencial de exemplo em todas as esferas da vida tende a ser esquecido: o político não se sente comprometido com suas promessas ou ações que promovem conflitos e escândalos; a honestidade e o compromisso já não são mais critérios de sucesso, mas sim a popularidade e o dinheiro fácil. Lembre-se de que, segundo pesquisas, as crianças resilientes têm em alguns adultos que elas podem admirar uma explicação essencial no processo de lidar com suas desvantagens.

Por que toda essa pedagogia ajuda nossos filhos no caso de um dia precisar lidar com um psicopata? Porque, se eles são autônomos, se já tiveram experimentado as dificuldades de lidar com companheiros difíceis ou complicados, se sofreram decepções e aprenderam com elas, se eles tendem a perceber a vida como um projeto pelo qual terão de se esforçar e sofrer (e, ao mesmo tempo, serem felizes nesse esforço), então o potencial de sedução do psicopata, sua capacidade de deslumbrar e de lhes oferecer uma realidade adulterada de forma atrativa será muito menor. Em outras palavras, sua capacidade de ser um modelo para seus filhos será afetada por uma falsidade que eles estarão mais do que preparados para reconhecer. Com seu manual de instrução, seus filhos poderão identificar com mais segurança as queixas e os pedidos que infringem seu código moral. E, da mesma forma, se eles já tiverem entrado em contato com algum psicopata, será muito mais fácil deixá-lo de lado.

Não se esqueça de que a tese fundamental deste livro é que todos nós podemos ser superiores ao psicopata e, portanto, vencê-lo (exceto em situações extremas em que eles ostentam um poder que nos anula). A tabela que vimos anteriormente, na qual estão listados os atributos que você tem ou pode desenvolver e que os psicopatas não têm, lhe proporciona armas muito poderosas para vencê-los. O que enfatizo aqui é que você precisa educar bem seus filhos para que eles desenvolvam essas qualidades. Uma pessoa com integridade moral é alguém que estará imbuída de coragem diante das tentativas de manipulação ou das ações manifestamente injustas de um psicopata. *A coragem é uma virtude na qual a valentia se une à indignação.* Ter indignação ou até mesmo raiva sob o controle de valores positivos pode ser uma fonte de energia e motivação.[27]

Lembre-se do que Viktor Frankl disse sobre a tensão entre "o que é" e "o que deveria ser" como um indicador de saúde mental. Se encontrarem um psicopata, essa discrepância será percebida mais nitidamente pelos jovens com valores fundamentais em seu guia de uma vida com sentido. As emoções negativas têm uma função importante: elas nos alertam sobre os perigos ou nos estimulam a agir para resolver um problema ou conflito. É por isso que você não deve ter medo da dor, do sofrimento ou da ansiedade diante das incertezas: elas são emoções que, dentro de uma estrutura educacional com valores, têm sua missão voltada para a construção de uma vida com propósito para seus filhos.

Em resumo: é possível educar as crianças para que elas sejam resilientes diante das manobras do psicopata quando chegarem à juventude ou à idade adulta. Felizmente, essas estratégias são as mesmas que estão por trás do cultivo de uma vida autônoma e orientada por valores positivos em busca de sentido ou propósito. Para completar o processo, eu o aconselharia a recomendar a leitura de textos sobre psicopatia para eles quando chegarem aos 15, 16 ou 17 anos. Converse sobre essas leituras com eles e também se baseie em bons filmes. (Eles não precisam ser particularmente cruéis: o importante é que exponham claramente seus traços.) E não se esqueça de que as leituras clássicas do ensino fundamental ou médio também têm personagens representativos da psicopatia.

A prevenção em crianças com predisposição à psicopatia

O que foi dito anteriormente também é útil se tivermos um filho com predisposição à psicopatia, ou seja, um sistema nervoso pouco propenso a sentir-se ansioso em relação à punição ou à visão da dor de outras pessoas (reveja o capítulo 3) e com dificuldades para estabelecer vínculos afetivos. Toda vez que você ensinar a ele que há comportamentos inaceitáveis *e que ele deve perseverar para conquistar coisas que considere valiosas sem abusar dos outros*, você o estará ajudando a compensar essa predisposição. A melhor fórmula para isso é uma supervisão mais rigorosa em uma estrutura de apoio emocional desde o início. Conte com toda a sua família: todos devem estar envolvidos nesse esforço. Com algumas exceções, nenhuma criança está destinada a se tornar um psicopata, pois ela pode ser salva antes que sua personalidade adulta seja formada.

Não é preciso dizer que, se pudéssemos eliminar todas as causas ambientais que ajudam a transformar as tendências psicopáticas em ações, o benefício seria imenso: o abuso e a negligência na infância, acima de tudo, mas também aqueles danos ou hábitos negativos (por exemplo, o estresse e o álcool, como já mencionamos anteriormente) que podem fazer com que o cérebro da criança durante a gravidez tenha dificuldade para controlar os impulsos ou para estabelecer relacionamentos afetivos com as outras pessoas.

EPÍLOGO

O olho do furacão

"A essência desse sistema [no qual vivemos] é tirar proveito do fraco e ganhar dinheiro como prioridade, não importando os cadáveres que você deixar pelo caminho. Nem mesmo é preciso odiar o próximo: você o desumaniza e, assim, passa por cima dele sem a menor cerimônia. Essa é a história da humanidade."

Martin Scorsese, diretor de cinema[1]

"E aquele homem terrível, que era presidente de direito do pavoroso tribunal, e promotor de fato, e todo o tribunal, aquele homem, de cuja vaidade sanguinária e ignorância brutal dependia a vida e a morte de milhares de infelizes, levantou-se e foi almoçar."

Benito Pérez Galdós, *El terror de 1824* (*Episodios nacionales*)

"Deus lhe deu apenas uma vida, e é dessa forma que você decide investir nela?"

Alexei Navalny, adversário político assassinado por Putin, dirigindo-se a um dos juízes-capangas que o processaram após seu retorno voluntário à Rússia[2]

Este livro apresentou a tese de que o psicopata integrado é o maior inimigo da humanidade. Como a psicopatia é um modo de ser que não sente ligação ou afeição pelos outros, ela não está limitada por uma consciência moral. Por isso, seu objetivo é alcançar o controle e o poder onde quer que ele viva. Destaquei que seu impacto pode ser observado em indivíduos, famílias, empresas e em todos os sistemas sociais. Na medida em que o psicopata tem poder de decisão sobre instituições de grande relevância social, como os meios de comunicação ou as corporações financeiras, sua capacidade de degradar a convivência será muito grande. E, se o psicopata alcançar os cargos mais altos em um governo, sua oportunidade para a destruição será potencializada. Em todos os casos, há um efeito duplo: de um lado, o dano direto que ele causa em suas vítimas; de outro, o dano indireto que ele provoca como um modelo de comportamento na sociedade, que, no caso dos psicopatas com uma importante presença na mídia, alcançará muitas pessoas, incitando-as a aceitar sua versão das coisas e a seguir seu exemplo.

É verdade que nem todo o mal é exercido pelos psicopatas, mas não é menos verdade que a maior parte do mal surge quando as pessoas normais agem de maneira transitória seguindo o modelo do psicopata; ou seja, empregando estratégias *narcisistas* em busca de satisfação pessoal; *maquiavélicas*, fazendo uso do engano e da manipulação; e *violentas*, agredindo psíquica ou fisicamente o outro.

O PSICOPATA E SUA NARRATIVA

A citação do diretor de *Touro Indomável* reflete uma parte da opinião dos acadêmicos e de muitas personalidades públicas. Scorsese diz que "essa é a história da humanidade", e nos lembra da concepção do homem que vimos em Maquiavel e Thomas

Hobbes ("O homem é o lobo do homem"). É a história dos "homens terríveis", como Galdós os descreve, dos psicopatas, que sempre nos acompanharam.

No entanto, estudos dos antropólogos, psicólogos evolucionistas e outros especialistas vêm explicando há anos que essa história é apenas *parcialmente* verdadeira. Sabemos que nosso desenvolvimento como espécie se baseou na criação de sólidos vínculos sociais e morais com os outros, e que foi essa superioridade socioafetiva que impulsionou o crescimento de nossa inteligência e a conquista de nosso entorno. Além disso, por mais pessimistas que sejamos às vezes com relação ao futuro do mundo: é um fato real que as pessoas crescem mental e espiritualmente quando cooperamos de modo harmonioso com os outros e nos sentimos confortáveis em nosso meio ambiente.

Mas essa dualidade está sempre presente: há uma tensão, uma ruptura, entre a meta egocêntrica do indivíduo e o fim da coexistência pacífica que exige colaboração para o bem-estar de todos. A narrativa do psicopata, desde tempos antigos, é sempre a do egocêntrico, mas ainda mais radical. Como membro do 1% maligno, ele não se importa nem sequer com a família: apenas ele (ou ela) e sua satisfação é o que motiva suas ações.

Por que estamos tão tristes atualmente? Houve uma época em que a história da humanidade em direção a um mundo mais justo era inevitável, embora seu nascimento exigisse a destruição total dos regimes psicopatas de Hitler e do Japão Imperial (liderado pelo criminoso de guerra Hideki Tojo), cujo propósito era conquistar o mundo e escravizá-lo. Esse otimismo teve seu auge quando a União Soviética caiu e pensou-se que as nações resultantes poderiam se juntar ao mundo livre e prosperar com ele. Mas a crise econômica de 2008, os problemas mal administrados da globalização e as crescentes desigualdades abalaram a fé de muitas pessoas, o que resultou em um retorno à busca pelo calor da tribo e ao apoio a "homens terríveis" entre muitos cidadãos. A inteligência artificial, as mudanças climáticas e as guerras (e a ameaça nuclear de novo) parecem nos empurrar para um canto. O que devemos fazer? O psicopata encontra nesse terreno fértil niilista seu meio de ação preferido. O filme *O assassino* (2023), de David Fincher, representa bem essa situação. No filme, Michael Fassbender é um matador de aluguel que falha em uma missão e tem que sofrer as consequências disso. Como escreve o crítico Jesús Lens:[3]

> Seu personagem é especialista em se movimentar pelo que Marc Augé satisfatoriamente batizou de "não lugares". Terminais de aeroporto, edifícios coorporativos exorbitantes, estacionamentos de locadoras de veículos, hotéis impessoais de cadeias internacionais, restaurantes de fast-food, bairros residenciais idênticos e até mesmo anônimos e academias impessoais nas quais você pode se inscrever usando apenas o celular, sem a necessidade de interagir com nenhum ser humano. Poucas vezes a solidão, o desenraizamento e a frieza do século 21 foram tão expostos como em *O assassino*.

Nessa existência que não leva a lugar algum, a história do psicopata é sedutora: "O mundo é um lugar perigoso. Siga-me e nada lhe faltará". Infelizmente, a história nos mostra que o psicopata é um caminho para o desastre.

Minha intenção com esta obra foi desmascarar essa história. Em nível pessoal, com suas promessas de sermos amantes ou amigos fiéis e devotos; no âmbito empresarial e organizacional, com sua máscara de gestor eficiente; na política, com sua promessa de nos transformar em uma nação poderosa, temida e provedora de bem-estar e felicidade a seus cidadãos (o primeiro e o segundo podem conseguir alcançar, mas o último certamente não). Juntamente com essa revelação, insisti que o psicopata não tem poderes especiais; de fato, ele é muito mais fraco do que nós, porque lhe faltam os recursos da consciência e o espírito que nos fortalece o suficiente para construir uma vida com propósito junto com outras pessoas.

Em vez disso, o que os transforma em inimigos formidáveis é seu desprezo pela humanidade, sua indiferença à destruição que provocam. O que nos enfraquece diante deles é, primeiro, nossa incapacidade ou falta de vontade para reconhecer que existem e, segundo, nossa renúncia em identificá-los e impedir que eles ocupem nossa vida pessoal, nossas empresas e nossas instituições. A seguir, retomo algumas das ideias essenciais dos capítulos dedicados à análise dos três âmbitos de atuação do psicopata integrado analisados neste livro (os relacionamentos pessoais, as organizações e a política) e apresento algumas ideias e estudos de caso complementares.

O psicopata nos relacionamentos

Repito uma ideia fundamental deste livro: *você não precisa ser uma pessoa especial para superar um relacionamento com um psicopata*. Apenas encontre seu caminho, uma vida com propósito apoiada em valores sólidos e cuide de seu sistema de vigilância. A escritora e filósofa Iris Murdoch disse que a habilidade moral essencial é estar atento e ter consideração pelas outras pessoas nas circunstâncias complexas e variadas da vida: "A moralidade é refletida na forma como nos relacionamos com os outros todos os instantes do dia".[4] David Brooks escreveu que há dois tipos de pessoas: os "iluminadores", aqueles que nos acompanham e nos apoiam nas dificuldades pelas quais passamos diariamente, e os "escurecedores", aqueles que estão sempre preocupados consigo mesmos e fazem com que os outros se sintam insignificantes. O psicopata é o principal protagonista desse último grupo.

David Breaux foi um exemplo extraordinário dessa moralidade à qual Murdoch se referiu. Ele tinha se formado na

Universidade de Stanford e aspirava ser escritor, embora isso já tivesse ficado esquecido no passado, quando sua presença discreta se tornou corriqueira no cruzamento de duas ruas na cidade de Davis, Califórnia, próximo ao *campus* da Universidade da Califórnia e ao Central Park. David havia entendido que seu propósito na vida não era acumular dinheiro nem fortuna: queria fazer algo mais humanamente enriquecedor, assim ele vendeu tudo o que tinha e se mudou para aquela cidade. Com um bloco de anotações nas mãos, ele se levantava do banco de madeira que ficava próximo ao seu lugar – onde dormia muitas noites – e se dirigia aos transeuntes para lhes fazer uma pergunta: "Você se importaria de me dizer qual é sua definição de compaixão?". Muito provavelmente, após a surpresa inicial, a pessoa em questão murmurava algo e ficava conversando com ele por um tempo. Durante anos naquele lugar e fazendo aquela pergunta, David tornou-se uma espécie de terapeuta comunitário. A escritora Corina Knoll, que contou essa linda história, destacou que "os proprietários de estabelecimentos comerciais confessavam a ele suas preocupações; os estudantes lhe contavam sobre suas provas finais e as mães lhe revelavam seus problemas conjugais".[5] Uma mulher contou a Corina que David salvou sua vida porque ele a ouviu e a confortou quando ela estava passando por um momento muito difícil. A cidade de Davis o acolheu em seu meio, por mais estranho que ele fosse: ele não tinha uma casa nem um emprego e, frequentemente, dormia nas ruas ou em abrigos. No entanto, ele se tornou um homem tão querido que os cidadãos de Davis nunca o consideraram uma pessoa em situação de rua; pelo contrário, eles o chamavam de "o Cara da Compaixão" ["the Compassion Guy", no original em inglês] e o estimavam muito. A chave para o carinho que ele despertava era seu temperamento amável: ele nunca se impunha, apenas oferecia; falava com uma voz que revelava honestidade e empatia.

Sua ressonância cívica naquela cidade foi tamanha que um de seus conhecidos produziu um documentário sobre ele em 2010, no qual vemos David maravilhado com a quantidade de amizades que ele havia acumulado em seu cantinho. Em 2013, a prefeitura aprovou a construção de um banco em forma de escultura para homenageá-lo no local onde ele ficava todos os dias, e foram muitos os que se dispuseram a decorá-lo com frases como "A compaixão é...". Seu passado foi difícil – ele teve que cuidar de sua mãe esquizofrênica após o ensino médio, e seu pai foi um abusador – mas, mesmo assim, David demonstrou compaixão e ajudou muitas pessoas, tanto que vários líderes cívicos da cidade confiaram a ele a realização de atividades de mediação para resolver conflitos e outros projetos. David permaneceu nesse lugar de 2009 até 2023. Até que um assassino em série o matou a facadas. Um estudante da universidade foi preso, mas não foi condenado porque sofria de esquizofrenia.

David personificava o tipo do relato que nos redime como seres humanos, o tipo que o psicopata detesta. Até seu final trágico, ele se dedicou apenas a promover o melhor em seus concidadãos: era um "iluminador". "As pessoas querem se conectar. Acima de todas as necessidades, os seres humanos anseiam por outra pessoa que os olhe nos olhos com amor e aceitação", escreveu Brooks.[6] David Breaux morreu enquanto fazia exatamente isso.

O psicopata na empresa e nas organizações

Nesses ambientes corporativos, o psicopata ataca o cerne de qualquer organização: a confiança, na qual se baseia todo o esforço colaborativo. Por outro lado, ele prospera quando cria um clima de divisão, sigilo e hostilidade. Assim, seu modo de operar se espalha como uma praga, infectando todo o sistema.

Como salientei no capítulo 4, eles ascendem com muita facilidade porque os responsáveis por promovê-los confundem erroneamente verborragia com criatividade, ausência de empatia com determinação e decisões impulsivas e extravagantes com demonstrações de genialidade. O grande conhecedor do psicopata corporativo, Clive Boddy, sintetiza em uma frase por que eles são tão presentes em cargos seniores e diretivos: eles convencem seus superiores de que a máscara que lhes apresentam é a da pessoa real, quando na verdade essas máscaras escondem um ser maligno.[7]

Nos últimos anos, há uma conscientização cada vez maior sobre os efeitos negativos do líder psicopata empresarial. Há pesquisadores aplicados ao mundo do trabalho que se inspiram nos princípios da logoterapia de Viktor Frankl[8] e nos relatos de empoderamento que destacam a necessidade de cultivar os fatores que criam a resiliência.[9] Mas há ainda um longo caminho pela frente: como foi o caso dos vários exemplos vistos anteriormente, o dinheiro é atraído por alguém que parece ser um líder visionário que promete muitos lucros em curto espaço de tempo. As escolas de administração geralmente ensinam que a lucratividade é o objetivo final, deixando de lado as questões das relações humanas e os princípios éticos da ação. Essa miopia é desesperadora, porque o mito do "executivo agressivo", que não leva em conta nada além do dinheiro e poder – o modelo representado pelo ator Leonardo DiCaprio em *O Lobo de Wall Street* –, é uma aposta no fracasso. Como acontece no campo mais amplo da política, o especialista em gestão Michael Pirson nos lembra que o líder autenticamente eficaz é alguém que leva a sério a dignidade das pessoas e está comprometido com o bem-estar de seus funcionários, garantindo que os produtos ou serviços prestados à comunidade reflitam a integridade do trabalho realizado.[10]

Assim, juntamente com o esforço para tentar reduzir a ascensão dos psicopatas a cargos de gestão e tomar medidas no sistema da organização para torná-la mais transparente e clara nos procedimentos a serem seguidos (o que dificulta a manipulação por parte do psicopata), está pendente uma reforma mais profunda voltada para os estudantes de administração e futuros líderes, expondo explicitamente a personalidade do psicopata coorporativo e ensinando as medidas que todas as empresas deveriam tomar para não se infiltrar em seu meio, bem como para minimizar seu impacto caso sua presença seja detectada, para que não se espalhe sua influência por toda a organização.

A patocracia

Se, como Boddy relatou, os psicopatas que alcançam posições de poder nas empresas "representam a maior ameaça global à ética nos negócios",[11] o que dizer dos psicopatas que lideram ou ocupam cargos importantes em um país? Lembre-se de que definimos países governados por um psicopata como uma "patocracia". Como eles chegam ao poder? Eles nem sempre seguem um mesmo caminho, mas geralmente seguem o caminho descrito por Łobaczewski (que apresentei a você no capítulo 5). Eles são indivíduos com enorme carisma, o que atrai cidadãos comuns que confundem seu narcisismo com um autoconceito saudável e sua imprudência com ousadia. As pessoas que fazem parte da classe dirigente no início ficam perplexas, mas depois elas se deixam levar pelo que é, sem dúvida, um dom que ele possui de emocionar muitas pessoas pelas ruas. A bola começa a rolar e, aos poucos, seguidores também "normais", mas ambiciosos e egoístas, se juntam ao grupo. Uma vez no poder, outros indivíduos com psicopatia ou traços importantes de psicopatia o verão como um modelo e uma oportunidade de compartilhar o poder que ele exerce. O resultado é que o sistema não demora a se corromper. Isso é o que Putin conseguiu nos últimos vinte anos e é o que Donald Trump queria conseguir, mas os mecanismos de proteção do Estado democrático o impediram de fazer.*

O que pode ser feito para que isso não aconteça? Steve Taylor, professor de Manchester, apresentou três medidas, mas não sem antes destacar um aparente paradoxo: para obter uma licença de caça ou uma carteira de motorista, é preciso passar por uma série de testes físico-psicológicos... mas, se você quiser ser presidente, não precisa passar por nenhum teste.[12]

A primeira medida é limitar o acesso a psicopatas (ele os chama de "indivíduos hiperconectados"). Isso parece senso comum! Em poucas palavras, uma enorme quantidade de problemas que assolam o mundo – guerras, crime organizado, corrupção política, para citar alguns exemplos – desapareceria se fossemos capaz de impedir que uma minoria maligna chegasse ao poder e transformasse seus Estados em patocracias. Infelizmente, não podemos fazer com eles o que tem sido feito desde tempos antigos com os aspirantes a tiranos pelos grupos de caçadores-coletores: ostracizá-los, expulsá-los ou até mesmo matá-los. Estamos sujeitos ao jogo democrático e *qualquer um* pode se tornar presidente. Taylor propõe que um painel de psicólogos independentes realize um estudo minucioso de cada candidato. Ele sabe que isso é dar muito poder a um grupo de profissionais, mas do mesmo modo que não permitiríamos que alguém cuja saúde física o impedisse de exercer seu cargo integralmente fosse presidente, não deveríamos nos assegurar de que um psicopata não pudesse governar um país?[13]

Outra medida com o mesmo objetivo foi proposta pelo famoso psicólogo da Universidade de Harvard, Howard Gardner.[14] Esse pesquisador está ciente de que o que ele chama de "líder moral" deve apresentar determinadas qualidades. Ele tende,

* Como é sabido, Donald Trump foi reeleito e retornou ao poder em janeiro de 2025. (N.E.)

por exemplo, a ser competitivo e gostar de alcançar uma posição de liderança. O poder pode ser inebriante, mas um líder moral o utiliza para conquistar objetivos para o bem comum. Um líder moral "demonstra muito interesse e capacidade de compreender as outras pessoas", além de uma grande habilidade comunicativa, pois precisa encarnar uma história convincente e inspiradora para seus seguidores, que, ao contrário da promovida pelo psicopata, deve motivar os cidadãos a colaborar com metas que contribuam para melhorar o mundo.

Assim, Gardner assinala que uma forma de evitar a ascensão de psicopatas ao poder é *informar ao público* sobre o que diferencia a liderança moral da liderança tirânica ou psicopática. Taylor concorda neste ponto: por que não educar o público sobre a realidade da liderança e da psicopatia como fazemos com outros problemas sociais?

Uma segunda forma de prevenir que os psicopatas alcancem o poder político é *incentivando os líderes morais a ocuparem seu lugar*. De que forma os potenciais líderes morais podem ser atraídos para a política? Essa é uma questão complexa, agravada pelo fato de que, quanto mais psicopático for um sistema político, mais ele repelirá os cidadãos com princípios morais de participarem dele. Sem mencionar o fato de que o sistema persegue, tortura e assassina aqueles que ousam denunciar a corrupção do líder psicopata, como Alexei Navalny revelou ao mundo inteiro, quando retornou à Rússia depois que Putin tentou assassiná-lo por enviar uma mensagem a seus compatriotas para que resistissem. Ele sabia que, no mínimo, uma longa sentença de prisão o esperava, mas mesmo assim ele voltou. E pagou com sua vida em uma prisão no Ártico, sem que as autoridades sequer se dignassem a explicar a causa de sua morte. Seu exemplo ressoa com um grande estrondo: seu sacrifício não terá sido em vão se o mundo perceber que, sem líderes morais, estamos todos destinados ao fracasso.[15]

Por fim, um terceiro modo de dificultar que o psicopata nos governe é *desenvolvendo uma sociedade mais justa*, na qual o comportamento antagônico ao do psicopata seja visto com bons olhos, em vez de ser objeto de inveja ou admiração. Em minha opinião, é necessário dar um passo adiante. Precisamos de *uma revolução da consciência*. Uma vez que os psicopatas não têm consciência, não deveríamos nos blindar com o fato de que a temos para exigir que eles não nos governem? Será que não são nossos princípios éticos e espirituais que nos impulsionam a viver com propósito? Não foi essa diferença o *abismo radical* que separava Viktor Frankl de Josef Mengele quando ambos cruzaram seu destino em Auschwitz? Esse elemento cultural é muito importante, porque foi demonstrado que em determinados países (Nova Zelândia, Escandinávia) é muito menos provável que um psicopata possa chegar ao poder. Seus princípios éticos são simplesmente muito mais elevados. Por que deveríamos ser menos exigentes em outras partes do mundo? Quem em sua sã consciência gostaria de ser governado por um psicopata se realmente soubesse quem é a pessoa na qual está votando, salvo oportunistas e outras pessoas afins?

E, mesmo assim... parece que somos incapazes de enxergar o óbvio: sempre que os psicopatas assumiram o controle, as coisas não poderiam ter sido piores. Certamente, esse era o medo de Albert Einstein quando disse que "a divisão do átomo mudou tudo, exceto o modo de pensar dos homens, por isso estamos caminhando para uma catástrofe sem precedentes".[16] Einstein apoiou a construção da bomba atômica porque estava ciente de que, se Hitler a conseguisse primeiro, o mundo livre chegaria ao fim. Mas ele também sabia que havia aberto uma porta que seria difícil de fechar e que poderia ser uma oportunidade para que o homem se autodestruísse se não fosse capaz de superar a narrativa do psicopata de que somente o poder justifica a existência.

Pela segunda vez na história as duas superpotências do mundo (com a permissão da China) poderão ser governadas por dois psicopatas. Uma já o é há muitos anos, Vladimir Putin, e a outra, os Estados Unidos, poderá voltar a sê-lo em novembro de 2024, se Donald Trump vencer as eleições,* só que desta vez poderá ser infinitamente pior, porque o magnata retorna sem limitações.[17] O famoso psicólogo Dan McAdams estudou a mente de Trump e, como produto de sua pesquisa, ele nos relembra o tipo de narrativa que ele incorporou desde pequeno. Segundo ele, Trump nunca esqueceu a lição que ele aprendeu na infância com seus pais e professores: "O mundo é um lugar perigoso, e você tem que estar preparado para lutar". E, de acordo com uma entrevista que deu à revista *People* em 1981, a base da história de sua vida é esta: "O homem é o mais cruel dos animais, e a vida é uma série de batalhas que terminam em vitórias ou derrotas".[18]

E o que dizer de Putin? Ele é outro *lobo do homem*. Como "o homem terrível" da citação no começo deste capítulo de Galdós, ele pode matar sem pestanejar quem ele quiser e depois devorá-lo; bem diferente de Trump, porque Putin vive em um Estado ditatorial. Você teria que ver Trump governando a Rússia...[19]

O OLHO DO FURACÃO

Philip Hallie (1922-1994) foi um filósofo que se aprofundou como poucos na análise da natureza humana e sua luta contra a maldade. Ele nasceu em 1922, em plena Grande Depressão, em meio a uma pobreza sufocante. Cresceu com seu irmão em um apartamento que ele chamava de "a casa das baratas", com pais que não se entendiam e que mal podiam atender às necessidades emocionais de seus filhos. Um tio dele, no entanto, lhe proporcionou

* Este livro foi publicado originalmente na Espanha, em setembro de 2024, poucos meses antes das eleições estadunidenses e, consequentemente, da reeleição de Donald Trump. (N.E.)

apoio suficiente para que ele se empenhasse na escola. (Hallie era uma criança *resiliente*.) Ele também lhe ensinou lições práticas da vida, como revidar as agressões dos garotos do bairro que o hostilizavam por ele ser judeu. Nessas circunstâncias, ele aprendeu algo que jamais esqueceria: as pessoas cruéis só podem exercer seu poder se o adversário for mais fraco.[20]

Foi assim que ele cresceu, dedicado à leitura. Com uma bolsa de estudos, ele conseguiu cursar o ensino médio, onde se interessou tanto por física quanto por filosofia. Quando a Segunda Guerra Mundial começou, ele participou no serviço de inteligência e serviu na artilharia. Ao longo desse tempo, ele manteve um diário: observava e pensava quando não tinha que lutar. Um tema central de seus diários era que uma existência que tivesse um propósito exigia relacionamentos e compromissos pessoais. Ele acreditava que todos nós vivemos separados em buracos e que a tarefa de viver consistia em criar aberturas uns para os outros.

Depois de voltar da guerra, ele estudou filosofia e concluiu que há fatos básicos de toda a experiência humana que não podem ser explicados. Os dois que mais o preocupavam eram a experiência de fazer e sofrer o mal, e o contrário, a bondade manifestada no ato de ajudar em vez de prejudicar. Com o tempo, ele ficou obcecado com o problema da maldade humana. Ele ficou tão comovido com todas as atrocidades cometidas pelos nazistas – em particular, ele estudou os indivíduos sinistros liderados pelo Dr. Mengele – que transformou sua missão pessoal e profissional compreender a crueldade humana e as maneiras pelas quais, talvez, ela pudesse ser mitigada. Sua biografia, sem dúvida, o marcou, pois ele havia sofrido a humilhação e o abandono emocional na infância, havia matado na guerra e visto muitas mortes.

Em seu livro *The Paradox of Cruelty* [O paradoxo da crueldade, em tradução livre], ele concluiu que a única cura para o mal era eliminar o poder que o agressor tem sobre a vítima. As vítimas permanecerão à mercê do agressor na medida em que não entenderem esse fato e preferirem se enganar para não enfrentar a realidade. Ele escreveu que "o oposto da crueldade não é a bondade, mas a liberdade", dando a entender que apenas um homem com liberdade para se opor à força daquele que exerce a crueldade pode enfrentá-lo e derrotá-lo. Hallie não negou a necessidade de reduzir as injustiças e desigualdades sociais como forma de prevenir o surgimento de pessoas más. O que queria enfatizar era que, uma vez que o mal tenha se constituído como uma ameaça iminente, e especialmente se for exercido por fanáticos ou psicopatas, a única maneira de detê-lo é derrotá-lo. Praticar o bem em um lugar de maldade ajuda a manter a chama da esperança, pode ser de grande valia ou até mesmo salvar a vida de algumas pessoas, mas, em sua opinião, é necessária a violência do bem para derrotar a coerção e a violência do mal.

Foi precisamente essa dicotomia entre, por um lado, o uso da força para derrotar o mal e, por outro, os atos de bondade altruísta, cometidos por algumas pessoas em espaços sujeitos ao domínio do terror, que o levou a refletir por muito tempo. É por isso que, quando tomou conhecimento do que aconteceu no vilarejo francês de Le Chambon durante a ocupação alemã na última guerra mundial, ele se dedicou impetuosamente a compreender o que havia acontecido ali e, especialmente, o *porquê* daquilo. O que aconteceu foi um dos episódios mais comoventes de bondade durante o conflito bélico: o pastor André Trocmé mantinha uma rede clandestina espalhada por todo o vilarejo para salvar crianças cujos pais haviam sido capturados ou assassinados pelos nazistas. Hallie não conseguiu falar com o pastor porque ele já havia morrido, mas conseguiu conversar com a viúva dele, Magda, que vivia em um instituto para pessoas idosas no sul da França. Ela lhe explicou que, durante o período de 1940 a 1944, as crianças foram acolhidas nas casas do vilarejo, educadas e alimentadas, e depois levadas para a Suíça, escapando da vigilância da polícia colaboracionista nazista e do exército.

A operação teve de seguir uma série de regras muitos rígidas. Qualquer vazamento significaria uma represália de sangue e fogo contra todo o vilarejo. Apenas Trocmé, Magda e o ajudante da paróquia, Theis, conheciam todo o esquema de resgate; cada casa de acolhida conhecia apenas as crianças que estavam abrigadas nela. Um total de 5 mil pessoas, a grande maioria delas crianças, foram salvas pelos habitantes anônimos de Le Chambon.

Hallie ficou intrigado. Em sua opinião, somente a força bruta poderia se opor ao mal com êxito: "Diante de Magda Trocmé, eu tinha percorrido um longo caminho desde o apartamento das baratas e os campo de extermínio [...]. Os fatos que eu tinha diante de mim se referiam a vidas salvas, à solidariedade humana posta à prova e vitoriosa", escreveu em seu livro em 1979 que dedicou a Le Chambon, depois de ter vivido por dois anos entre seu povo. Já havia compreendido o que havia passado – um esforço de bondade solidária que havia derrotado o mal 5 mil vezes –, mas ainda não havia descoberto *o porquê*. É claro que o pastor Trocmé foi um homem muito religioso, que proferia sermões vigorosos do púlpito sobre a máxima de Jesus de que devemos amar uns aos outros, mas isso não foi suficiente para Hallie. Trocmé pode ter sido um santo, mas ficou claro para Hallie que aquela era uma aldeia inteira que arriscava a vida por crianças as quais não conheciam.

Então, um dia, conversando com o pastor Theis (que havia colaborado com Trocmé e Magda nos resgates, e já era idoso), ele se lembrou de uma frase que podia ser ouvida em todos os lugares do vilarejo quando alguém recebia as graças: "*Toujours prête à servir*" ("Sempre pronto para servir"). Essas palavras eram muito parecidas com as que Magda lhe contara que costumava dizer quando encontrava um refugiado aterrorizado na porta da sacristia: "Ah, claro, entre, entre...". Para Hallie, aquele refugiado "havia chegado a um mundo onde as pessoas estavam sempre dispostas a ajudar" e, graças ao exemplo do pastor Trocmé, a atitude de ajuda se espalhou por todo o vilarejo *naturalmente* em direção a qualquer pessoa que precisasse de abrigo e chegasse às suas portas, "assim como as faíscas surgem necessariamente da fricção do ferro". Ou seja, além da crença em sua fé que levou Trocmé a imitar Jesus, o "milagre" de Le Chambon baseava-se em que esses gestos heroicos cotidianos nasciam e eram alimentados por um modo de ser coletivo que não concebia outra coisa senão dar abrigo, *porque essa era a coisa natural a se fazer*, em outras palavras, *o que tinha de ser feito*.

Hallie foi embora de Le Chambon e voltou para os Estados Unidos. Ele havia aprendido muitas coisas. Não havia renunciado sua ideia anterior de que o mal terrível só pode ser derrotado por um bem que emprega a força capaz de superá-lo; afinal, ele havia lutado na guerra e vivenciado isso na pele. Como mencionei anteriormente, apenas uma força de grande destruição foi capaz de derrotar dois regimes psicopáticos que espalharam o sofrimento como nunca antes na história: os nazistas e o Japão imperial. O que ele havia vivido em Le Chambon o abalou profundamente, sim, mas uma dúvida, uma inquietude, o assombrava: além de salvar aquelas vidas, estava claro que nada do que tinha acontecido no vilarejo havia contribuído para derrotar os alemães. Ou seja, mesmo que tenha sido extraordinário, será que Le Chambon significou algo mais do que uma anomalia bela e comovente em uma guerra tão sanguinária como aquela que foi lutada e vencida?

A resposta veio na forma de um furacão. Hallie estava com sua esposa e seus dois filhos em uma fazenda em Connecticut quando o furacão Gloria passou. Eles correram para se esconder na cozinha, o lugar da casa que parecia mais seguro. Estavam aterrorizados pela violência colossal que pairava sobre suas cabeças:

> Não se tratava de um simples som [...], mas sim de uma sensação intensa de um poder devastador que engolia o corpo e a mente de qualquer pessoa [...]. Então, de repente, veio a paz. Olhei para cima e o céu estava pálido, uma palidez azulada que cobria toda a fazenda. Havia pássaros que voavam placidamente pelo céu, e até as folhas das árvores mal se moviam. Estávamos no olho do furacão! Nós quatro ficamos juntos, de mãos dadas, mas agora sentíamos uma calma surpreendente. O terror de antes havia dado lugar a uma ternura que nós quatro compartilhávamos e parecia se projetar para o mundo fora daquela cozinha. Foi nesse momento que compreendi o tipo de paz que havia encontrado em Le Chambon. Às vezes, a paz fica como o olho do furacão, bem no meio de toda a demonstração de poder. O poder indiferente e destrutivo da natureza ou aquele que vem dos seres humanos está sempre à espreita; ele envolve a beleza azul de nossa ternura e sempre ameaça invadi-la, como o vento do furacão cobre seu próprio olho. Em meio aos crimes, em meio à crueldade premeditada e ao ódio [...] há um espaço para a paz e a ternura, no próprio olho do furacão.

Então foi isso. Hallie, finalmente, compreendeu o que realmente significava o milagre de Le Chambon! Seus cidadãos criaram um espaço seguro para aquelas 5 mil crianças com seu comportamento natural, sua ética de, "entre eles, é claro", *ampliar as paredes do olho do furacão até os limites do vilarejo*, porque naquele olho reinava a paz, enquanto do lado de fora uma força maligna colossal impunha tortura e assassinato em massa.

Viktor Frankl, Alexei Navalny, David Breaux e tantos outros são aqueles que, com suas vidas dedicadas a um propósito transcendental, ajudaram a criar um espaço seguro – um olho no furacão – onde podemos nos proteger dos psicopatas e de seus seguidores e admiradores. Eles lutaram, cada um ao seu modo, contra homens terríveis. Toda vez que um psicopata me interroga, lembro-me bem de quais exemplos de vida valem a pena ser admirados. São esses líderes morais que falam por milhões de anônimos, representantes notáveis daquelas pessoas que – nas palavras de Javier Gomá – causam grande tristeza e escândalo se ficamos sabendo que faleceram. São esses seres humanos a quem todos nós podemos homenagear toda vez que escolhermos *agir com responsabilidade* diante das demandas que a vida nos apresenta todos os dias, projetando-nos, como fez Frankl, em direção à transcendência que reivindica nossa natureza espiritual, expandindo o olho do furacão.

Agradecimentos

Minha dívida com a Associação Viktor E. Frankl de Valência é muito grande e, em particular, com seu grande incentivador, Sebastián Tabernero, falecido em 2017.

Como explico nesta obra, dificilmente poderia ter compreendido o grave problema da psicopatia para a condição humana sem a iluminação que a obra de Viktor Frankl trouxe para a minha vida.

Tive discussões animadas com Sebastián sobre isso, e ele foi o primeiro a entender que o modelo de pessoa proposto por Frankl em sua obra principal, *O homem em busca de um sentido*, era a antítese da psicopatia e, portanto, um antídoto para nos proteger de sua influência.

Este livro é dedicado à sua memória.

Gostaria de agradecer a Carlos Soler e José Luis Guinot pela leitura crítica e muito valiosa de algumas partes desta obra.

Notas

INTRODUÇÃO

1. Utilizei pela primeira vez a expressão "psicopata integrado" em meu livro *El psicópata: un camaleón en la sociedad actual*. Alzira: Algar, 2000 e posteriormente em *Cara a cara con el psicópata*. Barcelona: Ariel, 2004.
2. SANZ-GARCÍA, Ana *et al*. Prevalence of psychopathy in the general adult population: a systematic review and meta-analysis. *Frontiers in Psychology*, v. 12, p. 3278, 2021.
3. CHECA, Arturo; SÁIZ-PARDO, Melchor. La esclavitud de 14 prostitutas en Valencia. *Las Provincias*, 11 dez. 2023. Disponível em: https://www.lasprovincias.es/sucesos/esclavitud-prostitutas-valencia-rapadas-desnudas-balcon-ganaban-20231211140541-nt.html. Acesso em: 20 mar. 2025.
4. GOMÁ, Javier. *Universal concreto*. Barcelona: Taurus, 2023.
5. INNERARITY, Daniel. Comprender al adversario. *Las Provincias*, 10 dez. 2023. Disponível em: https://www.lasprovincias.com/opinion/daniel-innerarity-comprenderal-adversario-20231210004054-ntrc.html. Acesso em: 20 mar. 2025.

CAPÍTULO 1

1. O caso do submarino pode ser encontrado em Agencia EFE. Cadena perpetua para el danés que descuartizó a una periodista sueca en un submarino. *El País*, 25 abr. 2018. Disponível em: https://elpais.com/internacional/2018/04/25/actualidad/1524647021_168262.html. Acesso em: 20 mar. 2025; e em MARCOS, Natalia. Una serie para el finde: Un submarino,

un crimen y una investigación. *El País*, 11 dez. 2020. Disponível em: https://elpais.com/television/2020-12-11/una-serie-para-el-finde-un-submarino-un-crimen-y-una-investigacion.html. Acesso em: 20 mar. 2025.
2. REDONDO, Santiago; GARRIDO, Vicente. *Principios de criminología*. Valência: Tirant Lo Blanch, 2023.
3. MUÑOZ MOLINA, Antonio. El depredador benévolo. *El País*, 15 abr. 2023. Disponível em: https://elpais.com/opinion/2023-04-15/el-depredador-benevolo.html. Acesso em: 20 mar. 2025.
4. DOMÍNGUEZ, Íñigo. El piso de los abusos del cura Martín Vigil en Madrid, el lugar donde acudían los chicos que le escribían de toda España. *El País*, 5 abr. 2023. Disponível em: https://elpais.com/sociedad/2023-04-05/el-piso-de-los-abusos-del-cura-martin-vigil-en-madrid-el-lugar-donde-acudian-los-chicos-que-le-escribian-de-toda-espana.html. Acesso em: 20 mar. 2025.
5. Os casos do reverendo Jones e de David Koresh são analisados detalhadamente em meu livro *True crime: La fascinación del mal*. Barcelona: Ariel, 2020.
6. O caso de Keith Raniere é analisado detalhadamente no documentário *Seduced: Inside the NXIVM cult*, uma produção da StarzPlay, 2021.
7. COPELAND, Rob. *The Fund: Ray Dalio, Bridgewater Associates, and the Unraveling of a Wall Street Legend*. Nova York: St. Martin's Press, 2023.
8. KREIS, Mette K. F.; COOKE, David J. Capturing the psychopathic female: a prototypicality analysis of the Comprehensive Assessment of Psychopathic Personality (CAPP) across gender. *Behavioural Sciences & the Law*, v. 29, n. 5, p. 634-648, 2011.
9. SANCHEZ DE RIBERA, Olga *et al*. Untangling intelligence, psychopathy, antisocial personality disorder, and conduct problems: a meta-analytic review. *European Journal of Personality*, v. 33, n. 5, p. 529-564, 2019. Ver também: JOHANSSON, Peter; KERR, Margaret. Psychopathy and intelligence: A second look. *Journal of Personality Disorders*, v. 19, n. 4, p. 357-369, 2005.
10. COOPER, Barry; YUILLE, John. Psychopathy and deception. *In*: HERVÉ, Hugues; YUILLE, John. *The psychopath: Theory, Research, and*

Practice. Londres: Routledge. 2012, p. 696-713. Ver também: WRIGHT, Gordon R. T. *et al*. Good liars are neither 'dark' nor self-deceptive. *PloS One*, v. 10, n. 6, p. e0127315, 2015.

11. SANDVIK, Asle M. *et al*. Psychopathy and the ability to read the "language of the eyes": Divergence in the psychopathy construct. *Scandinavian Journal of Psychology*, v. 55, n. 6, p. 585-592, 2014.

12. WHEELER, Sarah; BOOK, Angela; COSTELLO, Kimberly. Psychopathic traits and perceptions of victim vulnerability. *Criminal Justice and Behaviour*, v. 36, n. 6, p. 635-648, 2009.

13. REIDY, Dennis E. *et al*. Why psychopathy matters: Implications for public health and violence prevention. *Aggression and Violent Behavior*, v. 24, p. 214-225, 2015.

CAPÍTULO 2

1. A teoria do psicopata como uma variação genética sobrevivente pode ser encontrada em: DA SILVA, Diana Ribeiro; RIJO, Daniel; SALEKIN, Randall T. The evolutionary roots of psychopathy. *Aggression and Violent Behavior*, v. 21, p. 85-96, 2015.

2. YILDIRIM, Bariş O.; DERKSEN, Jan. Clarifying the heterogeneity in psychopathic samples: Towards a new continuum of primary and secondary psychopathy. *Aggression and Violent Behavior*, v. 24, p. 9-41, 2015.

3. Um estudo sobre o tipo controlado integrado e as garantias que contribuem para as pesquisas aparece em: PALMEN, D. G.; DERKSEN, J. J.; KOLTHOFF, E. High self-control may support 'success' in psychopathic leadership: Self-control *versus* impulsivity in psychopathic leadership. *Aggression and Violent Behavior*, v. 50, n. 2, 6 dez. 2019. Disponível em: https://www.sciencedirect.com/ science/article/abs/pii/S1359178918303057. Acesso em: 20 mar. 2025.

4. MIRAVALLES, Anna F. ¿Por qué (a veces) buscamos sentir miedo? *The Conversation*, 30 oct. 2023. Disponível em: https://theconversation.com/por-que-a-veces-buscamos-sentir-miedo-216607. Acesso em: 20 mar. 2025.

5. BLAIR, R. James. Psychopathy: cognitive and neural dysfunction. *Dialogues in Clinical Neuroscience*, v. 15, n. 2, p. 181-190, 2013.

6. Analiso Ted Bundy detalhadamente em meu livro *Nuevos perfiles criminales: Los mayores desafíos de la investigación criminal*. Barcelona: Ariel, 2020.

7. Sobre o mensageiro de Glovo em: DINEEN, Kieran. Delivery driver used helmet 'as a weapon' to hit attacker. *RTE*, 24 nov. 2023. Disponível em: https://www.rte.ie/news/dublin/2023/1124/1418259-deliveroo-driver/. Acesso em: 20 mar. 2025.

8. Um estudo sobre o altruísmo em meu livro *Contra la violencia: Las semillas del bien y del mal*. Alzira: Algar, 2002.

9. BARON-COHEN, Simon. *The Science of Evil: On Empathy and the Origins of Cruelty.* Nova York: Basic Books, 2012.

10. O caso de Lucy Adenijj em: BARNETT, Tamara. Shadow City – Exposing Human Trafficking in Everyday London. *Technical Report*, out. 2013. Disponível em: https://www.researchgate.net/publication/271190650. Acesso em: 20 mar. 2025.

11. Sobre os tipos de empatia e psicopatia em: CAMPOS, Carlos *et al*. Refining the link between psychopathy, antisocial behavior, and empathy: A meta-analytical approach across different conceptual frameworks. *Clinical Psychology Review*, v. 94, p. 102145, 2022; SUN, Lihua *et al*. Aberrant motor contagion of emotions in psychopathy and high-functioning autism. *Cerebral Cortex*, v. 33, n. 2, p. 374-384, 2023; e BURGHART, Matthias; MIER, Daniela. No feelings for me, no feelings for you: A meta-analysis on alexithymia and empathy in psychopathy. *Personality and Individual Differences*, v. 194, p. 111658, 2022.

12. FOUNTAIN, Henry. Leading Surgeon Is Accused of Misconduct in Experimental Transplant Operations. *The New York Times*, 24 nov. 2014. Disponível em: https://www.nytimes.com/2014/11/25/world/leading-surgeon-is-accused-of-misconduct-in-experimental-transplant-operations.html. Acesso em: 20 mar. 2025.

13. Série documental *Cirurgião do mal*. *Netflix*, 2023.

14. CLECKLEY, Hervey. *The Mask of Sanity: An Attempt to Clarify Some Issues About the So-Called Psychopathic Personality*. St. Louis: Mosby, 1976.

15. YOCHELSON, Samuel; SAMENOW, Stanton. *The Criminal Personality, Volume 1: A Profile for Change*. Nova York: Aronson, 1976.

16. DA SILVA, Diana Ribeiro; RIJO, Daniel; SALEKIN, Randall T. The evolutionary roots of psychopathy, *op. cit*.

17. FABRA, María. "Vas a llorar lágrimas de sangre". Un jurado decide si el suicidio de un joven tras recibir cientos de mensajes de un hombre es o no un homicidio. *El País*, 27 jul. 2022. Disponível em: https://elpais.com/espana/comunidad-valenciana/2022-07-27/vas-a-llorar-lagrimas-de-sangre-un-jurado-decide-si-el-suicidio-de-un-joven-tras-recibir-cientos-de-mensajes-de-un-hombre-es-un-homicidio.html. Acesso em: 20 mar. 2025.

18. WALKER, Benjamin R.; JACKSON, Chris J. Moral emotions and corporate psychopathy: a review. *Journal of Business Ethics*, v. 141, p. 797-810, 2017.

19. GULLHAUGEN, Aina S.; SAKSHAUG, Teri. What Can We Learn About Psychopathic Offenders by Studying Their Communication? A Review of the Literature. *Journal of Psycholinguistic Research*, v. 48, n. 1, p. 199-219, fev. 2019.

20. ROMBERG, Sara *et al*. Dear psychopath, what are you telling me? A qualitative investigation of relational and emotional aspects of the psychopath's communication. Pôster apresentado na EAPL+World Conference: Current Challenges for Psychology and Law. Nuremberg, Alemanha, 2015.

21. GULLHAUGEN, Aina S.; SAKSHAUG, Teri. What Can We Learn About Psychopathic Offenders by Studying Their Communication? A Review of the Literature, *op. cit*.

22. BASKIN-SOMMERS, Arielle; BRAZIL, Inti A. The importance of an exaggerated attention bottleneck for understanding psychopathy. *Trends in Cognitive Sciences*, v. 26, n. 4, p. 325-336, 2022.

23. OLDERBAK, Sally G. *et al*. Emotion expression abilities and psychopathy. *Personality Disorders: Theory, Research, and Treatment*, v. 12, n. 6, p. 546-559, 2021.

24. EKMAN, Paul. Darwin's contributions to our understanding of emotional expressions. *Philosophical Transactions of the Royal Society B: Biological Sciences*, v. 364, n. 1535, p. 3449-3451, 2009.

25. EPLEY, Nicholas. *Mindwise: Why We Misunderstand What Others Think, Believe, Feel, and Want*. Nova York: Knopf, 2014; MẠNEA, Teodor. Lie

Detection during the Interview and Interrogation Process: A Psychosocial Criminal Approach. *Balkan Social Sciences. Review*, v. 17, p. 41, 2021.
26. BROOKS, Nathan; FRITZON, Katarina; WATT, Bruce. "You can tell a victim by the tilt of her head as she walks": psychopathic personality and social-emotional processing. *Psychiatry, Psychology and Law*, v. 27, n. 4, p. 538557, 2020; BOOK, Angela; VISSER, Beth; WORTH, Narnia; RITCHIE, Mary. Psychopathy and assumptions about vulnerability to exploitation. *Personality and Individual Differences*, v. 168, p. 110372, 2021.

CAPÍTULO 3

1. SALEKIN, Randall T. Psychopathy in childhood: Toward better informing the DSM-5 and ICD-11 conduct disorder specifiers. *Personality Disorders: Theory, Research, and Treatment*, v. 7, n. 2, p. 180-191, 2016.
2. DE ALMEIDA BRITES, José. The language of psychopaths: A systematic review. *Aggression and Violent Behavior*, v. 27, p. 50-54, 2016. Ver também: CLECKLEY, Hervey. *The Mask of Sanity: An Attempt to Clarify Some Issues About the So-Called Psychopathic Personality*, *op. cit*.
3. CLECKLEY, Hervey. *The Mask of Sanity: An Attempt to Clarify Some Issues About the So-Called Psychopathic Personality*, *op. cit*.
4. TUMIN, Remy. She wrote of grief after his husband died. *The New York Times*, 9 maio 2023. Disponível em: https://www.nytimes.com/2023/05/09/us/utah-murder-book-kouri-richins.html. Acesso em: 20 mar. 2025. Ver também: BERNAL, Camila; MOSSBURG, Cheri. Surgen nuevos detalles sobre el presunto historial de búsqueda en internet de una mujer de Utah acusada del asesinato de su esposo, tras escribir un libro. *CNN*, 12 jun. 2023. Disponível em: https://cnnespanol.cnn.com/2023/06/12/historial-busqueda-mujer-utah-libro-ninos-duelo-trax. Acesso em: 20 mar. 2025.
5. MERCIER, Hugo. *Not Born Yesterday: The Science of Who We Trust and What We Believe*. Oxford: University Press, 2020.
6. GLADWELL, Malcolm. *Inteligencia intuitiva*. Madri: Taurus, 2014.
7. A importância do diálogo em: SIGMAN, Mariano. *El poder de las palabras: Cómo cambiar tu cerebro (y tu vida) conversando.* Barcelona: Debate, 2022.

8. GIGERENZER, Gerd. *Decisiones instintivas: La inteligencia del inconsciente.* Barcelona: Ariel, 2008. p. 23.

9. GOTTMAN, John M.; SILVER, Nan. *Why Marriages Succeed or Fail: And How to Make Yours Last*. Londres; Nova York: Simon & Schuster, 1995.

10. ÁLVAREZ, Pilar; LÓPEZ-FONSECA, Óscar. Un hombre que asesinó a su esposa en 2003 mata a su abogada, con la que mantenía una relación. *El País*, 9 jan. 2019. Disponível em: https://elpais.com/sociedad/2019/01/18/actualidad/1547799798_528873.html. Acesso em: 20 mar. 2025

11. ANDERSEN, Donna M.; VELTMAN, Emma; SELLBOM, Martin. Surviving senior psychopathy: informant reports of deceit and antisocial behavior in multiple types of relationships. *International Journal of Offender Therapy and Comparative Criminology*, v. 66, n. 15, p. 1703-1725, 2022, citadas as p. 1718-1719.

12. HUMENY, Courtney; FORTH, Adelle; LOGAN, John. Psychopathic traits predict survivors' experiences of domestic abuse. *Personality and Individual Differences*, v. 171, n. 7, p. 110497, 2020.

13. DÍEZ BAJO, Charo. El meu fill está malalt i la única solució que em donen és la presó. *El Periódico de Cataluña*, 12 dez. 2016. Disponível em: https://www.elperiodico.com/es/entre-todos/participacion/el-meu--fill-esta-malalt-i-a-unica-solucio-que-em-donen-es-la-preso-106799. Acesso em: 20 mar. 2025.

14. REDONDO, Santiago; GARRIDO, Vicente. *Principios de criminología*, *op. cit*.

15. VAN DER ZOUWEN, Marion *et al*. The association between attachment and psychopathic traits. *Aggression and Violent Behavior*, v. 43, p. 45-55, 2018; CHRISTIAN, Elliott; SELLBOM, Martin; WILKINSON, Ross B. Clarifying the associations between individual differences in general attachment styles and psychopathy. *Personality Disorders: Theory, Research, and Treatment*, v. 8, n. 4, p. 329-339, 2017.

16. GARRIDO, Vicente. *Los hijos tiranos: El síndrome del emperador*. Barcelona: Ariel, 2019.

17. GARRIDO, Vicente. *Antes que sea tarde: Cómo prevenir la tiranía de los hijos*. Barcelona: Nabla, 2015.

CAPÍTULO 4

1. BABIAK, Paul; HARE, Robert, D. *Snakes in Suits: When Psychopaths Go to Work*. Chicago: Harper Business, 2006. Ver também: KRASIKOVA, Dina *et al*. Destructive Leadership: A Theoretical Review, Integration, and Future Research Agenda. *Journal of Management*, v. 39, n. 5, p. 1308-1338, 2013.

2. REILLY, Cameron. *The Psychopath Epidemic: Why the World Is So F*cked Up and What You Can Do About It*. Boca Raton, Flórida: Health Communications Inc., 2020.

3. AGUSTINE, Norman; ADELMAN, Kenneth. *Shakespeare en la empresa*. Madri: EDAF, 2000.

4. Idem.

5. BODDY, Clive R. Corporate psychopaths: uncaring citizens, irresponsible leaders. *Journal of Corporate Citizenship*, n. 49, p. 8-16, 2013.

6. KEEFE, Patrick R. *El imperio del dolor: La historia secreta de la dinastía que reinó en la industria farmacéutica*. Reservoir Books, 2022. O termo "uma família maligna" pode ser encontrado em: SMITH, David. OxyContin and the story behind America's 'most evil' family. *Irish Examiner*, 11 dez. 2021. Disponível em: https://www.irishexaminer.com/news/spotlight/arid-40763463.html. Acesso em: 20 mar. 2025.

7. CARREYROU, John. Patrick Radden Keefe lays bare a drug crisis fueled by family greed. *The New York Times*, 13 abr. 2021. https://www.nytimes.com/2021/04/13/books/review/empire-of-pain-sackler-dynasty-patrick-radden-keefe.html. Acesso em: 20 mar. 2025.

8. Os piores traficantes da história WOLF, Zachary B. The worst drug dealers in history are getting away with billions. *CNN*, 3 set. 2021. Disponível em: https://edition.cnn.com/2021/09/02/politics/what-matters-sackler-opioid-purdue-pharma/index.html. Acesso em: 20 mar. 2025.

9. BODDY, Clive R. Unethical 20th century business leaders: Were some of them corporate psychopaths? The case of Robert Maxwell. *International Journal of Public Leadership*, v. 12, n. 2, p. 76-93, 2016.

10. PERRI, Frank S. Visionaries or false prophets. *Journal of Contemporary Criminal Justice*, v. 29, n. 3, p. 331-350, 2013.

11. FERSCH, Ellsworth. *Thinking about Psychopaths and Psychopathy: Answers to Frequently Asked Questions with Case Examples*. Nova York: iUniverse, 2006. p. 107.

12. STEVENS, Matt; HAGG, Matthew. Jeffrey Skilling, Former Enron Chief, Released After 12 Years in Prison. *The New York Times*, 22 fev. 2019. Disponível em: https://www.nytimes.com/2019/02/22/business/enron-ceo-skilling-scandal.html. Acesso em: 20 mar. 2025.

13. GLADWELL, Malcolm. *Lo que vio el perro: y otras aventuras*. Madri: Taurus, 2010. p. 165-166.

14. LEWIS, Michael. *Going Infinite: The Rise and Fall of a New Tycoon*. Nova York: W. W. Norton & Company, 2023.

15. YAFFE-BELLANY, David; GOLDSTEIN, Matthew; MORENO, J. Edward. Caroline Ellison, Adviser to Sam Bankman-Fried, Says He 'Directed' Her to Commit Crimes. *The New York Times*, 10 out. 2023. Disponível em: https://www.nytimes.com/2023/10/10/technology/caroline-ellison-sam-bankman-fried-trial.html#:~:text=She%20testified%20that%20he%20instructed,commit%20these%20crimes%2C%E2%80%9D%20Ms. Acesso em: 20 mar. 2025.

16. PEIRANO, Marta. Nos gustan psicópatas. *El País*, 6 nov. 2023. Disponível em: https://elpais.com/opinion/2023-11-06/nos-gustan-psicopatas.html. Acesso em: 20 mar. 2025.

17. The Dropout: A história de uma Fraude, criada por Elizabeth Meriwether (Minissérie de TV). *Disney+*, 2022.

18. WILLIAMS, Medina. Elizabeth Holmes and Theranos: A play on more than just ethical failures. *Business Information Review*, v. 39, n. 1, p. 23-31, 2022.

19. GRIFFITH, Erin. Elizabeth Holmes is Sentenced to More Than 11 Years for Fraud. *The New York Times*, 18 nov. 2022. Disponível em: https://www.nytimes.com/2022/11/18/technology/elizabeth-holmes-sentence-theranos.html. Acesso em: 20 mar. 2025.

20. CLARKE, John. *Working With Monsters: How to Identify and Protect Yourself from the Workplace Psychopath*. ReadHowYouWant.com, 2009.

21. FATFOUTA, Ramzi. Facets of narcissism and leadership: A tale of Dr. Jekyll and Mr. Hyde? *Human Resource Management Review*, v. 29, n. 4, p. 100669, 2019.
22. PATEY, Helen. Late capitalism, psychopathy and the ontology of evil. *In*: DIHAL, Kanta. *Perspectives on Evil: From Banality to Genocide*. Brill, 2019. p. 117-141.
23. LEIB, Margarita, KÖBIS, Nils; SORAPERRA, Ivan *et al*. Collaborative dishonesty: A meta-analytic review. *Psychological Bulletin*, v. 147, n. 12, p. 1241-1268, 2021.
24. WILLIAMSON, Elizabeth. 'We Told the Truth': Sandy Hook Families Win $1 billion from Alex Jones. *The New York Times*, 12 out. 2022. Disponível em: https://www.nytimes.com/2022/10/12/us/politics/alex-jones-sandy-hook-damages.html. Acesso em: 20 mar. 2025.
25. BABIAK, Paul; NEUMANN, Craig S.; HARE, Robert D. Corporate psychopathy: Talking the walk. *Behavioral Sciences & the Law*, v. 28, n. 2, p. 174-193, 2010. Ver também: CANGEMI, Joseph P.; PFOHL, William. Sociopaths In High Places. *Organization Development Journal*, v. 27, n. 2, p. 85-96, 2009.
26. BODDY, Clive R. Insights into the Bernie Madoff financial market scandal which identify new opportunities for business market researchers. *International Journal of Market Research*, v. 66, n. 1, 2023.
27. RALLO, Alberto. La codicia, germen de todas las estafas. *Las Provincias*, 2 nov. 2023. Disponível em: https://www.lasprovincias.es/opinion/alberto-rallo-codicia-germen-estafas-20231103234224-nt.html. Acesso em: 20 mar. 2025.
28. BODDY, Clive R. Insights into the Bernie Madoff financial market scandal which identify new opportunities for business market researchers, *op. cit*.
29. Citado em Idem.
30. MICHALAK, Rebecca T.; ASHKANASY, Neal M. Working with monsters: counting the costs of workplace psychopaths and other toxic employees. *Accounting & Finance*, v. 60, p. 729-770, 2018.

31. LAURIJSSEN, L. Maxim; WISSE, Barbara; SANDERS, Stacey; SLEEBOS, Ed. How to Neutralize Primary Psychopathic Leaders' Damaging Impact: Rules, Sanctions, and Transparency. *Journal of Business Ethics*, v. 189, p. 365-383, 2024.

32. BODDY, Clive R. Psychopathy screening for public leadership. *International Journal of Public Leadership*, v. 12, n. 4, p. 254-274, 2016.

CAPÍTULO 5

1. TAYLOR, Steve. Toward a utopian society: from disconnection and disorder to empathy and harmony. *Journal of Humanistic Psychology*, v. 63, n. 4, p. 537-560, 2023.

2. Série documental *El juicio a Adolf Eichmann*. Netflix, 2022.

3. TAYLOR, Steve; SANCHO, Diego M. *DesConectados: Las raíces de la crueldad humana y cómo la conexión puede sanar el mundo*. Barcelona: Ediciones La Llave, 2023.

4. EDDY, Bill. *Why We Elect Narcissists and Sociopaths – and How We Can Stop!* Oackland: Berrett-Koehler Publishers, 2019.

5. OWEN, David; DAVIDSON, Jonathan. Hubris syndrome: An acquired personality disorder? A study of US Presidents and UK Prime Ministers over the last 100 years. *Brain*, v. 132, n. 5, p. 1396-1406, 2009.

6. ŁOBACZEWSKI, Andrew M. *Political Ponerology: A Science on the Nature of Evil Adjusted for Political Purposes*. Red Pill Press, 2007.

7. Sobre a personalidade anormal ou psicopática de Donald Trump: ASHCROFT, Anton. Donald Trump: Narcissist, psychopath or representative of the people? *Psychotherapy and Politics International*, v. 14, n. 3, p. 217-222, 2016; SEMEL, Robert. Malignant Narcissists and Divisive Fabricators: Psychological Characteristics of Two US Presidents in a Tensely Divided 21st Century America. *EC Psychology and Psychiatry*, v. 12, p. 1-17, 2023; MERCER, Joyce Ann. The dangerous case of Donald Trump: a case study in contested ethics and the public uses of professional expertise. *Pastoral Psychology*, v. 67, p. 323-336, 2018; LEE, Bandy X. *et al*. *The Dangerous Case of Donald Trump: 37 Psychiatrists and Mental Health Experts Assess a President – Updated*

and Expanded with New Essays. Nova York: Thomas Dunne Books, 2019; TRUMP, Mary. Psychiatrists know what's wrong with my uncle. Let them tell voters. *The Washington Post*, 22 out. 2020. Disponível em: https://www.washingtonpost.com/outlook/psychiatrists-mary-trump-goldwater/2020/10/22/ebf5e2b6-13c0-11eb-ba42-ec6a580836ed_story.html. Acesso em: 20 mar. 2025.

8. LIPMAN-BLUMEN, Jean. Toxic leaders and the fundamental vulnerability of being alive. *In*: SHAMIR, Boas; PILLAI, Rajnandini; BLIGH, Michelle C.; UHL-BIEN, Mary. *Follower-Centered Perspectives on Leadership: A Tribute to the Memory of James R. Meindl*. Carolina do Norte: Information Age Publishing, 2007. p. 1-17.

9. BEEVOR, Antony. Napoleón y la teoría del gran hombre de la historia. *El País*, 27 nov. 2023. Disponível em: https://elpais.com/cultura/2023-11-19/napoleon-y-la-teoria-del-gran-hombre-de-la-historia.html. Acesso em: 20 mar. 2025.

10. EDDY, Bill. *Why We Elect Narcissists and Sociopaths – and How We Can Stop!*, *op. cit*.

11. VIROLI, Maurizio. *La sonrisa de Maquiavelo*. Barcelona: Tusquets, 2000.

12. QUESADA, Juan Diego. Pablo Escobar, entre el mito y la vergüenza. *El País*, 2 dez. 2023. Disponível em: https://elpais.com/america-colombia/2023-12-02/pablo-escobar-entre-el-mito-y-la-verguenza.html. Acesso em: 20 mar. 2025.

13. BOUREGHDA, Samir; MIDDELHOFF, Jurriaan; DE LANDTSHEER, Christ'l. Narcissism and Leadership: What we can learn from a case study of Silvio Berlusconi. *PCS–Politics, Culture and Socialization*, v. 8, n. 1-2, p. 17-18, 2020.

14. VIDAL EGEA, Ana. Jane Mansbridge, la filósofa de la política de la amistad. *El País*, 4 dez. 2023. Disponível em: https://elpais.com/ideas/perfiles/2023-12-02/jane-mansbridge-la-pensadora-feminista-del-poder.html. Acesso em: 20 mar. 2025. Ver também: CORTINA, Adela. ¿Mayoría progresista? *El País*, 7 dez. 2023. Disponível em: https://elpais.com/opinion/2023-12-07/mayoria-progresista.html. Acesso em: 20 mar. 2025.

15. TAYLOR, Steve; SANCHO, Diego M. *DesConectados: Las raíces de la crueldad humana y cómo la conexión puede sanar el mundo*, *op. cit*.
16. XAVI, Ayén, entrevista com Carol Broche, *La Vanguardia*, 23 de novembro de 2023.
17. HABERMAN, Clyde. His Mother Spoke Truth to Power, Until She Was Killed for It. *The New York Times*, 5 nov. 2023. Disponível em: https://www.nytimes.com/2023/11/05/books/review/a-death-in-malta-paul-caruana-galizia.html. Acesso em: 20 mar. 2025.
18. CARUANA GALIZIA, Paul. *A Death in Malta: An Assassination and a Family's Quest for Justice*. Riverhead Books, 2023.
19. Así se gestó el asesinato de la periodista Daphne Caruana Galizia en Malta: un rifle, una bomba y 150.000 euros. *El País*, Madri, 11 mar. 2021. Disponível em: https://elpais.com/internacional/2021-03-11/asi-se-gesto-el-asesinato-de-la-periodista-daphne-caruana-galizia-en-malta-un-rifle-una-bomba-y-150000-euros.html. Acesso em: 20 mar. 2025. Ver também: Muere al estallar su coche una periodista que investigaba la corrupción del Gobierno maltés. *El País*, 17 out. 2017. Disponível em: https://elpais.com/internacional/2017/10/16/actualidad/1508171781_570535.html. Acesso em: 20 mar. 2025.
20. RACHMAN, Gideon. *The Age of The Strongman: How the Cult of the Leader Threatens Democracy Around the World*. Nova York: Random House, 2022.
21. NAI, Alessandro; MARTÍNEZ I COMA, Ferran. The personality of populists: provocateurs, charismatic leaders, or drunken dinner guests? *West European Politics*, v. 42, n. 7, p. 1337-1367, 2019.
22. NAI, Alessandro; TOROS, Emre. The peculiar personality of strongmen: comparing the Big Five and Dark Triad traits of autocrats and non-autocrats. *Political Research Exchange*, v. 2, n. 1, p. 1-24, 2020.
23. OAKLEY, Barbara. *Evil Genes: Why Rome Fell, Hitler Rose, Enron Failed, and My Sister Stole My Mother's Boyfriend*. Nova York: Prometheus Books, 2007. p. 40-43.

24. PIERPONT, Claudia R. The Florentine. *The New Yorker*, 8 set. 2008. Disponível em: https://www.newyorker.com/magazine/2008/09/15/machiavelli-the-prince-florence. Acesso em: 20 mar. 2025.
25. PALMEN, Désiré; DERKSEN, Jan; KOLTHOFF, Emile. House of cards: Psychopathy in Politics. *Public Integrity*, v. 20, n. 5, p. 427-443, 2018.
26. IRWIN, William; HACKETT, Edward J. *House of Cards y la filosofía: La República de Underwood*. Barcelona: Roca Editorial, 2017.
27. As citações de *O príncipe* foram extraídas dos seguintes capítulos da obra mencionada anteriormente: PERRY, Tomer J. Es Frank el hombre adecuado para el puesto? *House of Cards* y el problema de las manos sucias, p. 123-134; COURTLAND, Shane D. Frank el insensato en el castillo de naipes, p. 137-150; FALLIS, Don. Maquiavelo no estaría muy impresionado, p. 112-122.
28. HOBBES, Thomas. *Leviatán: La materia, forma y poder de un Estado eclesiástico y civil*. Madri: Alianza, 1999. p. 134.
29. BEEVOR, Antony. Napoleón y la teoría del gran hombre de la historia, *op. cit*.
30. WOLF, Zacary B. Trump hace comentarios comparables a los de la Alemania nazi: dice que los inmigrantes están "envenenando la sangre" de EE.UU. *CNN*, 18 dez. 2023. Disponível em: https://cnnespanol.cnn.com/2023/12/18/trump-nazi-envenenando-sangre-migrantes-hitler-trax. Acesso em: 20 mar. 2025.
31. HABERMAN, Maggie; GOLD, Michael. Trump, quoting Putin, declares indictments 'politically motivated persecution'. *The New York Times*, 16 dez. 2023. Disponível em: https://www.nytimes.com/2023/12/16/us/politics/trump-putin-new-hampshire.html. Acesso em: 20 mar. 2025.
32. GUIMÓN, Pablo. Trump sugiere tratar el coronavirus con "una inyección de desinfectante" o con "luz solar". *El País*, 24 abr. 2020. Disponível em: https://elpais.com/internacional/2020-04-24/trump-sugiere-tratar-el-coronavirus-con-una-inyeccion-de-desinfectante-o-con-luz-solar.html. Acesso em: 20 mar. 2025.
33. ROXBURGH, Alex. *The strongman: Vladimir Putin and the struggle for Russia*. Londres: Bloomsbury Publishing, 2021.

34. MYERS, Steven Lee. *The New Tsar: The Rise and Reign of Vladimir Putin*. Londres; Nova York: Simon & Schuster, 2015. Sobre seu envolvimento na guerra contra a Chechênia: KROSTOF, Nicolas. What feckless Americans can learn from Navalny's bravery. *The New York Times*, 16 fev. 2024. Disponível em: https://www.nytimes.com/2024/02/16/opinion/aleksei-navalny-putin-russia.html. Acesso em: 20 mar. 2025.
35. MACFARQUHAR, Neil. They Left Towns as Convicts. Will They Be Buried as Heroes? *The New York Times*, 26 mar. 2023. Disponível em: https://www.nytimes.com/2023/03/26/world/europe/wagner-fighters-burial-russia.html. Acesso em: 20 mar. 2025.
36. WOODWARD, Bob. *Rabia.* Barcelona: Roca Editorial, 2020.
37. FAUS, J. Donald Trump, una carrera en frases. *El País*, 11 mar. 2016. Disponível em: https://elpais.com/elpais/2016/03/11/album/1457708067_153699.html. Acesso em: 20 mar. 2025.
38. REMNICK, Dave. The Price of Netanhahu's Ambition. *The New Yorker*, 14 jan. 2024. Disponível em: https://www.newyorker.com/magazine/2024/01/22/benjamin-netanyahu-israel-gaza-hamas-war-hostages. Acesso em: 20 mar. 2025.
39. EDSALL, Thomas B. The Deification of Donald Trump Poses Some Interesting Questions. *The New York Times*, 17 jan. 2024. Disponível em: https://www.nytimes.com/2024/01/17/opinion/trump-god-evangelicals-anointed.html. Acesso em: 20 mar. 2025. Ver também: VASALLO, Ignacio. Trump cuenta con el apoyo de Dios. *El Diario*, 28 jan. 2024. Disponível em: https://www.eldiario.es/opinion/tribuna-abierta/trump-cuenta-apoyo-dios_129_10871148.html. Acesso em: 20 mar. 2025.
40. BOUREGHDA, Samir; MIDDELHOFF, Jurriaan; DELANDTSHEER, Christ'l. Narcissism and Leadership: What we can learn from a case study of Silvio Berlusconi, *op. cit*.
41. MARCHESE, David. Finding a Moral Center in This Era of War. *The New York Times Magazine*, 22 nov. 2023. Disponível em: https://www.nytimes.com/interactive/2023/11/26/magazine/phil-klay-interview.html. Acesso em: 20 mar. 2025.

42. LONGWELL, Sarah. What 17 of Trump's 'Best People' said about him. *The New York Times*, 18 jan. 2024. Disponível em: https://www.nytimes.com/interactive/2024/01/18/opinion/trump-cabinet-election-2024.html. Acesso em: 20 mar. 2025.

43. GOLDMAN, Marshall. *Petrostate: Putin, Power, and the New Russia*. Oxford University Press, 2008.

44. REMNICK, Dave. The Price of Netanhahu's Ambition, *op. cit*.

45. WAGNER, James. She was crowned Miss Universe. Then her government cracked down, *The New York Times*, 16 de dezembro de 2023.

46. SÁNCHEZ BECERRIL, Fran. La lista de los envenenados por Putin. *Ethic*, 22 nov. 2022. Disponível em: https://ethic.es/2022/11/la-lista-de-los-envenenados-por-putin/. Acesso em: 20 mar. Ver também: CATELLVÍ, Albert. Navalni y diez *más:* los opositores envenenados en la Rusia de Putin. *Ara*, 7 fev. 2021. Disponível em: https://es.ara.cat/internacional/navalni-diez-opositores-envenenados-rusia-putin_1_3866015.html. Acesso em: 20 mar. 2025.

47. EDSALL, Thomas B. 'I Am Your Retribution'. Trumps Knows What He Wants to Do With a Second Term. *The New York Times*, 20 dez. 2023. Disponível em: https://www.nytimes.com/2023/12/20/opinion/trump-second-term-2025.html. Acesso em: 20 mar. 2025.

48. DOWD, Maureen. Is Trump Hell? *The New York Times*, 6 jan. 2024. Disponível em: https://www.nytimes.com/2024/01/06/opinion/trump-biden-election.html. Acesso em: 20 mar. 2025.

49. LIPMAN-BLUMEN, Jean. *The Allure of Toxic Leaders: Why We Follow Destructive Bosses and Corrupt Politicians and How We Can Survive Them*. Oxford University Press, 2006.

50. CITA EN SAMARRA. *In*: WIKIPEDIA: la enciclopedia livre, 2023. Disponível em: https://es.wikipedia.org/wiki/Cita_en_Samarra. Acesso em: 20 mar. 2025.

51. TUFEKCI, Zeynep. A Strongman President? These Voters Crave It. *The New York Times*, 14 jan. 2024. Disponível em: https://www.nytimes.com/2024/01/14/opinion/trump-voters-iowa-caucus.html. Acesso em: 20 mar. 2025.

52. FRENCH, David. Why Fundamentalists Love Trump. *The New York Times*, 8 dez. 2023. Disponível em: https://www.nytimes.com/2023/12/07/opinion/donald-trump-fundamentalists-evangelical.html. Acesso em: 20 mar. 2025.

53. STEPHENS, Bret. Understanding Donald Trump's Appeal. *The New York Times*, 18 jan. 2024. Disponível em: https://www.nytimes.com/2024/01/18/opinion/donald-trump-appeal.html. Acesso em: 20 mar. Ver também: BENDER, Michael C.; GLUECK, K. The Most Durable Force in American Politics: Trump's Ties to His Voters. *The New York Times*, 16 jan. 2024. Disponível em: https://www.nytimes.com/2024/01/16/us/politics/trump-iowa-win-voters.html. Acesso em: 20 mar. 2025.

54. PRUSA, Igor; BRUMMER, Matthew. Myth, Fiction and Politics in the Age of Antiheroes: A Case Study of Donald Trump. *Heroism Science*, v. 7, n. 1, p. 1-39, 2022.

CAPÍTULO 6

1. SANCHÍS, Inma. Secuestrado en aquella caja encontré el mundo dentro de mí. *La Vanguardia*, 18 jan. 2024. Disponível em: https://www.lavanguardia.com/lacontra/20240118/9500017/secuestrado-caja-encontre-mundo-mi.html. Acesso em: 20 mar. 2025.

2. LÄNGLE, Alfred. *Viktor Frankl: Una biografía*. Barcelona: Herder, 2001.

3. FRANKL, Viktor. *El hombre en busca de sentido*. Ed. rev. Barcelona: Paidós, 2004. p. 98, 101, 120, 123, 127 e 131.

4. MARÍAS, Julián. *Mapa del mundo personal*. Madri: Alianza Editorial, 1994. p. 118-120.

5. YALOM, Irving D. *Staring at the Sun: Overcoming the Terror of Death*. Jossey-Bass, 2009.

6. FRANKL, Viktor. *En el principio era el sentido*. Barcelona: Paidós, 2000. p. 36, 45, 44 e 49.

7. LUKAS, Elisabeth. *Viktor E. Frankl: El sentido de la vida*. Barcelona: Plataforma Editorial, 2008. p. 83-84.

8. POSNER, Gerard L.; WARE, John. *Mengele*. Madri: La Esfera de los Libros, 2002.

9. Os estudos médicos que apoiam as histórias com propósito e as citações de Brian Little e Helen Morales estão em: STORR, Will. *La ciencia de contar historias: Por qué las historias nos hacen humanos y cómo contarlas mejor.* Capitán Swing Libros, 2022. p. 188 e 199.
10. YORKE, John. *Into the Woods: How Stories Work and Why We Tell Them*. Londres: Penguin, 2013.
11. ROGERS, Benjamin A. *et al*. Seeing your life story as a Hero's Journey increases meaning in life. *Journal of Personality and Social Psychology*, v. 125, n. 4, p. 752-778, 2023.
12. STORR, Will. *La ciencia de contar historias: Por qué las historias nos hacen humanos y cómo contarlas mejor*, *op. cit*., p. 203.
13. MARÍAS, Julián. *Mapa del mundo personal*, *op. cit*.
14. MARCHASE, David. How to Have a Happy Life, From a Leading Atheist. *The New York Times*, 27 ago. 2023. Disponível em: https://www.nytimes.com/interactive/2023/08/27/magazine/daniel-dennett-interview.html. Acesso em: 20 mar. 2025.
15. HERNÁNDEZ, Belén. Expertos alertan de la presencia de hasta 60 sectas en la Comunitat Valenciana. *Las Provincias*, 1º fev. 2024. Disponível em: https://www.lasprovincias.es/sucesos/expertos-estiman-cerca-sectas-comunitat-20240131132103-nt.html. Acesso em: 20 mar. 2025.
16. SIMÓN, Ana. Sumar y el arbolito de los deseos. *El País*, 5 jan. 2024. Disponível em: https://elpais.com/opinion/2024-01-06/sumar-y-el-arbolito-de-los-deseos.html. Acesso em: 20 mar. 2025.
17. BROOKS, David. Hey, America, Grow Up! *The New York Times*, 10 ago. 2023. Disponível em: https://www.nytimes.com/2023/08/10/opinion/trauma-mental-health-culture-war.html. Acesso em: 20 mar. 2025.
18. MASON, Mark. *El sutil arte de que (casi todo) te importe una mierda*. HarperCollins, 2018.
19. LASCH, Christopher. *The Culture of Narcissism: American Life in an Age of Diminishing Expectations*. Nova York: W. W. Norton, 1979.
20. Fundação Espanhola para a Prevenção do Suicídio. Estatísticas de suicídio em 2022. Disponível em: https://www.fsme.es/observatorio-del-suicidio-2022/. Acesso em: 20 mar. 2025.

21. LUKIANOFF, Greg; HAIDT, Jonathan. The coddling of the American mind: how good intentions and bad ideas are setting up a generation for failure. *Atlantic Monthly*, v. 326, n. 2, p. 42-52, 2015.
22. KONNIKOVA, Maria. How People Learn to Become Resilient. *The New Yorker*, 11 fev. 2016. Disponível em: https://www.newyorker.com/science/maria-konnikova/the-secret-formula-for-resilience. Acesso em: 20 mar. 2025.
23. SANCHÍS, Inma. La contra: Daniel Goleman, psicólogo y periodista científico; dio a conocer la inteligencia emocional. *La Vanguardia*, 29 jan. 2024. Disponível em: https://www.lavanguardia.com/lacontra/20240129/9507826/daniel-goleman-mal-humor-distraccion-deshacerte.html. Acesso em: 20 mar. 2025.
24. STUTZ, Phil; MICHELS, Barry. *El método Tools: Cinco herramientas que te ayudarán a encontrar el coraje, la creatividad y la fuerza de voluntad para impulsar tu vida hacia delante.* Barcelona: Península, 2023. p. 41.
25. CRESSWELL, J. David. Learning to Accept Discomfort Could Help You Thrive. *Scientific American*, 10 nov. 2023. Disponível em: https://www.scientificamerican.com/article/learning-to-accept-discomfort-could-help-you-thrive/. Acesso em: 20 mar. 2025.
26. GOMÁ, Javier. *Universal concreto*, *op. cit*.
27. RUSSO, Francine. Beliefs about Emotions Influence How People Feel, Act and Relate to Others. *Scientific American*, 27 nov. 2023. Disponível em: https://www.scientificamerican.com/article/beliefs-about-emotions-influence-how-people-feel-act-and-relate-to-others/. Acesso em: 20 mar. 2025.

EPÍLOGO

1. Entrevista com Martin Scorsese em: GOITIA, Fernando. Martin Scorsese. *XL Semanal*, 16 fev. 2024.
2. TROIANOVSKI, Anton. Inside Aleksei Navalny's Final Months, in His Own Words. *The New York Times*, 19 fev. 2024. Disponível em: https://www.nytimes.com/2024/02/19/world/europe/navalny-letters-russia.html. Acesso em: 20 mar. 2025.

3. LENS, Jesús. El rincón oscuro. De asesinos, voces en off y The Smiths. *Revistacalibre38,* 1º dez. 2023. Disponível em: https://revistacalibre38.com/2023/12/01/el-rincon-oscuro-de-asesinos-voces-en-off-y-the-smiths/. Acesso em: 20 mar. 2025.

4. A citação de Iris Murdoch aparece em: BROOKS, David. The Essential Skills for Being Human. *The New York Times*, 19 out. 2023. Disponível em: https://www.nytimes.com/2023/10/19/opinion/social-skills-connection.html. Acesso em: 20 mar. 2025.

5. KNOLL, Corina. He Devoted His Life to Compassion. His Killer Showed None. *The New York Times*, 5 jun. 2023. Disponível em: https://www.nytimes.com/2023/06/05/us/david-breaux-stabbing-compassion-california.html. Acesso em: 20 mar. 2025. Ver também: AINSWORTH, Bill. Compassion's Champion. *Stanford Magazine,* jul. 2023. Disponível em: https://stanfordmag.org/contents/compassion-s-champion. Acesso em: 20 mar. 2025.

6. BROOKS, David. The Essential Skills for Being Human, *op. cit*.

7. BODDY, Clive R. Psychopathy screening for public leadership, *op. cit*.

8. PATTAKOS, Alex. *En busca del sentido: Los principios de Viktor Frankl aplicados al mundo del trabajo*. Barcelona: Paidós, 2005.

9. PINO-SERA, Yamilka; DE LOURDES, Ana. Resiliencia en la gestión empresarial. Una revisión teórica. *Revista Transdiciplinaria de Estudios Sociales y Tecnológicos*, v. 4, n. 1, p. 31-39, 2024.

10. PIRSON, Michael. Better stories needed: How meaningful narratives can transform the world. *Humanistic Management Journal*, v. 2, n. 1, p. 1-6, 2017.

11. BODDY, Clive R. Is the Only Rational Personality that of the Psychopath? Homo Economicus as The Most Serious Threat to Business Ethics Globally. *Humanistic Management Journal*, v. 8, n. 3, p. 315-327, 2023.

12. TAYLOR, Steve. Toward a utopian society: from disconnection and disorder to empathy and harmony, *op. cit*.

13. Para saber até que ponto é permitido que especialistas em saúde mental façam avaliações diagnósticas de indivíduos que não foram entrevistados pessoalmente, ver em: APPEL, Jacob M.; MICHELS-GUALTIERI,

Akaela. Goldwater after Trump. *Cambridge Quarterly of Healthcare Ethics*, v. 30, n. 4, p. 651-661, 2021.

14. GARDNER, Howard. *Mentes líderes: Una anatomía del liderazgo.* Barcelona: Paidós, 1998. p. 370-371.

15. CANTÚ, Elda. ¿Quién era Alexéi Navalny? *The New York Times*, 20 fev. 2024. Disponível em: https://www.nytimes.com/es/2024/02/20/espanol/alexei-navalny-quien-era.html. Acesso em: 20 mar. 2025.

16. A citação aparece em: GOLEMAN, Daniel. Ganar la batalla para el corazón humano. In: GRIFFITHS, Sian. Predicciones. Madri: Taurus, 2000. p. 167-178. Citação p. 174.

17. KHORRAM-MANESH, Amir; BURKLE, Frederick M. Narcissistic Sociopathy in Global Autocratic Leaders: Arrested Development, Obsessive Demand for Power, and the Emergence of Unlawful Hybrid Wars. *Disaster Medicine and Public Health Preparedness*, v. 17, p. e263, 2023.

18. MCADAMS, Dan P. The mind of Donald Trump. *The Atlantic*, 15 jun. 2016. Disponível em: https://www.theatlantic.com/magazine/archive/2016/06/the-mind-of-donald-trump/480771/. Acesso em: 20 mar. 2025.

19. GRAY, John. La mente occidental no ha sabido descifrar a Putin. *El País*, 20 mar. 2022. Disponível em: https://elpais.com/ideas/2022-03-20/la-mente-occidental-no-ha-sabido-descrifrar-a-putin.html. Acesso em: 20 mar. 2025.

20. Esta seção se baseia em: HALLIE, Philip. *In the Eye of the Hurricane: Tales of Good and Evil, Help and Harm.* Wesleyan University Press, 1997. p. 52 e seg.

Acreditamos nos livros

Este livro foi composto em FS Brabo e impresso pela Gráfica Santa Marta para a Editora Planeta do Brasil em agosto de 2025.